"燕山调研"年度报告
（2021）

主　编　张红旗　孙玉杰
副主编　王　松　魏新刚　杨和亭
　　　　李学峰　巩治国　彭　程

中国财经出版传媒集团

经济科学出版社
Economic Science Press

图书在版编目（CIP）数据

"燕山调研"年度报告.2021/张红旗，孙玉杰主编.--北京：经济科学出版社，2021.12
ISBN 978-7-5218-3165-8

Ⅰ.①燕… Ⅱ.①张…②孙… Ⅲ.①社会调查-研究报告-山东-2021 Ⅳ.①D668

中国版本图书馆 CIP 数据核字（2021）第 249542 号

责任编辑：陈赫男
责任校对：隗立娜
责任印制：范 艳

"燕山调研"年度报告（2021）

主 编 张红旗 孙玉杰
副主编 王 松 魏新刚 杨和亭
李学峰 巩治国 彭 程
经济科学出版社出版、发行 新华书店经销
社址：北京市海淀区阜成路甲 28 号 邮编：100142
总编部电话：010-88191217 发行部电话：010-88191522
网址：www. esp. com. cn
电子邮箱：esp@ esp. com. cn
天猫网店：经济科学出版社旗舰店
网址：http：//jjkxcbs. tmall. com
北京季蜂印刷有限公司印装
710×1000 16 开 24.75 印张 460000 字
2022 年 6 月第 1 版 2022 年 6 月第 1 次印刷
ISBN 978-7-5218-3165-8 定价：99.00 元
（图书出现印装问题，本社负责调换。电话：010-88191510）
（版权所有 侵权必究 打击盗版 举报热线：010-88191661
QQ：2242791300 营销中心电话：010-88191537
电子邮箱：dbts@ esp. com. cn）

序　言

习近平总书记在 2018 年全国教育大会上指出："要把立德树人融入思想道德教育、文化知识教育、社会实践教育各环节，贯穿基础教育、职业教育、高等教育各领域。"① 社会实践是大学生了解社会、了解国情、塑造品格、锻炼能力、增长才干、奉献社会的重要途径，对于大学生感知中国特色社会主义建设的伟大成就、进一步坚定"四个自信"具有不可替代的作用，对于他们成长为中国特色社会主义事业的建设者和接班人具有重要意义。

作为一所应用型本科院校，燕山学院自 2017 年以来，对大学生社会实践教育进行了有益探索。一是构建社会实践保障机制。学校按照"理论引导、实践锻炼、知行合一、正向激励、提升转化"的思路，不断完善以学生为主体、以专任教师为主导、以政治辅导员和思政课教师为辅助的工作机制，健全社会实践管理制度，设立专项教育活动经费，为确保社会实践深入开展奠定了坚实的基础。二是形成社会实践"六化"工作体系。将大学生社会实践与思想政治引领、校园文化建设、创新创业教育等工作紧密结合、良性互动，达到了共建、共享、共赢的效果。经过几年的探索，已经形成了品牌化宣传、全程化建设、全员化参与、长效化推进、项目化落实、流程化管理的社会实践工作体系，实践育人成效不断提升。三是将"思政小课堂"融入"社会大课堂"。燕山学院组织广大青年学生通过实地考察、走访调研、志愿服务等形式，教育引导青年学生追寻红色足迹、见证伟大成就、厚植爱

---

① 《习近平出席全国教育大会并发表重要讲话》，中国政府网，http：//www.gov.cn/xinwen/2018 - 09/10/content_5320835.htm。

国情怀，追逐青春梦想，将"思政小课堂"融入"社会大课堂"，实现思想政治教育与综合能力提升有机融合。

2021年欣逢党的百年华诞，是"两个一百年"奋斗目标的交汇期，是"十四五"规划的开局之年，也是"燕山调研"品牌建设的第五年。这本《"燕山调研"年度报告（2021）》汇聚了燕山学院大学生社会实践团队利用暑假走进田间地头、厂矿企业、社区家庭、革命老区，深入基层开展社会调研的优秀成果。调研内容涵盖农村党建、党史学习教育、红色基因传承、乡村搬迁、土地流转、乡村旅游、新旧动能转换等热点问题，调研地点遍布山东16地市以及天津、内蒙古等省市，参加人数近2000人，形成团队调研报告200余份。

同学们带着问题与思考走进社会，带着收获和成果回到学校，他们记录了近年来经济发展、社会变革、民生改善的巨大成就。从学术角度看，这些报告还有些稚嫩，但他们认识到了知行合一的重要性，看到了自身知识与能力的差距，明确了今后努力的方向，这些都是非常有意义的。

希望燕山学院广泛听取学生的意见建议，紧密结合学校和专业特色，综合施策，持续加强和改进大学生社会实践工作，不断提升社会实践教育的实效性。希望燕山学院的同学们既要读好有字之书，刻苦学习专业知识，练就过硬专业本领，又要读好无字之书，扎根中国大地，了解国情民情，坚定理想信念，为实现中国梦贡献青春和力量。

2021 年 12 月 20 日

目　录

建党百年背景下推动青少年传承红色基因的探索

——以青岛市建党百年红色主题活动为例

王　松[*]

王兴凯[**]

王思瑶　周昱琦　刘晓旭　李俊杰[***]

摘　要： 习近平总书记强调："要抓好青少年学习教育，着力讲好党的故事、革命的故事、英雄的故事，厚植爱党、爱国、爱社会主义的情感，让红色基因、革命薪火代代传承。"青少年，是实现第一个百年奋斗目标的亲历者、见证者，更是实现第二个百年奋斗目标——全面建成社会主义现代化强国的主力军，传承红色基因是培育时代新人的战略任务和基础工程。通过对青岛市庆祝建党百年举行的红色主题活动进行实地调研、查阅文献、问卷调查等方式综合研判，梳理在建党百年背景下青岛市青少年传承红色基因的现状，从内容、参与度、传播教育方式等方面总结了取得的经验，指出了创新不足、针对性差、与社会联系少等缺陷，提出了构建全要素教育载体的社会环境，发挥新媒体与家庭作用等建议，以提高新时代下推动青少年传承红色基因工作取得实效。

关键词： 建党百年　青少年　青岛市　红色基因

一、导　　论

（一）调研背景

2021年是中国共产党百年华诞。习近平总书记在庆祝建党一百周年重要讲

　＊　调研团队指导老师：王松，山东财经大学燕山学院党委书记、副教授。
　＊＊　调研团队队长：王兴凯。
＊＊＊　调研团队成员：王思瑶、周昱琦、刘晓旭、李俊杰。

话中强调："一百年前，中国共产党的先驱们创建了中国共产党，形成了坚持真理、坚守理想，践行初心、担当使命，不怕牺牲、英勇斗争，对党忠诚、不负人民的伟大建党精神，这是中国共产党的精神之源。一百年来，中国共产党弘扬伟大建党精神，在长期奋斗中构建起中国共产党人的精神谱系，锤炼出鲜明的政治品格。历史川流不息，精神代代相传。我们要继续弘扬光荣传统、赓续红色血脉，永远把伟大建党精神继承下去、发扬光大！"① 立足于第二个一百年征程的新起点上，青少年需要借此契机回顾党史，学习红色文化，从中领悟红色精神，传承红色血脉，才能全心全意投身到建设社会主义现代化国家与民族复兴的伟大事业中，为之努力奋斗，取得更加辉煌的成绩。

（二）调研目的

通过深入调查山东省青岛市庆祝建党百年红色主题活动开展情况以及青少年党史学习情况，对其结果进行分析，对发现的问题结合时代及群体特征提出有针对性和实效性的意见与建议，探索一条新时代青少年如何有效传承红色基因的道路，为传承红色基因、赓续精神血脉，贡献我们的青春力量。

（三）调研意义

百年党史，不仅代表着中国共产党人艰苦奋斗、无私奉献的伟大革命历史，而且反映着革命前辈们强烈的爱国主义情感和崇高品质，也体现了中华民族的传统美德。习近平总书记在党史学习教育动员大会上的讲话中强调："历史是最好的老师，我们党的历史是中国近现代以来历史最为可歌可泣的篇章，历史在人民探索和奋斗中造就了中国共产党，我们党团结带领人民又造就了历史悠久的中华文明新的历史辉煌。一切向前走，都不能忘记走过的路，走得再远、走到再光辉的未来，也不能忘记走过的过去，不能忘记为什么出发。"② 通过加强对青少年的党史学习教育，才能使青少年更好地传承红色精神与红色基因，真心确立远大理想和坚定信念，激发勤奋学习、奋发成才的强大动力，努力把自己培养成为堪当大任、勇担重任的时代新人。

在调研的过程中，团队成员认真学习"新四史"，学习伟大建党精神、习近平新时代中国特色社会主义理论，并在此基础上参加党史宣讲活动，在实践

---

① 《习近平：在庆祝中国共产党成立 100 周年大会上的讲话》，中国政府网，http：//www.gov.cn/xinwen/2021 –07/15/content_5625254. htm。

② 《习近平：在党史学习教育动员大会上的讲话》，中国政府网，http：//www.gov.cn/xinwen/2021 –03/31/content_5597017. htm。

中提升理论水平与解决问题的能力，最终将探究的成果上传至青岛政务网，为青岛市党史宣传教育工作献计献策，为青岛市青少年更好地传承红色基因贡献了我们的青春力量。

（四）调研方法

1. 实地调查法

实地考察青岛市有代表性的红色旅游景点及展馆，对当地红色文化传播方式与成效等进行实地调查，与展馆工作人员以及部分学校的有关领导、老师、学生进行交流。

2. 文献研究法

通过网络和图书等，查阅青岛市红色旅游、红色宣传、党史教育等相关文献资料，结合全国及青岛市相关文件落实情况，了解青少年党史宣传教育工作实施情况。

3. 问卷调查法

选择在青岛市区具有代表性的街道社区和著名景点周围发放调查问卷，同时在线上发布调查问卷，作为线下调查的补充，努力获得一手原始资料，更透彻地了解青岛市的青少年对于青岛市红色文化的接受程度等，增加调研的准确性、科学性。

二、调研地基本情况

（一）青岛市基本情况①

青岛，别称岛城、琴岛、胶澳，是山东省副省级市、计划单列市，是国务院批复确定的中国沿海重要中心城市和滨海度假旅游城市，也是国际性港口城市。青岛东濒黄海，地处我国华东地区、山东半岛东南部，是山东省经济中心，我国

---

① 《青岛概况》，青岛新闻网，https：//edu.qingdaonews.com/content/2021－07/06/content_22784422.htm。

重要的现代化海洋产业发展先行区、海上体育运动基地，亚洲东北部国际航运枢纽。青岛是 2008 年北京奥运会和第 13 届残奥会帆船比赛举办城市，是中国帆船之都、亚洲最佳航海城、世界啤酒之城、联合国"电影之都"、全国首批沿海开放城市、全国文明城市。

（二）青岛市红色历史背景

1914 年，第一次世界大战爆发，日本取代德国占领青岛。1919 年，以收回青岛主权为导火索，爆发了"五四运动"，这是中国近现代历史的分水岭。[①]

1923 年 4 月，中共一大代表邓恩铭到青岛宣传马克思主义，筹建党团组织，开展工人运动。1923 年 8 月，中国共产党青岛党组织成立，使青岛成为全国最早成立党组织的地区之一，海岸路 18 号成为青岛早期党组织的活动中心。1925 年 2 月，青岛党组织改称中共青岛支部，邓恩铭任支部书记。从 1923 年至 1925 年期间，邓恩铭、王尽美、刘少奇、李慰农等老一辈革命家都曾先后在青岛工作和生活过，传播马列主义，领导四方机厂、日商纱厂工人罢工，掀起青岛历史上反帝爱国运动的第一次高潮，在全省乃至全国产生了重大影响。[②] 1947 年，山东大学进步学生在我党领导下成立了"六·二"行动委员会进行反饥饿反内战反迫害斗争，在全国引起较大反响。[③]

中华人民共和国成立后，青岛市作为全国有重要影响的工业城市，在社会主义建设和改革开放过程中发挥了重要作用。1957 年 7 月 12 日至 8 月 11 日，毛泽东主席在青岛主持召开中央政治局常委会议，并先后三次主持召开 17 个省、市委第一书记会议。会议期间，刘少奇、周恩来、朱德、陈云、邓小平等分别视察四方机车厂等企事业单位。[④]

在这片革命热土，一代又一代的共产党人以坚定的信念和不屈的精神引领人民，共同孕育红色的火种，并不断发展、壮大，使青岛既是一个现代化的沿海城市，也是一个红色文化背景深厚的城市。

[①] 《青岛主权回归：25 年风雨飘摇路》，半岛网，https：//news. sina. cn/sa/2011 - 06 - 07/detail - ikftpnny4814466. d. html? from = wap。

[②] 《邓恩铭：尽职尽责播火种》，载于《青岛画报》2021 年第 4 期。

[③] 《1947 年 5 月 31 日：山大发动"反内战，反饥饿"学潮，青岛新闻网，https：//www. qingda-onews. com/content/2011 - 03/01/content_8682820. htm。

[④] 逄先知、金冲及：《毛泽东传（1949 - 1976）》，中央文献出版社 2003 年版，第 1677 页。

三、青岛市建党 100 周年红色主题活动情况

（一）开展丰富多彩的党史学习教育

1. 全国首个 5G 高新视频党建教育基地[①]

在建党百年之际，全国首个 5G 高新视频党建教育基地在中国广电·青岛 5G 高新视频实验园正式启用，将"党建教育 + 5G 高新视频技术 + 心理体验"创新融合，为学员寻访红色之旅带来了沉浸式体验，打造了党建教育的新模式，开辟了党建教育领域的全新实践路径。

5G 高新视频党建教育基地集党史学习、理想信念和爱国主义教育于一体，借助"5G + 16K"的超高清 3D 视觉效果、多媒体声效与气候模拟等技术手段，赋予党建课程 5D 电影沉浸式视觉效果，通过还原真实的历史场景，设置趣味性的互动游戏，增强学员们在党建课程中的体验感。

5G 高新视频党建教育基地还将"园区平台化、生态化、链条化"的发展模式与青岛"电影之旅"生态体系融合，形成"产教学研"一体的生态化教学环境，持续推动 5G 高新视频技术与党建教育之间的创新性融合，不断探索党建教育培训的新路径。通过现代科技等新的教育方法，使青少年更加深入、更加主动、更加全面地了解党，进一步推动青少年积极向党组织靠拢，为实现中华民族伟大复兴的中国梦注入新的能量。

2. 青岛市委党校成立特色团队推进党史学习教育[②]

青岛市委党校为广泛普及党史学习教育、创新党史学习的新形势、做学习党史宣传党史的表率。整合党校研究与教学资源，推行教育教学新模式，陆续成立了党章宣讲团以及青年博士团，通过集中共同备课，精心设计了 7 个党章宣讲题目，针对不同单位的不同需求开展"菜单式"教学模式，各单位可以根据所需"点单"，党校选择合适的老师来"接单"。通过多种途径和方法，送课进单位，

① 《科技赋能党建教育 5G 高新视频党建教育基地"宝藏丰盈"》，青岛新闻网，https://www. qingdaonews. com/content/2021 – 06/02/content_22739706. htm。
② 《山东省青岛市委党校成立特色团队推进党史学习教育》，青岛新闻网，https://news. qingdaonews. com/qingdao/2021 – 10/01/content_22909877. htm。

引导党员掌握党的知识，增强党性意识。同时由 16 名 40 岁以下青年博士组建的青年博士团，深入机关、国企、社区、高校、乡村等基层开展调研，协助政策咨询、社会管理和社会宣传等活动，切实为群众办实事、解难题，为推动青岛市经济健康高质量发展贡献了党校青年的才智与力量。

（二）举办大型主题展览

1. "红动百年·致敬老兵" 主题光影展①

2021 年 7 月 30 日上午，作为 2021 年青岛市文艺精品扶持项目，"红动百年·致敬老兵" 大型光影追忆红色岁月主题影像展，在海泊路 43 号青岛洛川家美术馆展出。活动通过镜头展现老兵风采，通过光影追忆那段红色岁月，向那些为国家和人民作出贡献的老兵们致敬。

开展首日，影像展吸引了众多市民的参与。活动现场，主办方还邀请了老兵代表——军休服务中心副师职军休干部孙岚，为小学生代表讲述红色峥嵘岁月的故事，使他们深刻认识到老兵们不怕牺牲与甘于奉献的精神，也感受到了当今祖国繁荣富强的来之不易。除了线下展览，本次主题影像展在宣传推广方面还采用了线上全媒体展示等多种方式，助力青少年对红色文化精神进行传承与发扬，促使青少年明白责任在肩，需自信自强、努力奋斗，为推动中国特色社会主义发展，为实现中国梦贡献自己的力量。

2. 庆祝建党一百周年书画展②

2021 年 7 月 20 日，"颂歌献给党·启航新征程" 庆祝建党一百周年书画展在青岛新世纪文化创意产业园 "永不落幕" 艺术展厅开展。展览共展出了书画作品 200 余幅，创作者以老年艺术家、老党员为主，也有不少新青年艺术家。展览通过不同的题材、视角、艺术形式，真情、真实、真切地反映了建党百年以来国家的发展与取得的巨大成就，充分反映了艺术家们心系祖国、爱党爱国的精神风貌。由年届七旬的老党员明继学先生、吴树金先生创作的书法长卷——一万一千多字的《建党百年赋》，利用古雅、激昂的赋体，描绘了党的 "一大" 到 "十九大" 的百年辉煌历程，给人以很强的视觉冲击力。

---

① 《"红动百年·致敬老兵" 光影追忆红色岁月主题影像展在青岛开展》，大众报业·半岛网，http://news. bandao. cn/a/529432. html。
② 《山东青岛举办庆祝建党 100 周年书画作品展》，人民日报社民生周刊公众号，https：//view. inews. qq. com/a/20210723A06NOI00。

（三）举办多种形式的文艺演出

1. 城市灯光展①

为庆祝中国共产党成立 100 周年，青岛市城市管理局在浮山湾、崂山区、西海岸新区、城阳区等主要区域，部署庆祝建党 100 周年主题的灯光展，除星期一外，每天播放 2 场，开始时间分别为 20：00、20：30；国家法定节日期间每天播放 3 场，开始时间分别为 20：00、20：30、21：00。

主会场浮山湾灯光秀内容主要包括"在风雨中砥砺前行、在发展中不辱使命、在奋斗中走向辉煌"三个部分，分会场崂山区灯光秀分"曙光""崛起""复兴"三个篇章介绍了中国共产党的光辉历程，而西海岸新区灯光秀以红、黄两色为主色调的党旗为创作思路，呈现了独特的光影之美。

灯光秀营造了学习百年党史的浓厚气氛，展示新时代城市形象，不仅在广大市民和旅客中获得了好评，更受到了青少年群体的喜爱。灯光秀虽然是在青岛本地进行表演，但利用新媒体实现了广泛传播，使全国各地人民都可以欣赏到此次灯光秀，也成为对青少年进行红色教育的特色材料。

2. 大型音乐舞蹈史诗《永远跟党走》②

2021 年 6 月 29 日晚，大型音乐舞蹈史诗《永远跟党走》在青岛大剧院演出，该音乐舞蹈史诗阐释了五四运动对于中国共产党成立的伟大意义以及五四精神在青岛的传承，展现了建党百年来青岛波澜壮阔的革命征程和这片红色热土上的英雄故事。

通过将传统舞台搭建与现代舞台艺术以及高科技相融合，营造出了全新的舞台氛围，让观众仿佛穿越了百年时光，切身实地感受了青岛百年的峥嵘岁月。此次演出青年演员占比较大，体现出新青年一代对建党百年的崇高敬意。在整场演出结束后，全场观众起立并共同高唱了《没有共产党就没有新中国》，气氛十分热烈，歌声与热烈掌声经久不息，更加坚定了观众永远跟党走的信心。

---

① 《青岛市灯光秀换装庆祝建党 100 周年主题》，鲁网青岛，http：//qingdao. sdnews. com. cn/xwzx/202106/t20210622_2922995. htm。

② 《青岛市庆祝中国共产党成立 100 周年文艺演出举行》，青岛政务网，http：//www. qingdao. gov. cn/n172/n1530/n32936/210630085328034432. html。

3. 青岛台东用歌声献礼建党100周年①

2021年6月20日，在红旗招展的青岛市北区台东步行街上，青岛知名电视主持人、知名歌手、非遗传承人、台东商会代表等10名主唱发起了"唱支山歌给党听"红歌联唱快闪活动。

当《唱支山歌给党听》旋律响起，10名主唱从四面八方向台东步行街中央走来。越来越多的行人伴随着旋律，挥舞着手中的五星红旗加入合唱中来。歌手用歌声传递着快乐、传播着希望、凝聚着温暖，活动现场汇成一片红色海洋。用实际行动展现出庆祝建党百年的喜悦之情，表达了对党的感激，颂扬党的伟大成就，增强党与群众的血肉联系。

4. 青岛市少年宫第二幼儿园举行庆祝建党百年文艺演出②

2021年7月9日，青岛市少年宫第二幼儿园庆祝中国共产党成立100周年文艺演出在少年宫红领巾剧场精彩上演。演出分为《花儿向阳》《童心向党》两个篇章。活动现场精彩纷呈，展示了舞蹈《小书童》《让我试试》、合唱《七月的太阳七月的花》《闪亮小红星》、童话剧《长征路上》、情景剧《中华孝道》、朗诵《穿越时空的对话》等节目，小演员用独特的艺术形式，各展所长，各尽所能，张扬着青春的活力，描绘出少年儿童健康快乐成长的美好画卷，表达了对建党百年的庆祝、对党的祝福，让爱党爱国的种子埋在了孩子们的心里，随着孩子们的成长而生根发芽。

（四）召开理论研讨会和座谈会

2021年1月6日上午，在"共青团与人大代表、政协委员面对面"集中活动座谈会上③，青岛市团校党总支书记、校长刘富珍围绕"新职业"青年议题，结合前期调研和长期监测数据指出，当前"新职业"青年参与呈现出强经济参与、强文化参与、弱社会参与和弱政治参与等特点。经济新活力、文化新现象的背后，隐藏着"新职业"青年对归属感和组织感的巨大需求。党组织要加大对他们的关爱和支持，充分发挥他们在城市发展中的作用。

---

① 《青岛报道燃！青岛台东步行街上演震撼快闪　红歌联唱表白党和祖国》，大众网·海报新闻，http://qingdao. dzwww. com/qingdaonews/202106/t20210621_8661992. htm。
② 《青岛市少年宫第二幼儿园举办庆祝建党100周年文艺演出》，大众网，http://qingdao. dzwww. com/jiaoyu/jiaoyuzixun/202107/t20210709_8754264. htm。
③ 《青岛共青团与人大代表、政协委员面对面，聚焦"促进'新职业'青年全面发展"》，青岛新闻网，http://news. qingdaonews. com/qingdao/2021－01/07/content_22522999. htm。

（五） 创作推出一批文艺作品和出版物

1. 电视剧《永恒的使命》①

青岛西海岸新区影视企业青岛新视点文化发展有限公司参与出品的中国共产党建党 100 周年献礼作品——电视剧《永恒的使命》，以 1918 年第一次世界大战结束，中国能否以战胜国的资格收回山东主权开篇，以 1931 年邓恩铭英勇就义收尾。以大众喜闻乐见的方式促进人民群众感受百年党史的峥嵘岁月，了解百年党史的发展历程，让群众认识到是一代又一代先烈的牺牲和拼搏，才换来今天的繁荣与富强，使广大人民群众在内心引起共鸣，更加深刻理解新时代的来之不易，要珍惜和平幸福的生活，为实现中国梦而努力奋斗。

2. 青岛"红心向党卡通表情包"②

中共青岛市委网信办与腾讯山东城市伙伴·青报微青岛联合出品了庆祝中国共产党成立 100 周年专属"红心向党卡通表情"微信表情包，该表情包一经推出，立刻引起社会广泛关注，青少年踊跃下载，上线短短 3 天时间，下载使用量已达 60 万人次。"红心向党卡通表情"微信表情包，是采用新媒体的方式宣传党史的成功案例，用青少年喜欢的方式使其在日常生活中潜移默化自然而然地了解党的发展，促进了青少年积极向党组织靠拢。

（六） 开展群众性主题宣传教育活动

1. 青岛市少先队庆祝建党 100 周年"百年百校百场"红色主题教育活动③

为了庆祝中国共产党成立 100 周年，传承红色基因，共青团青岛市委、青岛市文明办、青岛市教育局、青岛市少工委联合市慈善总会爱基金逐梦深蓝讲师团，共同启动了以"高举队旗跟党走，红色精神伴成长"为主题的"百年百校百场"红色主题教育宣讲活动。在 9 个月的时间里，由优秀退役海军军人组成的

---

① 电视剧《永恒的使命》由曹伟执导，陈学冬、何雨虹领衔主演。
② 《青岛"红心向党卡通表情包"火了！上线 3 天下载量破 60 万》，腾讯网，https://new.qq.com/rain/a/20210702A0A0W100。
③ 《青岛市少先队庆祝建党 100 周年"百年百校百场"红色主题教育活动举行》，青网，http://www.qing5.com/2021/0625/383321.shtml。

"逐梦深蓝"校外辅导员队伍，在青岛市的 10 个区共走进学校 179 所，授课 190 场，参加活动的少先队员共计 47796 人；开展摄影展、舰艇模型展等活动 175 次，参加活动的少先队员共计 33946 人。通过"百年百校百场"红色主题教育宣讲活动，青岛市数万名的少先队员学习了一堂堂生动有趣又发人深省的党史红色教育课程，在心中播下了爱党、爱国、爱军的种子。

2. 青岛城运控股集团交运温馨的士公司布置党史学习教育主题车厢[①]

青岛城运控股集团交运温馨的士公司，通过组织在出租车中张贴庆祝活动标识，利用车载电子屏布置党史学习教育主题车厢，向乘客发放党旗打造"党史学习教育阵地"等方式，持续进行红色车厢打造，营造庆祝建党 100 周年的浓厚氛围，向建党百年献礼。

3. 打造建党百年九条红旅路线[②]

青岛作为国内著名的旅游城市，为了庆祝建党百年，引导游客在旅游的过程中缅怀革命先烈、传承红色精神、领略新时代的城市魅力，青岛市文化和旅游局在深入调研的基础上，将本市经典的红色景点、美丽村庄、非遗文化、文物古遗等，包括革命纪念馆、战斗旧址、英雄故居、红色文学、海洋强国等 45 个红色景点进行串联，推出 9 条建党百年红色路线。如线路一，穿越历史，红色记忆缅怀游：从五四广场出发，沿途依次经过青岛革命烈士纪念馆、青岛迎宾馆、李慰农公园、道路交通博物馆、中共青岛党史纪念馆，终点为青岛纺织博物馆。游客可以体会青岛从"红色基因"萌芽之初，到"红色精神"一脉相承，再到"红色记忆"经久不息的历程。再如线路七，新区新貌，红色驱动发展游：从青岛齐长城百果园出发，依次经过杨家山里红色教育基地、"红色记忆"展馆（东方影都）、西海岸新区建党百年党史图片展馆（中铁·青岛世界博览城）、大珠山，最后前往将军台爱国主义教育基地。这条线路以西海岸新区为中心展开，游客在领略日新月异发展"速度"的同时，亦可感受到薪火相传的文化传承。

红旅路线引导市民游客从党的百年伟大奋斗历程中汲取前进的智慧和力量，感受当今和平幸福生活的来之不易，感受到党的伟大，在缅怀革命先烈、传承红色精神的同时，也可以感受到改革开放后取得的巨大成就，领略开放、现代、活

---

① 《庆祝建党 100 周年　青岛公交主题车厢上线》，大众报业·半岛网，http：//news. bandao. cn/a/518934. html。
② 《缅怀革命先烈传承红色精神　青岛推出 9 条特色主题红色旅游线路》。大众报业·半岛网，ht-tps：//news. bandao. cn/a/493194. html。

力、时尚的城市魅力。

四、走访与学习实践

（一）重温革命历史，感悟红色文化

红色基因是一座城市不可或缺的精神血液，是这座城市中所有共产党员心中理想和信念的重要源泉。值此建党 100 周年之际，调研团队通过前往省市爱国主义教育基地、党史教育基地——中国共产党青岛党史纪念馆参观走访、学习实践，在这里重温青岛的革命历史与青岛共产党人的英雄事迹，感悟传承百年的红色文化，见证新中国成立以来青岛日新月异的巨大进步。

团队依次参观了基础展厅、专题展厅与党史主题公园。其中基础展厅主要介绍了中国共产党在青岛的发展历史，展示了 1923 年以来青岛党组织领导的革命斗争、社会主义建设以及改革开放的伟大历程。专题展厅主要是结合重大教育活动和党史纪念日，举办了一系列的图片展，如《中国共产党历次全国代表大会——从一大到十九大专题展》《伟人的足迹——1979·邓小平在青岛》等。通过丰富翔实的图片、实物等，详细介绍了青岛共产党从无到有、从弱到强、不断壮大的艰苦卓绝的革命历史和伟大成就。

（二）追寻海洋记忆，致敬海军力量

团队成员对中国人民解放军海军博物馆进行了实地调研。中国人民解放军海军博物馆展包括中国海军发展历史基本资料陈列、海军展馆陈列广场、海军战斗英雄陈列广场、陆上武器装备艺术展区和海军海上武器装备艺术展区等。整个展陈以中国人民海军事业发展历史沿革陈列为展示主轴，以人民海军发展历史上著名战役和重大战斗、重要历史事件、重大事业发展成就、武器装备和英模海军人物陈列为展示重点，通过室内、海上和陆上三个特大展馆分区，包含 4000 余件海军文物、100 余幅海军图片，近百个海军雕塑、浮雕、场景、油画，以及 40 多个全景视频等，全方位、全过程、全景式充分展现了中国人民海军在中国共产党的坚强领导下，从无到有、从小到大、从弱到强，一路劈波斩浪，纵横万里，强我海疆，勇闯远海大洋，取得举世瞩目伟大成就的海军创业史、奋斗史、发展史。一幅幅承载岁月沧桑的海军历史壮丽照片、一件件满载忠诚的历史珍贵文物、一个个动人心魄的英雄战斗故事，全景式展现了在党的领导下，中国海军砥砺奋进的峥嵘岁月，保卫海疆、不怕牺牲的精神力量。

（三）访谈总结

在实地游览党史纪念馆和海军博物馆的过程中，团队成员与研学的学生与老师同行，并进行观察与采访。在党史纪念馆中，中学生们在研学过程中没有明显打闹与喧哗等情况，约80%的同学在游览时只是粗略地扫过历史文物的玻璃柜，并没有停下认真了解展柜旁边的文字解说等；约50%的同学会拿出手机进行拍摄，约20%的同学会认真阅读文字、聆听讲解员解说并与其互动。

根据负责本次研学的博物馆讲解员李女士反映，随着国家加大对党史宣传教育的力度，近年来中小学的研学活动频繁，越来越多的青少年群体前来参观纪念馆，接受党史教育，但是大部分同学是走马观花，并没有认真了解党史和展品，能主动交流的同学更是比较少。

通过采访带队班主任张老师，了解到在研学过程中主动与讲解员交流的几位学生，他们平时学习的积极性高，学习成绩名列前茅，在平时生活中也乐于助人。张老师认为红色文化能够帮助青少年明确自身定位，不断完善自身，实现自我价值。

五、问 卷 分 析

调研团队在实地调研的过程中，在相关的红色景点以及周边的社区和公共场所，发放了纸质版与电子版"青少年传承红色基因情况"的调研问卷。面向青岛市25岁以下的青少年，累计发放调查问卷300份，共回收调查问卷287份。同时也发放了"建党100周年：党建党史知识测试题调查问卷"，面向青岛市25岁以下的青少年，累计共回收有效问卷200份。

（一）大部分青少年对党史比较了解

25岁以下的青少年中有43.59%的人认为自己对党史比较了解，认为自己非常了解和略知一二的分别占20.51%和30.77%，认为自己没有了解过的占5.13%。而通过党建党史知识测试题调查问卷来看，25岁以下青少年对党史了解较全面，自我认知较为准确。

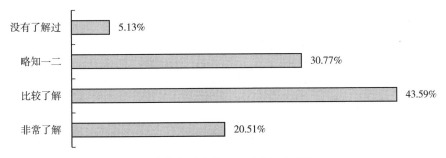

图1　青少年对中共百年党史的了解情况

（二）对主题教育活动参与度高

青少年对庆祝建党百年红色主题活动的参与度高，未出现从未参加过任何相关活动的案例，在党史学习教育、庆祝大会、评选表彰大会、大型主题展览、文艺演出、群众性主题宣传教育活动以及红色旅游路线等活动中都能达到40%～60%的参与度，其中参与最多的活动分别是大型主题展览、文艺演出与红色旅游路线，其中最高的参与率达56.67%。

（三）单位统一组织是参与主题活动的主要原因

从"青少年了解党史原因"来看：学习红色历史知识与提高个人政治素养占比分别达到了48.72%和61.54%；原因为个人兴趣占25.64%；单位/学校的要求占比超过了50%；门票价格低占25.64%。通过分析数据可发现当代青少年能按要求参加"学党史受教育"，但是自身对"学党史"的主动性有待提高。

（四）主题活动对青少年成长帮助较大

被调查的青少年普遍认为参加庆祝建党百年红色主题活动，对个人成长帮助较大，毫无影响这一选项的选择率为0%，认为参加建党百年红色主题活动可以积累历史知识、坚定理想信念、增强能力素质、强化先锋意识、树立学习榜样、得到组织关怀的比例都在75%～80%，其中选择比例最高的选项是领悟红色精神，占比达86.67%。

（五）第二课堂在红色文化传承中起重大作用

关于了解中国共产党百年红色文化的渠道的选项中，青少年最倾向于选择参观展览、纪念馆与遗址，占比都在62%～73%，仅有40%的青少年倾向于选择党课、党建网站。

（六）活动的宣传效果有待提高

青少年认为青岛市庆祝建党一百周年系列活动存在的问题主要为活动宣传不到位与大众自主参与积极性不高，这两个选项占比均为50%，其次分别有33%和36%的青少年认为内容浮浅、枯燥和形式单一，缺乏新意。

六、取得的经验与存在的问题

（一）取得的经验

1. 内容丰富、形式多样

青岛市紧紧围绕建党100周年这一主题，在突出政治性、理论性、政策性的前提下，统筹安排部署、精心组织实施，举办了一系列庆祝活动，主要包括10项内容：组织收听、收看庆祝大会；开展"两优一先"推荐评选表彰；举办文艺演出；举办主题展览；开展党史学习教育；召开理论研讨会和座谈会；创作推出文化文艺作品和出版物；组织颁发纪念章和开展走访慰问活动；开展群众性主题宣传教育活动，全面展示青岛人民在中国共产党领导下凝心聚力取得辉煌成就的伟大历程；加强宣传报道。庆祝活动形式多样、内容丰富，既隆重热烈，又务实节俭。

2. 贴近群众、参与度高

"党的庆典，人民的节日"。青岛市坚持面向基层、面向群众，紧密联系干部群众思想实际，推动基层庆祝活动的开展，人民群众参与度高。通过部署港湾灯光秀、公交地铁的教育主题车厢等，增强庆祝活动的氛围感、仪式感、参与感与现代感，最大限度调动群众参与活动的积极性。

3. 以人为本、改善民生

坚持以人民为中心的发展思想，把庆祝建党100周年与改善民生结合起来，积极推动全市"我为群众办实事"实践活动。同时，青岛市还将庆祝活动与创建全国文明城市、"我爱青岛·我有不满·我要说话"民生倾听主题活动紧密结合，切实推动解决好市容环境整治、农贸市场管理、老旧小区改造、违法建筑拆除等群众反映强烈的"急难愁盼"问题，不断增强人民群众的获得感、幸福感、安全感，以经济社会高质量发展和民生改善的实际成效，庆祝党的百年华诞。

4. 利用融媒，生动快捷

青岛市聚焦新时代特点，结合科技手段，注重活动"创新性"，丰富大众参与渠道，让宣传"落在实处、落地有声"。利用互联网开展"云活动"，借助抖音直播、微信公众号等新媒体，开创5G高新视频党建教育基地，畅通微博话题、网站信箱等渠道，收集活动反馈情况，及时总结经验、调整活动方案，真正"落地有声"。

5. 树立大思政观念，实现跨学段思政教学

青岛市教育局把思政课作为落实立德树人根本任务的关键课程，牢固树立"大思政"教育观念，开展"跨学段"思政课教学实践，努力推动青岛市新时代大中小学思政课一体化建设创新发展。青岛市大中小学积极发挥党史思政课一体化大课堂作用，把握青少年特点，贴近青少年需求，创新形式，推动大中小学党史学习教育走深走实，切实提高了党史学习教育的针对性和实效性，以实际行动和优异成绩庆祝中国共产党成立100周年。

（二）存在的问题

1. 活动过多，创新不够

在中国共产党成立100周年这个历史时刻，党史学习活动成为基层热点活动的主旋律。其中一些地方活动存在只重形式不看效果，不注重基层实际，不遵循基层特点的问题，部分活动不仅不能收到预期的效果，反而加重了基层的负担，影响了正常工作的有序开展。各种活动"各自为战"，只能产生小范围的活动效果，规模化、连贯性的活动体系不多，影响力不大。还有为了活动而"新瓶装旧酒"的现象，一些有典型事例的老党员故事被重复讲述，不同的活动碰上的依旧还是那个熟悉的面孔、不变的故事，导致活动效果欠佳。

2. 针对性差，合力不足

总体来看，青岛市面向青少年举办的庆祝建党百年红色主题活动以及开展的红色主题教育活动，雷同度较高，缺乏差异化与针对性。针对青少年不同年龄阶

段身心发展规律的红色党史教育宣传活动较少。而在那些仅面向青少年开展的主题活动中，形式上也只是做到了开展对象的专属化，其内容和方式与面向全年龄段大众的活动没有本质区别。除面向青少年举办的红色教育活动针对性弱外，宣传与教育工作大多由学校独立承担，家庭与社区在红色文化教育中发挥的作用较小，导致青少年红色文化学习途径单一、合力不足，红色党史教育活动的多元协同助力局面亟待构建。

3. 形式比较单调，与社会的联系少

学校是宣传和弘扬红色文化的主要阵地，目前大量学校关于党史文化的教育途径依旧依赖课堂教学和为数不多、形式缺少变化的校园活动，大多为党史竞赛、红色论文比赛、红色主题讲座和红色主题戏剧表演等，青少年喜闻乐见的文艺活动相对较少。对青少年的红色文化教育活动，绝大多数仅仅局限在校园内、课堂内，缺乏与社会的实际联系。青少年从实践中获得红色文化教育的途径较少，存在教育方式和教育场所固定化、单一化与形式化的问题。

七、增强青少年传承红色基因的对策与建议

（一）构建以全要素教育为载体的"红色"社会环境

一是坚持正确的政治指导，创建"红色"社会文化环境，坚决反对历史虚无主义。综合利用宣传引导、思想教育、依法治理等方式，严格打击肆意抹黑、歪曲党史，将党史庸俗化、娱乐化等现象，有效杜绝历史虚无主义等网络不良思潮和负面信息的传播渗透，从而引导青少年树立正确的价值观、国家观、历史观和民族观。

二是关注重要时间节点的红色文化的宣传学习教育工作。抓好青少年入学、入队、入团、入党等重要时间点的红色文化学习教育，增强党史学习教育的仪式感和感召力。将国庆节、七一建党节、八一建军节等重要节日、纪念日作为加强党史学习教育的重要节点，通过组织前往红色景点，参观革命根据地、博物馆和纪念馆，阅读红色经典文学、观看红色革命影片等形式，引导青少年学党史、听党话、感党恩、跟党走。

（二） 充分发挥新媒体在传承"红色基因"中的作用

新时代的青少年是互联网的"原住民"，其思想前卫，有鲜明的个性，喜欢并善于接受新事物。要将互联网这个最大的变量转化为最大增量，要积极利用新媒体创新开展党史学习和红色文化教育，用年轻人喜闻乐见的方式去点燃他们学习的热情。

现如今已经有很多传统历史文化知识借助新媒体成功"破壁"进入青少年的视野中，党史学习教育不能只保留其"严肃性"，也应在保证内核的同时具有一些"时尚性"，例如可以将红色文化元素加入歌曲、动漫、游戏、剧本杀、话剧、电影中，让党史知识真正"动"起来、"活"起来。

（三） 构建以家教、家风为载体的红色家庭环境

党的十九届四中全会通过的《中共中央关于坚持和完善中国特色社会主义制度 推进国家治理体系和治理能力现代化若干重大问题的决定》提出："构建基层社会治理新格局。完善群众参与基层社会治理的制度化渠道。……注重发挥家庭家教家风在基层社会治理中的重要作用。"① 将家庭的家教、家风作为传播红色文化的重要载体，可以充分发挥家庭教育的生活化、情感化、多样化的作用。通过家庭日常生活中家长进行春风化雨的点滴教育，在言传身教中合理引导，加强青少年对红色文化价值的认知、认同。例如将老一辈的红色事迹和自己的亲身经历讲述给孩子听，使红色文化对家庭成员的道德熏陶更贴近现实、贴近生活。但同时需要注意的是家庭教育并不能只依靠家长的说教，跟孩子讲一些"大道理"，青少年往往会因此而逆反，从而很难达到预期的效果，甚至会适得其反。身教胜于言传，在红色文化教育中，家长自己的言行举止要符合红色文化的要求，这样才能发挥家庭中家长以身作则的作用。

（四） 开展丰富多彩的校园红色文化活动

校园是宣传和弘扬红色文化的重要阵地，要充分发挥课程与课堂在红色教育中的主渠道作用，要创造条件开展丰富多彩的青少年喜闻乐见的各种文艺活动，营造浓厚的红色校园文化氛围和环境。例如举办红色歌曲歌手大赛，鼓励学生唱红色歌曲，让学生在歌唱中缅怀革命先辈，激发革命斗志，从而受到教育。举办

---

① 《中共中央关于坚持和完善中国特色社会主义制度 推进国家治理体系和治理能力现代化若干重大问题的决定》，中国政府网，http：//www. gov. cn/zhengce/2019 – 11/05/content_5449023. htm。

关于红色主题的演讲比赛、故事分享会、辩论比赛、征文比赛、摄影比赛，以及红色图书漂流活动等，举行慰问关怀老一辈革命家的社会志愿服务活动，到纪念馆、革命遗址、博物馆等红色文化教育基地现场参观学习的社会实践活动，营造良好的校园文化氛围。

附录

青少年传承红色基因情况的调研问卷

您好！我们是山东财经大学燕山学院的学生，现进行以"建党百年背景下推动青岛市青少年传承红色基因的探索——以青岛市建党百年红色主题活动为例"的暑期社会调研实践活动，邀请您用几分钟的时间填写这份问卷。本问卷本着匿名方式，所有数据仅用于调研统计分析，请您根据自己实际情况和真实想法进行填写。感谢您的配合！

1. 您的年龄分布于（　　）［单选题］

A. 12 岁以下　　　　　　B. 12～17 岁　　　　　　C. 18～25 岁

2. 您的身份是（　　）［单选题］

A. 已就业　　　　　　B. 研究生、博士　　　　　　C. 大学生

D. 中学生　　　　　　E. 小学生

3. 您的政治面貌是（　　）［单选题］

A. 中国共产党党员、预备党员、入党积极分子

B. 共青团团员

C. 少先队员

D. 群众

4. 您对中国共产党的百年党史了解程度（　　）［单选题］

A. 非常了解　　　　　　B. 比较了解

C. 略知一二　　　　　　D. 不了解

5. 您参与过青岛市以下哪类庆祝建党百年红色主题活动（　　）［多选题］

A. 党史学习教育

B. 庆祝大会

C. 大型主题展览

D. 文艺演出

E. 群众性主题宣传教育活动

F. 红色旅游路线

G. 未参加过

H. 其他_____

6. 您参加青岛市庆祝建党百年红色主题活动的主要原因（   ）［多选题］

A. 提高个人政治素养   B. 学习红色历史知识

C. 单位/学校的要求   D. 个人兴趣

E. 门票低/免费   F. 其他_____

7. 您认为参加庆祝建党百年红色主题活动后对您有哪些帮助（   ）［多选题］

A. 积累了历史知识   B. 坚定了理想信念

C. 领悟了红色精神   D. 增强了能力素质

E. 强化了先锋意识   F. 树立了学习榜样

G. 没什么影响   H. 其他_____

8. 下面关于了解中国共产党百年红色文化的渠道中，您最倾向于选择（   ）［单选题］

A. 参观展览、纪念馆、遗址

B. 书刊、报纸、广播、电视、互联网等媒体宣传

C. 文艺类主题会演

D. 党课、党建网站

E. 党史学习教育活动

F. 其他_____

9. 您认为目前青岛市进行庆祝建党百年活动时是否发挥其独特的城市特色与历史文化特色（   ）［单选题］

A. 发挥不充分   B. 正常发挥

C. 发挥良好   D. 充分发挥

10. 您认为目前青岛市庆祝建党一百周年系列活动主要存在哪些好的方面（   ）［多选题］

A. 内容丰富

B. 形式多样

C. 活动宣传广泛

D. 大众参与积极性高

E. 活动举办的次数多、频率高

F. 活动投入多、规模大

G. 其他_____

11. 您认为目前青岛市庆祝建党一百周年系列活动主要存在哪些不足方面（　　）［多选题］

A. 内容浮浅、枯燥

B. 形式单一、缺乏新意

C. 活动宣传不到位

D. 大众参与积极性不高

E. 活动举办的次数少、频率低

F. 活动投入少、规模小

G. 其他_____

12. 您认为青岛市庆祝建党百年活动开展的效果如何（　　）［单选题］

A. 优秀　　　　　　　　B. 良好

C. 一般　　　　　　　　D. 较差

13. 说说您对党诚挚的祝福以及对青少年有效传承红色基因的建议［填空题］

_____

新时代党史学习教育实践路径探索

——以日照莒县为例

刘婷钰*

邸子涵**

王亚茹　唐　玉　王美仪***

摘　要：2021 年，中国共产党迎来百年华诞。中共中央决定，在全党开展中共党史学习教育，激励全党不忘初心、牢记使命，在新时代不断加强党的建设。日照莒县认真贯彻落实习近平总书记在党史学习教育动员大会上的重要讲话，深入开展党史学习教育工作。本次调研以日照莒县党史学习教育情况与发展路向为主要内容，通过调查问卷、实地走访调研的方式，了解当地党史学习教育情况，发现莒县党史学习教育存在的部分问题，对此提出建议并探讨发展路向。

关键词：新时代　党史学习教育　路径探索　日照莒县

一、绪　　论

（一）调研背景与目的

1. 调研背景

2021 年，中国共产党迎来百年华诞。中共中央决定，在全党开展党史学习教育，激励全党不忘初心、牢记使命，在新时代不断加强党的建设。纵观中国共

---

　*　调研团队指导老师：刘婷钰，山东财经大学燕山学院国际商学院教师、助教。

　**　调研团队队长：邸子涵。

　***　调研团队成员：王亚茹、唐玉、王美仪。

产党的百年历史，就是一部践行党的初心使命的历史，就是一部党与人民心连心、同呼吸、共命运的历史。通过扎实开展党史学习教育，广大党员干部要延续共产党人精神血脉，鼓起开启新征程、奋进新时代的精气神。在庆祝党百年华诞的重大时刻，在"两个一百年"奋斗目标历史交汇的关键节点，全党集中开展党史学习教育，正当其时，十分必要。[1]

日照莒县认真贯彻落实习近平总书记要求和党中央部署，"在全党开展党史学习教育，就是要引导全党以史为镜、以史明志，了解党团结带领人民为中华民族作出的伟大贡献和根本成就，认清当代中国所处的历史方位，增强历史自觉。"[2] 随着党史学习教育的深入开展，全县党员干部在思想上再洗礼、初心上再觉悟、使命上再升华，迸发出奋进新时代、建设新莒县的磅礴力量。同时，党的群众路线是党走向胜利的重要法宝，莒县干部以开展党史学习教育为动力，加强党性修养，切实走好新时代群众路线，积极践行全心全意为人民服务的宗旨。

2. 调研目的

（1）根本目的。通过实地走访调研，团队了解了日照莒县开展党史学习的基本情况，总结莒县开展党史学习教育存在不足，并结合相关资料为莒县乃至全国其他地区更好地探索开展党史学习教育提供一些建议，加强巩固党史学习教育的成果，进而提升莒县乃至全国人民的政治觉悟。

（2）直接目的。本次调研通过走访党员与问卷调查同时进行，并且对获取的数据进行整理分析，进而丰富调研内容，完善调研体系，直观明了地反映调研情况，使调研具有真实性和有效性。本次调研过程中，团队成员相互帮助、相互学习，在实践中学以致用，不仅共同完成了此次的调研，而且充实了自我。

（3）间接目的。进行慰问活动，向老同志宣传中央政治局重大会议精神、决定和战略部署。同时，让广大退休老共产党员切实体会到党和政府的关爱与温暖。采取上门看望、倾听意见等形式，向老共产党员传达党中央、国务院对他们的关心，并褒扬他们为中华民族解放事业、教育事业和社会主义现代化建设事业所做出的巨大贡献。对工作、学习、生活困难的老共产党员，尤其是在贫穷村、艰难行业、艰难企业单位的老共产党员，要及时采取相应政策措施协助他们走出困境。

---

[1] 孙文亮：《切实上好党史学习教育"必修课"》，载于《奋斗》2021年第9期。
[2] 习近平：《学史明理　学史增信　学史崇德　学史力行》，载于《求是》2021年第13期。

（二）主要内容和调研方法

1. 主要内容

团队选定的调研区域为山东省日照市莒县。莒县历史文化悠久，地处沂蒙革命老区，红色资源丰富，且莒县认真贯彻落实习近平总书记要求和党中央部署，深入开展党史学习教育，通过学习党史、新中国史、改革开放史、社会主义发展史，充分利用红色资源，发扬红色传统、传承红色基因。本次调研在征得当地负责人同意后，主要对不同年龄阶段的人群进行访谈和问卷调查，深入了解老党员曾经的生活与工作环境，向新党员了解如今的生活环境与使命，同时向共青团团员、入党积极分子进行了解，请他们回答自身关于党的下一个百年的思考与行动。团队通过实地考察、走访调研、宣讲宣传等形式，与当地党员、团员等进行生活与工作情况的深入探讨，在实践中厚植爱党爱国情怀，坚定理想信念，提高大家对党史的认识，增强自身觉悟。

2. 调研方法

通过访谈法、实地调研法、问卷法、人物探访等方法进行调研。

（1）访谈法。团队采取访谈的形式向当地政府等相关部门了解本地区关于建党百年活动的举措，了解莒县接下来党史学习的有关计划。

（2）实地调研法。团队进入调研地进行实地走访，了解不同党员对于党史学习的意见以及相关建议。同时，对莒县开展党史学习现状进行分析，深入剖析莒县开展党史学习存在的问题。

（3）问卷法。通过微信小程序"问卷星"设计本次调研问卷，在团队进入村庄进行走访的过程中向村民展示二维码，指导其填写问卷，以方便实地调研结束后更好地进行分析整理。

（4）人物探访。以人物探访的形式向当地政府等相关部门了解本地区对于建党一百周年开展的有关活动。

二、调研基本情况

（一）日照莒县基本概况

莒县现辖 20 个乡镇街道、1 个省级经济开发区、18 个城市社区、149 个行政村和 1195 个自然村，面积 1821 平方公里。① 根据第七次人口普查数据，截至 2020 年 11 月 1 日零时，莒县常住人口为 973252 人，占全市人口比重的 32.79%。②

山东莒县地处沂蒙革命老区，新中国成立前入党的老党员人数众多。莒县是革命老区，是山东省建立中共地方组织较早的地区之一，素有勤劳、朴实、勇敢、坚强的光荣革命精神。在艰苦卓绝的革命历程中，莒县人民在中国共产党的英明领导下，为了民族和人民的解放事业，前仆后继，奋斗不息，涌现出无数优秀儿女，创造可歌可泣的英雄业绩，用丹心和热血，树起一座永恒的丰碑。

莒县历史文化悠久。商为姑幕国，周为莒国，汉代为城阳国，有"三千年古城、四千年银杏、五千年文字"一说，莒文化与齐文化、鲁文化并称为山东三大文化。莒县县城城西的浮来山定林寺内有一棵树龄近 4000 年的银杏树，被誉为"天下银杏第一树"，我国第一部文学评论专著《文心雕龙》的作者刘勰晚年就在浮来山定林寺居住、校经。③ 此外，"莒州矿务股票"，是我国近代发行最早的股票之一。

莒县自然资源丰富。西部、东部各有一条纵贯南北的山脉，石灰岩、花岗岩、页岩黏土储量丰富，钛铁矿探明储量超过亿吨。沭河纵贯南北，上游有青峰岭、仕阳、峤山三大水库，另外还有 195 座小型水库、256 条河流，兴利库容量 4.9 亿立方米。④

莒县区位优势明显。莒县地处胶东经济圈、连接鲁南经济圈，是"一带一路"建设重要节点。莒县南靠兖石铁路，北近胶济铁路，东临日照港，206 国道，225、335、336 省道交汇莒城，连接京沪高速、同三高速的日东高速公路和胶新铁路贯穿境内，县城距长深高速仅 10 分钟车程，距日照港、鲁南高铁、青

---

① ③ ④ 《莒县概况》，莒县政府网，http://www.juxian.gov.cn/art/2021/8/5/art_32679_6195649.html。
② 《日照市第七次全国人口普查公报（2020 七人普）》，红黑统计公报库，https://tjgb.hong-heiku.com/13247.html。

连城铁、日照机场、临沂机场均 1 小时车程，距青岛机场约 2 小时车程。①

（二）日照莒县党史学习基本情况

1. 不同年龄群体的党史学习情况

在接受调研的群体中，进行党史学习的中小学生占 42%，在校大学生占 34%，社会人士占 24%（见图 1）。莒县坚持抓好青少年党史学习教育，让红色基因、革命薪火代代传承，由于中小学在校学生正处于对党史的初步认识阶段，学校为此围绕着开展缅怀革命先烈、组织集中讲座、学习英雄模范等系列活动来帮助学生学习党史，带领学生感悟革命精神，在一言一行中热爱中国共产党、热爱祖国。在校大学生正处于对党史的思索认识阶段，因此学校注重培养大学生群体政治思想，将党史学习融入学校思政课，同时大学生群体也积极通过自主观看"青年大学习"等视频来学习党史知识。而社会人士正处于对党史深层次的了解阶段，他们在根据工作单位的安排进行党史学习的同时，也利用业余时间系统地学习党的理论、路线、方针与政策等内容，边学习边请教，边对比边反思，对中国共产党历史的理解也得到升华，他们也持续从党史中汲取智慧和力量，把学习教育成果转化为工作、生活中的强劲动力。

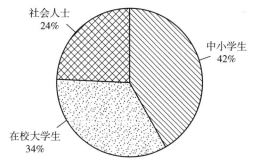

图 1　不同年龄群体学习党史情况

2. 企业党史学习情况

团队在与企业的走访沟通中了解到，大型企业将"青年大学习"等作为考核

① 张少康：《刘勰晚年是否北归东莞——刘勰故乡莒县访问记》，载于《北京大学学报》1997 年第 3 期。

指标，要求员工对党史有正确的学习与认识。企业和单位中的相关部门结合点多、面广、战线长的实际来制定全年党史专题学习计划，深入学习贯彻习近平总书记重要指示要求和中央、省委决策部署，紧扣"学史明理、学史增信、学史崇德、学史力行"要求，持续在"学党史、悟思想、办实事、开新局"上下功夫，把党史的学习教育引向更深层次。接受调研的单位和企业还表示，在党史学习教育中，领导干部都要先学一步、学深一些，充分发挥党委理论学习中心组学习示范、以上率下的带动作用，把党史学习教育和日常工作贯通起来，系统研究谋划，精心组织实施，全面掀起学习党史热潮。而广大党员也充分利用学习强国、党史学习教育官方微信等权威平台，自选式、自助式、自主式学习，让学习教育更添滋味，比积分、亮成绩成为党员日常炫耀焦点。

在调研过程中，团队了解到某银行党委通过讲座、视频会议、知识竞赛等方式已经开展集中学习党史9次，在学习过程中坚持读原著、学原文、悟原理，将自身工作实际与党史学习结合起来，从百年党史中汲取力量攻坚克难，不断加强理论武装，增强"四个意识"、坚定"四个自信"、做到"两个维护"。该银行党员干部在党史学习暨纪检业务培训班上讲授党史专题党课，讲述党的初心、历史使命、理论成果、奋斗历程、辉煌成就、宝贵经验。同时，号召全体员工旗帜鲜明讲政治，不断提高政治判断力、政治领悟力、政治执行力，切实把高质量发展各项要求落到实处。百年党史，丰富生动，常学常新，党史学习教育始终在路上。

为了把党史学习教育引向深入，莒县还结合非公企业年轻党员比例大的特点，扎实推进党史宣讲、艺术党课、红色电影、专题调研和党史学习教育日等企业活动，以党员群众喜闻乐见的方式，将红色党史融情于"景"，寓教于"行"，让党史学习教育既有活力又有厚度。

3. 过去与现在党员学习党史情况

（1）过去党员学习党史情况。纵观莒县老党员在过去年代的党史学习情况，可以从为何学、怎么学两个方面展开。

一是为何学。关于党史学习教育并不是在共产党成立一百年之际才开始提倡的，自从中国共产党成立以来，党史的教学就始终在政治教学的谱系里。新中国成立初期，正值中国共产党成立三十周年，当时全国上下出现了认真学习党史的风潮。在团队对莒县老党员进行采访调研时，他们提到新中国成立初期学习党史是为了摆脱贫穷，希望通过知识吃上热乎饭。在民众学习党史这一过程中，民族的凝聚力和向心力也得到了进一步增强。

二是怎么学。在中华人民共和国成立初期，主要采用书报、培训班、讲座会、上报会等形式宣传党史，其中最重要的形式便是上报会，上报会由党组织的主要领导同志或者战争功臣、劳模进行上报，并呼吁共产党员和人民群众仔细学习中国共产党的历史和思想。很多同志在听取上报会之后，都积极做好了爱国主义增产捐献运动，不少同志也更加坚定了入党信念。①

（2）现在党员学习党史情况。随着信息技术的不断进步以及人们对红色文化的重视，莒县各行各业人民对于学习党史的方法不断创新，吸引越来越多的人去关注党史、关注党史学习的未来发展。

第一，充分利用"互联网＋"进行党史学习教育。伴随着"互联网＋"的融入，"互联网＋教育"也逐渐走入人们的生活，它的融入不断提升着党史学习教育科学化、智能化和精准化。尤其是远程课堂、云课堂等诸多共享优质教育资源的方式也被运用到党史学习教育实践当中，同时通过线上即学即测的方式深化了党史学习的效果，从而保证了党史学习的质量，确保党史学习内容入脑入心。通过在线课程的方式，将党课教育与日常生活工作融合起来，让各地的优秀党员在网络课堂中讲述一代代共产党人为了民族的解放、国家的独立与富强，前赴后继、浴血奋战的光荣事迹及建设社会主义新中国的故事，使学习者更加珍惜今天来之不易的幸福美好生活。

第二，以建党百年为契机开展党史宣传教育活动。为庆祝中国共产党成立100周年，莒县政府紧紧围绕庆祝中国共产党成立100周年这一主题开展宣传。庆祝活动主要包括深入学习宣传贯彻习近平总书记"七一"重要讲话精神，县相关部门召开座谈会，配合做好全国、省委、市委"两优一先"推荐表彰工作，组织开展莒县"两优一先"表彰工作，持续深化党史学习教育，举办系列文化活动，创作推出一批文艺精品并展览，组织颁发纪念章和开展走访慰问活动，开展群众性主题宣传教育活动（见图2、图3），做好庆祝活动宣传报道等9个方面内容。自庆祝活动开展以来，县乡两级策划组织举办形式多样、丰富多彩的重点文艺活动80多项，并广泛开展包括"党旗在基层一线高高飘扬"、入党宣誓、党史和理论学习、讲党课和优秀党课展播、学习体验和现场教学、主题宣讲、青少年心向党教育等在内的9类21项活动。②

---

① 侯且岸：《中共党史学的历史文化取向》，载于《中共党史研究》2005年第2期。
② 《日照市莒县围绕九大方面隆重庆祝中国共产党成立100周年》，闪电新闻，https：//baijiahao. baidu. com/s？id＝1703909535455080713&wfr＝spider&for＝pc。

图2　莒县庆祝建党百年电影展演活动

图3　莒县果庄庆祝建党百年文艺汇演活动

　　第三，通过参观红色教育基地学党史、践初心。许多企业、单位组织党员干部参观革命纪念馆，回顾抗战时期的艰难历程，接受党史教育和精神洗礼。此外，莒县其他民众也都积极利用闲暇时间前往革命纪念馆，观看老照片、历史文物。通过参观红色教育基地，参观者不仅回顾了中国共产党的卓越奋斗史和辉煌历程，更是接受一场思想洗礼和党性教育，激励广大民众从党史中汲取力量，不忘初心、牢记使命，传承红色基因，发扬优良传统，夯实党史学习教育，珍惜现在的美好生活。

三、日照莒县开展党史学习教育存在的不足

（一）部分年龄段人群对党史认识不足

从本次调研获取的基础数据来看，不同群体对党史学习的认识程度是不同的。党员对党史学习的认识程度最高，其中 18～25 岁的党员都认为党史学习非常重要，他们认为学习百年党史，可以感悟思想伟力、凝聚奋进力量。25 岁以上的党员中有 66.67% 的人认为党史学习非常重要，有 33.33% 的人认为党史学习重要（见图 4）。通过对调研数据的认真整理和分析，团队发现党员对党史学习的觉悟很高，这与平时的党建工作密不可分，党员可以将党史学习的成果充分运用到党建工作中去，从而增加其使命感、荣誉感和对党史的认同感。部分受访党员表示会经常学习党史，通过党史学习进一步坚定理想信念，牢固树立正确的世界观、人生观、价值观，提高党史理论水平，始终保持清醒头脑，鞭策自己矢志不渝地跟党走。紧密联系人民群众，为老百姓办实事，始终将人民对美好生活向往作为主要目标，积极投身新时代中国特色社会主义建设中去。

团员对党史学习的认同感较强，其中 18 岁以下团员认为党史学习非常重要的占 60%，重要的占 40%，18～25 岁的团员一致认为党史学习非常重要，25 岁以上团员则一致认为党史学习的重要性一般（见图 5）。大部分团员在受访时表示会积极参与"青年大学习"以及"学习强国"的学习，通过党史学习进一步增加对党史的了解，从百年党史中汲取智慧并表示希望自己未来也可以投入到党建工作中以及为人民服务中去。但仍有部分团员表示对党史学习的认识仅限于完成党史学习任务，对党史学习的重要性表示一般重要。部分受访团员表示 2021 年是中国共产党成立的一百周年，中国共产党一路走来的艰险告诉我们不忘历史，才能开辟未来；善于继承，才能善于创新。中国共产党的历史是伟大的诗篇。作为新世纪的新青年，我们要继承中国共产党的精神，从党史中汲取经验，

以史为鉴才能让我们更好地迈步向前。

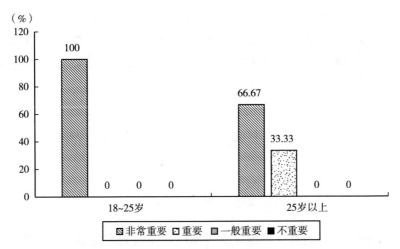

图4　不同年龄段党员对党史学习的认识程度

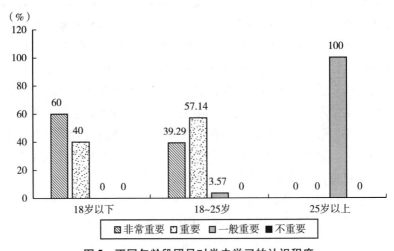

图5　不同年龄段团员对党史学习的认识程度

　　群众对党史学习的态度不一，其中18岁以下的群众中有33.33%的人认为党史学习非常重要，有66.67%的人认为党史学习重要性一般，18～25岁的群众都认为党史学习重要，25岁以上的群众中有60%的人认为党史学习非常重要，有40%的人认为党史学习重要（见图6）。群众对党史学习的态度主要由于身处的年龄段以及环境不同所决定，对党史学习接触较少的人群，缺乏对党史学习的认识，没有将理论与实践、历史与现实融会贯通，没有加强对党史学习教育成果的巩固，更没有充分认识理想信念和初心使命是百年来激励中国共产党人不懈奋斗的根本动力，只是简单地认为党史学习重要性一般，而对党史学习接触较多的人群，则普遍表示党史学习非常重要。通过调查可以发现，大部分人群认为党史学习非常重要，他们深刻认识和把握了开展党史学习教育的重要意义，但仍有部分群体对党史学习的认识不足，需进一步提高对党史学习的认识。

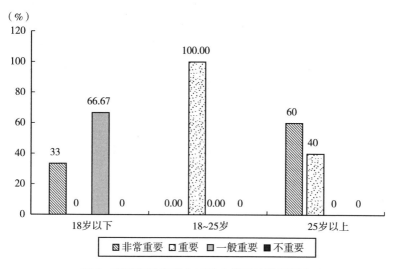

图6 不同年龄段群众对党史学习的认识程度

（二）党史学习方式不新颖，群众积极性不高

1. 学习方式不新颖

在此次调研中，有61%的人员认为党史学习方式不够新颖（见图7）。党史学习形式单一，学习方式不够新颖。部分村民由于通信设备落后的问题，只能通过电视机学习党史。莒县党员干部理论学习大多采用老办法，在学习形式上缺乏创新，"一张报纸，一杯茶，围在一起听报告"是莒县干部学习党史的主要方式。学习形式以听、读为主，内容以纯理论为主，枯燥乏味，常采用满堂灌输的方式，往往是讲的人滔滔不绝1小时，听的人昏昏欲睡60分，讲的人照本宣科夸夸其谈，听的人索然无味开小差。即便是听后的发言讨论，往往也是脱离实际的空议论，而且常常跑题，最后在对某个大众敏感话题的哄笑声中戛然而止，起不

到讨论的实际效果。这种单调的学习模式抑制了党员干部学习的积极性和创造性，最终的结果是使相当一部分的党员干部对理论学习缺少兴趣，甚至产生厌学情绪。

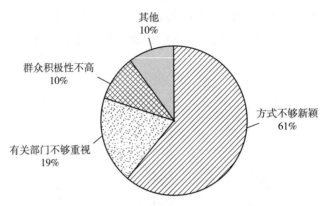

图7　目前党史学习中存在的问题

2. 部分单位对学习党史重视程度不高

调研结果显示，有19%的人员表示有关部门不够重视（见图7）。单位人员工作时间久了，没有新鲜事物出现，会有一种厌倦的情绪产生，对待党史学习有时抱有应付了事的态度，没有做到脚踏实地，总想在党史学习中找到捷径，不要花费太多的精力可以把党史学习任务完成。有时除了自己必须完成的党史学习任务以外，可以不学习的就不学习。党史学习只安于完成任务，没有进行深刻反思，学习的内容还不够扎实，对遇到的问题不做深层次的分析，思考不深刻，有时还会把党史学习当成负担，却没有意识到党史学习会给自己的工作带来动力。有些领导虽然也认为学习党史理论不可少，但认为是软任务，而把经济工作和其他业务工作当作硬任务，时常出现硬任务挤压软任务现象，使理论学习落不到实处。不少领导和干部认为"理论学习空对空，基层工作实打实"，抱着无所谓的学习态度，影响了学习效果。也有的领导和干部认为自己是"老机关"了，平时报纸杂志文章也常看，理论水平很高了，产生自满情绪，对理论学习缺乏热情。部分单位群众平时只顾忙着尽力去做好本职工作，对党史学习的事还不够上心、不够主动，也没能更热情、更主动地进行学习，与其他人员党史学习方面交流不够，这表明部分单位还需提高对党史学习的关注度。尤其是部分企业人员学习党史的积极性不够高，大部分时间忙于业务工作，静下心来学习和思考问题的时间少，这就使得党史学习常常存在人员难集中、时间不保证、成效不明显等问题。这些问题导致企业的党史学习开展集中学习的次数不足，企业人员对党史学习的积极性不高。

3. 群众积极性不高

调研结果显示，有 10% 的人员认为群众积极性不够高（见图 7）。在学习认识上，群众自觉意识不强，缺乏主动性。部分受访群众头脑中还存在轻视和忽视理论学习的思想，对"青年大学习"等党史学习任务表示无所谓，没有合理看待党史学习这一问题，这表明群众对党史学习的积极性不高。部分群众对党史学习相关资料的阅读不足，理论学习不到位，缺乏深刻的认识，理论学习与实践操作存在距离，有些只能是想法，并没有演化为具体的做法。究其原因，主要是在思想上认识不到位，总觉得理论比较空泛，不如直接实践，忽略了理论指导实践的重要性，以致走进思想上的误区。少数群众没有充分认识到加强政治理论学习的重要性，没有把理论学习摆在重要位置，学习时间、经费和制度都难以保证。

（三）农村群众党史学习的知晓率与参与度不高

首先，调查汇总结果显示，受访农村群众对开展党史学习教育的总体知晓率仅为 29.7%（见图 8）。这与党中央要求在全党全覆盖开展党史学习教育的要求尚存在较大的差距，特别是农村村民的知晓率不足两成，这表明广大农村村民在类似党史学习教育活动中的参与度很低。

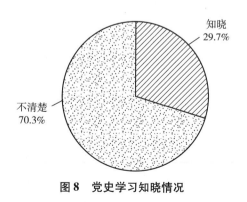

知晓
29.7%

不清楚
70.3%

图8　党史学习知晓情况

其次，对开展党史学习教育的目的和要求了解的人员不多。部分村干部理论学习只求一个上课率，而对于党史学习的目的和要求并不了解，每次理论学习都座无虚席，每个人都做笔记，看起来很认真，其实上课根本不用心，笔记本一合，万事大吉。同时，村民理论学习中为应付任务而学习的现象也存在很多。我们对知晓党史学习教育的这部分党员和群众进行了进一步调查，完全知晓党史学习教育目的的人员占比为16%；知道一些党史学习教育目的的人员占比为10%（见图9）；清楚知道党史学习教育基本要求的人员占比为24.2%；知道一些党史学习教育基本要求的人员占比为8.7%（见图10）。这几组数据充分表明了党史学习教育在农村的发展任重而道远，需尽快督导推进。

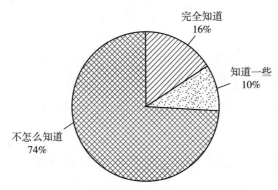

图9　党史学习教育目的知晓情况

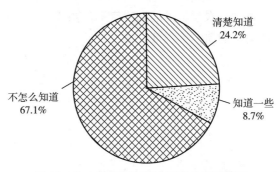

图10　党史学习教育基本要求的知晓情况

再次，党史学习教育的宣传力度不强。在宣传方式上，过于追求形式，缺乏实践性。在当前农村党史学习宣传上，存在片面突出形式、喜欢做表面文章的现象，喜欢做面子工作，花样多，活动多，口号新，不重视宣传质量和效果。从团队对知晓党史学习教育的这部分党员和群众进行的调查情况看，通过开会了解到目前在全党正在开展党史教育的人员比例占第一位，占比为63.5%；通过看电视知晓的人员占比为13.8%；通过宣传广告、杂志知晓的人员占比为10.7%；通过村里广播知晓的人员占比为3.7%（见图11）。可见，会议成为党员群众了解党史学习教育的主要方式，这充分说明党史学习教育的宣传工作在村、镇两级没能充分地开展起来。

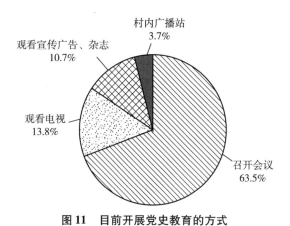

图11　目前开展党史教育的方式

最后，党史学习教育方式单一，缺乏吸引力。通过对已经开展了党史学习教育的村镇调查情况分析，仍有一些村镇没有采取群众喜闻乐见的方式开展党史学习教育，很多都采用开党员大会或村民大会的方式进行党史学习教育。

四、日照莒县开展党史学习教育的相关建议

（一）不同群体采用不同方式学党史

1. 中小学生通过课堂教学、校内外实践活动学党史

一是通过课堂教学学党史。老师要讲好思想政治课，着力讲好共产党的故事、革命的故事、英雄的故事等。老师要拿出全部的热情对待每一个学生，把党史学习教育渗透到学科教学中，做到学科教学与党史学习深度融合。

二是通过校园活动学党史。学校可利用国旗下讲话、重大节日开展党史学习教育，老师可通过组织学生读红色书籍、看红色电影、唱红色歌曲、做手抄报等

形式，寓教于乐，让学生在活动中学习党史。

三是通过校外实践学党史。立足当地红色资源，通过参观访问，体会革命先烈探寻革命道路时艰辛奋斗的历程。在实践活动中学习党史，把党史植根学生幼小的心灵。

2. 大学生通过课堂教学、校内外实践活动以及互联网学党史

一是通过课堂教学，学习党史教育指定书目。目前，我国各大高校都开设了《思想道德修养与法律基础》《中国近现代史纲要》《毛泽东思想和中国特色社会主义理论体系概论》《马克思主义基本原理概论》等课程，这些都是大学生学习党史的基础课程，更是党史教育成为系统教育的重要证明。

二是通过组织开展实践活动的方式学党史。各大高校的党支部、党总支等应起到带头作用，开展学习党史活动。组织党史知识竞赛、诗歌朗诵等校园活动，组织学生去参观党史学习系列展览或学习当地的党史知识，提高当代大学生对于学习党史的积极性与热情。

三是通过互联网学党史。通过观看"青年大学习"等线上课程，使用"学习强国"等平台加强碎片时间的学习。

3. 社会人士通过党史专题学习、理论联系实际以及信息宣传学党史

一是通过开展形式多样的党史专题学党史。积极传播党的革命历史，积极传播红色文明，同样也积极认真学习其他地方的先进经验，让人民真正地从党史学习知识教育工作中获取智慧和动力，深刻体会到共产党员的初心与宗旨，"学史明理、学史增信、学史崇德、学史力行，教育引导全党同志学党史、悟思想、办实事、开新局。"① 组织党员进行集中学习，鼓励制定党员个人学习计划。组织党员参观红色教育基地、瞻仰革命遗址等，促进学习交流。

二是通过理论联系实际学党史。党员干部在实际工作范畴内突破要点、攻破难点、学出看点，在党史学习教育工作过程中，把上级规定要求和各部门的实际状况有机结合，让党史学习教育工作在人民中形成强大的精神导向力量，高效有序地推动党史学习教育工作。党员干部要按照工作要求，把学习成效转化为工作成效，积极开展党员示范岗、民生工程、关爱行动、志愿服务等实践活动，做到从群众中来、到群众中去，扎实开展我为群众办实事实践活动，在为民办实事中

---

① 《习近平：在党史学习教育动员大会上的讲话》，中国政府网，http://www.gov.cn/xinwen/2021-03/31/content_5597017.htm。

将党史学习教育深入群众，深入人心。

三是通过线上、线下相结合学党史。利用线下活动在党员与群众中广泛开展党史宣传教育，普及党史知识。通过线上建立党员群、党史学习公众号等推送党史知识，及时宣传报道开展党史学习教育的动态消息、创新举措和显著成效，及时转发上级主流媒体相关重点新闻报道、言论评论、先进典型，加强党员学习力度，营造良好的舆论氛围。

（二）将党史学习运用到企业治理中

1. 要加强企业党员理论学习，学以致用

公司的党员干部应真正地将认真学习政治基础理论当成第一要务，重视党性修养，努力提高自身的政治综合素养。开展党史教育，可以促进党员干部不断保持初心，砥砺前行，为中华民族的伟大复兴奉献出自己的一份力。党史学习是一个动态的过程，永远处于进行时，结合时代的热点又会产生出一些新的学习思路和心得体会。新时代的党员干部应顺应社会主义新形势发展的需求，全方位系统学习政治基础理论，学会运用政治理论观念去领略党的道路、方向和政策措施，去剖析社会主义新问题，将政治理论基础与实践相结合，联系各单位的实际工作需求，把党史学习经验运用到公司管理中去。

2. 调动企业党员学习党史的积极性

企业领导干部在进行理论学习时，要重视方法的创新，追求新的载体、新的形式，追求教育形式的多样化，进一步提高理论学习的魅力和感染力。改变过去如雷贯耳的强制性、灌输式教育方法，提倡润物无声的渗透教育方式，使员工在日常工作生活中接受教育。增加理论学习的自选动作，减少规定动作，个人自学与集体指导、报告会、专题讲座、知识竞赛、演讲比赛等充分结合，探索不同的学习途径。线上企业可以利用微信群、微信公众号及时推送党史学习资料，线下则可以举办学习党史知识有奖竞答活动，同时组织员工参观红色教育基地、观看红色电影等，通过线上与线下相结合的方式提高企业全体党员学习党史的积极性。确保每一位党员都能够熟知党史，并坚定不移地走共产主义道路。

3. 以史鉴今，汲取力量

以史鉴今，善于从历史中汲取智慧和力量是中国共产党的优良传统。百年风雨兼程，苦难铸就辉煌。作为企业的党员干部应始终保持清醒的头脑，紧跟时代

脉搏，充分发挥主观能动性，要自觉地加强党性锻炼，在工作中学会总结和观察，提高开拓创新意识。党性是每个党员的立身之本，要坚持党性，加强事业观念、自律观念，要做到经常自查、自省、自警、自励。同时应仔细研究党史，坚持党的领导和政策方针，将党的组织条例、纪律原则，贯彻到企业内部。企业领导干部起带头作用，以切实举动为人民办实事，坚持为人民着想，促进共产党员的学习教育走心走深走实。

（三）转变教育思想，寻找适应性对策

1. 实施有针对性的党史学习教育方式

在党史学习的过程中，不同群体对于党史的认知和理解存在一定的差异性。因此，在党史学习方式上，相关人员要注重考虑不同群体在认知上可能存在的部分差异，实施有针对性的党史学习教育方式。针对他们学习能力的高低为其提供合适的学习党史的方式，以此激发他们对学习党史的积极性。同时加强人员配备，强化对各个群体学习情况进行督导，层层快速传导，推动各项工作有序开展。

2. 从小培养党史学习意识

家庭、学校及社会应该从小培养孩子对党史学习的兴趣，要在孩子思想还未定型的时候加强思想教育，教导孩子在学习党史时应端正学习态度，抓住学习重点。通过学习党史可增强孩子分析问题、解决问题、辨别是非的能力。让孩子在党的关爱中成长，将党史灌输在他们的心里，积极主动地关注他们成长，并在各个方面加以引导，为新时代培养一批批优秀的社会主义接班人。

参 考 文 献

[1] 杨凤城：《习近平党史观与中共党史研究》，载于《中共党史研究》2020 年第 1 期。

[2]《莒县概况》，莒县政府网，http：//www. juxian. gov. cn/art/2021/8/5/art_32679_6195649. html。

[3] 张少康：《刘勰晚年是否北归东莞——刘勰故乡莒县访问记》，载于《北京大学学报》1997 年第 3 期。

[4] 陈超，黄磊昌：《莒国再生，文化共存——莒县沭河公园景观设计改造探讨》，载于《现代园艺》2015 年第 4 期。

[5] 侯且岸：《中共党史学的历史文化取向》，载于《中共党史研究》2005年第2期。

[6]《日照市莒县围绕九大方面隆重庆祝中国共产党成立100周年》，闪电新闻，https：//baijiahao. baidu. com/s？id = 1703909535455080713&wfr = spider& for = pc。

[7] 暴占杰：《近五年来学界关于中共党史学若干问题研究述评》，载于《内蒙古电大学刊》2016年第5期。

[8] 张国伟：《大数据视域下山东党史研究热点及演进路径探析——基于知识图谱的分析》，载于《临沂大学学报》2020年4月2日。

[9] 程刚：《新时代中共党史研究：历史机遇、现实挑战与未来》，载于《延安大学学报》2020年4月3日。

[10] 王炳林、李鹏飞：《党史研究方法的调研与思考》，载于《党史研究与教学》2020年第4期。

[11] 李雪梅：《探究档案史料在中共党史研究中的运用问题》，载于《办公室业务》2020年第19期。

附录

关于党史学习教育情况的调研问卷

您好，我们是在校大学生，此次调查，主要是想了解不同群体党史学习的相关情况，通过理论分析和相关政策解读对党史学习问题进行调研，研究的结果将对以后学习方式提供政策建议。因此您的回答是本次研究的重要基础和依据。本次调查将充分保护您的隐私权，采取无记名形式，希望能得到您的支持与配合。对您的合作与支持，我们表示衷心的感谢！

1. 您的年龄是（　　）［单选题］

A. 18 岁以下　　　　　　B. 18～25 岁　　　　　　C. 25 岁以上

2. 您的性别（　　）［单选题］

A. 男　　　　　　　　　　B. 女

3. 您的身份是（　　）［单选题］

A. 党员　　　　　　　　　B. 团员　　　　　　　　C. 群众

4. 您的社会地位是（　　）［单选题］

A. 社会人士   B. 中小学学生   C. 在校大学生

5. 作为一名中共党员，请问您的党龄（   ）［单选题］

A. 不到 1 年   B. 1～5 年   C. 6～10 年

D. 11～30 年   E. 31～50 年   F. 50 年以上

6. 作为一名党员，您是否感到自豪（   ）［单选题］

A. 自豪   B. 一般   C. 无所谓自豪不自豪

7. 对于加入中国共产党，您的态度是（   ）［单选题］

A. 一种荣誉   B. 更多发展机会

C. 精神支柱   D. 一种责任和义务

8. 您是否知道党史学习教育的目的（   ）［单选题］

A. 完全知道   B. 知道一些   C. 不怎么知道

9. 您会积极关注党史教育的开展情况吗（   ）［单选题］

A. 积极关注   B. 会关注

C. 偶尔关注   D. 不关注

10. 您对所在地基层党组织的工作政策熟悉程度（   ）［单选题］

A. 非常熟悉   B. 一般熟悉   C. 没去了解过，不熟悉

11. 你最喜欢的党员教育学习方法（   ）［单选题］

A. 形势报告   B. 专题讨论   C. 读书活动、知识竞赛

D. 参观访问和社会调查   E. 志愿者活动

12. 你是否知道党史学习教育的基本要求（   ）［单选题］

A. 清楚知道   B. 知道一些   C. 不怎么知道

13. 您认为影响党员发挥先锋模范作用的主要原因（   ）［多选题］

A. 教职工党员科研教学管理水平低

B. 创先争优氛围不浓厚，党员发挥先锋作用存在心里顾忌

14. 您觉得您身边的党员都是目标明确且都有做职业生涯规划吗（   ）
［单选题］

A. 是的，而且他们正在朝自己的目标努力向前

B. 有些党员有，但只是少部分，大部分的党员都是目标不明确的，更别说制定职业生涯规划

C. 不清楚

15. 您认为党员在群众中的影响力（   ）［单选题］

A. 很强   B. 一般   C. 没有

16. 请问您认为目前党史学习中存在的问题是什么（   ）［单选题］

A. 方式不够新颖　　　　　B. 有关部门不够重视

C. 群众积极性不够高　　　D. 其他

17. 你身边的人是否会主动参加党史的学习（　　　）

A. 主动　　　　　　　　B. 一般　　　　　　　　C. 从不学习

18. 您觉得参观红色革命基地对感受民族精神有何影响（　　　）［单选题］

A. 影响很大，激发更高的爱国热情

B. 影响较大，对民族精神有了进一步了解

C. 影响不大，纯属参观

19. 您认为党史学习重要吗（　　　）［单选题］

A. 非常重要　　　　　　　B. 重要

C. 一般　　　　　　　　　D. 不重要

20. 您学习党史的心态（　　　）［单选题］

A. 积极主动，要求进步　B. 主动性一般

C. 听从学校安排　　　　D. 看别人学，也跟着学

E. 打发时间或结交新友　F. 被迫学习

21. 您是通过何种途径学习党史的（　　　）［单选题］

A. 召开会议　　　　　　B. 观看电视　　　　　　C. 观看宣传广告杂志

D. 村内广播站　　　　　E. 其他

22. 如果能自主选择，您愿意以何种方式学习党史（　　　）［单选题］

A. 党课培训座谈　　　　B. 书籍杂志　　　　　　C. 电视网络报刊

D. 红色歌曲　　　　　　E. 实践活动

23. 您对党的性质、宗旨、奋斗目标、基本路线等相关政策与制度了解程度如何（　　　）［单选题］

A. 很熟悉　　　　　　　　B. 有所了解

C. 知之甚少　　　　　　　D. 完全不了解

24. 作为一名共青团员，您认为目前学校党组织开展活动状况（　　　）［单选题］

A. 形式单调、老套，没有吸引力　　　　　　B. 一般不开展活动

25. 您认为目前学校党建工作薄弱环节有哪些（　　　）［多选题］

A. 部分党组织设置不合理

B. 党务工作者和思想政治工作队伍的能力水平有待提高

C. 党组织活动缺乏有针对性实效性的载体

D. 青年教师入党积极性不高

E. 大学生和青年教师思想政治教育不够

F. 党建工作专项经费缺乏

G. 考核评价机制和激励

26. 您认为您对有关于党的知识熟悉吗（　　）［单选题］

A. 很熟悉　　　　　　B. 不是很熟悉　　　　　　C. 完全没接触，不熟悉

27. 您在生活工作上遇到困难时是否会寻求党组织的帮助（　　）［单选题］

A. 会主动反映，相信组织

B. 不会主动反映，但还是希望得到党组织的帮助

C. 不会去反映，认为党组织没有能力解决

D. 不清楚哪些方面可以反映，不清楚哪种途径可以反映

28. 您接受过党史教育吗（　　）［单选题］

A. 没有　　　　　　　　B. 有过一两次

C. 经常　　　　　　　　D. 不清楚

29. 请问您认为目前党史宣传中存在的问题是什么（　　）［单选题］

A. 方式不够新颖

B. 有关部门不够重视

C. 群众积极性不够高

D. 其他

30. 您是否了解党史学习教育（　　）［单选题］

A. 了解，已经开始学习

B. 听说过，打算参与

C. 听说过，没有参与

D. 没听说过

31. 您对党和国家重大会议或者活动，您是否通过媒体关注（　　）［单选题］

A. 积极关注　　　　　　B. 会关注

C. 偶尔关注　　　　　　D. 不关注

32. 作为一名人民群众，您是否愿意加入中国共产党（　　）［单选题］

A. 是　　　　　　　　　B. 否

33. 您属于城市居民还是农村村民（　　）［单选题］

A. 城市居民　　　　　　B. 农村村民

调查问卷抽样结果统计 单位：%

问卷问题	回答选项	统计比例
年龄	18 岁以下	5.41
	18 ~ 25 岁	83.78
	25 岁以上	10.81
性别	男	18.92
	女	81.08
身份	党员	8.11
	团员	78.38
	群众	13.51
社会地位	中小学学生	42
	在校大学生	34
	社会人士	24
党龄	不到 1 年	66.67
	1 ~ 5 年	0
	6 ~ 10 年	0
	11 ~ 30 年	0
	31 ~ 50 年	33.33
	50 年以上	0
作为一名党员，您是否感到自豪	自豪	100
	一般	0
	无所谓自豪不自豪	0
对于加入中国共产党，您的态度是	一种荣誉	66.67
	更多发展机会	0
	精神支柱	0
	一种责任和义务	33.33
您是否知道开展党史学习教育的目的	知道一些	16
	完全知道	10
	不怎么知道	74

续表

问卷问题	回答选项	统计比例
您会主动关注党史学习的开展情况吗？	积极关注	66.67
	会关注	33.33
	偶尔关注	0
	不关注	0
您对所在地基层党组织工作政策的熟悉程度	非常熟悉	66.67
	一般熟悉	33.33
	没去了解过，不熟悉	0
您最喜欢的党员教育学习方法	形势报告	33.33
	专题讨论	0
	读书活动、知识竞赛	0
	参观访问和社会调查	66.67
您是否知道党史学习教育的基本要求	清楚知道	24.2
	知道一些	8.7
	不怎么知道	67.1
您认为影响党员发挥先锋模范作用的主要原因？	教职工党员科研教学管理水平低	66.67
	创先争优氛围不浓厚，党员发挥先锋作用存在心里顾忌	100
您觉得您身边的党员都是目标明确且都有做职业生涯规划吗？	是的，而且他们正在朝自己的目标努力向前	66.67
	有些党员有，但只是少部分，大部分的党员都是目标不明确的，更别说制定职业生涯规划	33.33
	不清楚	0
您认为党员在群众中的影响力如何	很强	66.67
	一般	33.33
	没有	0
请问您认为目前党史学习中存在的问题是什么	方式不够新颖	61
	有关部门不够重视	19
	群众积极性不够高	10
	其他	10
您身边的人是否会主动参加党史的学习（党员）	主动	54.67
	一般	45.33
	从不学习	0

问卷问题	回答选项	统计比例
您觉得参观红色革命基地对感受民族精神有何影响	影响很大，激发更高的爱国热情	66.67
	影响较大，对民族精神有了进一步了解	33.33
	影响不大，纯属参观	0
您认为党史学习重要吗	非常重要	66.67
	重要	33.33
	一般	0
	不重要	0
您学习党史的心态	积极主动，要求进步	100
	主动性一般	0
	听从学校安排	0
	看别人学，也跟着学	0
	打发时间或结交新友	0
	被迫学习	0
您是通过何种途径学习党史的	召开会议	63.5
	观看电视	13.8
	观看广告、杂志	10.7
	村内广播	3.7
	其他	0
如果能自主选择，您愿意以何种方式学习党史	党课培训座谈	33.33
	书籍杂志	33.33
	电视网络报刊	0
	影视红歌	33.33
	实践活动	0
您对党的性质、宗旨、奋斗目标、基本路线等相关政策与制度了解程度如何	很熟悉	10.34
	有所了解	72.41
	知之甚少	13.79
	完全不了解	3.45

续表

问卷问题	回答选项	统计比例
您对党和国家重大会议或者活动，您是否通过媒体关注	积极关注	41.38
	会关注	34.48
	偶尔关注	20.69
	不关注	3.45
作为一名人民群众，您是否愿意加入中国共产党	是	100
	否	0
您认为你对有关于党的知识熟悉吗	很熟悉	40
	不是很熟悉	60
	完全没接触，不熟悉	0
您在生活工作上遇到困难时是否会寻求党组织的帮助	会主动反映，相信组织	80
	不会主动反映，但还是希望得到党组织的帮助	20
	不会去反映，认为党组织没有能力解决	0
	不清楚哪些方面可以反映，不清楚哪种途径可以反映	0
您是否了解党史学习教育	了解，已经开始学习	60
	听说过，打算参与	20
	听说过，没有参与	20
	没听说过	0
您属于城市居民还是农村村民	城市居民	81
	农村村民	19

注：调研问卷以党员、团员、群众三种类型展开。

以史为鉴，开创未来
——青岛市基层党史学习情况调研

李小燕*

江　雯**

李晓慧　王　雯　崔　瑱***

摘　要： 2021 年是中国共产党成立 100 周年，也是我国实施"十四五"规划、争创社会主义现代化先行者的开局之年。学好党的历史，继承和发扬党的优良传统至关重要。本次调查在山东省青岛市展开，通过实地走访、问卷调查以及访谈的方式对城阳区、市南区、市北区、即墨区纪念馆以及红色社区的党史学习现状进行深入调查，分析四个地区传播党史的途径、居民及游客对党史学习的看法以及对党的基本知识的掌握情况，进而全面了解青岛地区党史学习情况。通过对其党史学习现状进行总结归纳，结合回收的调查问卷结果，梳理青岛党史学习中的优秀做法，进而提出合理有效的建议，希望能为下一步青岛开展党史学习工作有所帮助。

关键词： 党史学习　建党 100 周年　基层

一、前　　言

（一）研究背景

青岛有着悠久的历史和光荣的革命传统。1897 年，青岛（时称胶澳）被德国侵占，并强迫清政府于 1898 年 3 月 6 日签订《胶澳租界条约》，胶澳沦为殖民

---

* 　调研团队指导老师：李小燕，山东财经大学燕山学院工商管理学院、讲师。
** 　调研团队队长：江雯。
*** 　调研团队成员：李晓慧、王雯、崔瑱。

地。1914 年日本取代德国，将青岛作为经济掠夺的基地。1919 年在巴黎和会上，列强决议将德国在青岛的特权无条件转让给日本，引发了在中国历史上有着划时代意义的五四运动，"还我青岛"的呼喊声响彻全国，五四运动后，伴随着青岛近代工商业的兴起和发展，以产业工人为主体的青岛工人阶级队伍也逐渐成长壮大。1921 年 7 月，中国共产党的诞生，给灾难深重的中国人民带来了希望和光明，从此中国共产党满怀信心地以反帝反封建和改造中国为己任，有计划地传播马克思主义，积极推动各地有组织地酝酿和筹建党的组织。1923 年 8 月，青岛第一个党组织——中共青岛组成立后，集中主要精力开展工人运动，迅速掀开了在中国工人运动史上占有重要地位的青岛工运高潮。解放战争时期，党组织领导下的青岛民主运动不断高涨，沉重打击了国民党的统治。1925 年 5 月，刘少奇来青岛指导工人运动。1935 年，日本控制了华北大部分地区，青岛大学学生在北平爱国学生抗日救国行动的影响下，成立了山东大学，学生抗日救国会组织学生上街示威游行，积极开展抗日救国宣传活动，青岛日商纱厂上万名工人再次举行反日大罢工，显示了青岛工人和学生的战斗力和抗日决心。1949 年 6 月 2 日，青岛解放，人民迎来了新生。

2021 年是中国共产党成立 100 周年，2 月 20 日，党中央召开党史学习教育动员大会，习近平总书记发表重要讲话，指出："我们党的一百年，是矢志践行初心使命的一百年，是筚路蓝缕奠基立业的一百年，是创造辉煌开辟未来的一百年……回望过往的奋斗路，眺望前方的奋进路，我们必须把党的历史学习好、总结好，把党的成功经验传承好、发扬好。"① 青岛优秀的红色党史精神和文化底蕴深深影响着我们，作为新时代大学生一定要将学习党史牢记心头，切实完成深入基层红色教育的暑期社会实践，用最年轻的力量传承党史的价值。

（二）研究目的

在全党开展党史学习教育，是牢记初心使命、推进中华民族伟大复兴历史伟业的必然要求。本次调研运用问卷调查、实地走访、查找资料等形式，深入青岛市四个区，充分获取数据。通过对调查数据进行深入分析，对青岛党史学习现状进行了全面了解。结合回收的调查问卷结果，梳理了青岛党史学习中的优秀做法和存在的问题。针对发现的问题，团队提出线上积极运用多媒体、线下多运用新方式宣传等措施，希望能对青岛市继续开展党史学习工作起到一定的借鉴意义。

---

① 《习近平：在党史学习教育动员大会上的讲话》，中国政府网，http：//www.gov.cn/xinwen/2021 - 03/31/content_5597017.htm。

（三）研究意义

开展基层红色党史的学习实践对当地党史的宣传及红色精神的传承都有着深远意义。一是树立正确党史观。坚持以我们党关于历史问题的两个决议和党中央有关精神为依据，准确把握党的历史发展的主题主线、主流本质，实事求是地看待党史上的一些重大问题，旗帜鲜明地反对历史虚无主义。二是切实为群众办实事、解难题。党史学习教育要同解决实际问题结合起来，开展好"我为群众办实事"实践活动。三是注重方式方法创新。党史学习教育有自身的特点和规律，要发扬马克思主义优良学风，坚持分类指导，明确学习要求、学习任务，推进内容、形式、方法的创新，不断增强针对性和实效性。四是弘扬社会主义核心价值观。开展革命传统教育和爱国主义教育的生动教材是党的建设的宝贵资源。五是积极传播党史思想。听从党的指挥，不断提高认识，厚植爱党爱国情怀，团结一致共同进行疫情防控等活动。

（四）调研方法及说明

1. 实地调查法

本次社会实践活动调研通过深入走访金口镇南里村及青峰村、参观青岛海军博物馆和青岛党史纪念馆，进行实地调研。

2. 文献研究法

通过报刊资料、数据资料等互联网资料进行文献检索，查找并阅读大量党史相关的文献书籍，掌握党的发展历程，以及党对国家、人民所具有的重大意义。

3. 问卷调查法

面向当地居民和游客，采用线上、线下相结合的方法。线上发放电子版调查问卷，调查居民及游客对党史的了解情况；线下发放纸质调查问卷，进一步收集信息。

4. 深度访谈法

本次访谈工作我们主要以线下访谈为主，访谈对象主要是博物馆负责人、一线基层党员干部和部分村里的老党员。通过入户访谈的形式，深入了解青岛党史学习现状。

二、青岛市党史学习现状分析

（一）总体概况

2021年3月1日，青岛市召开党史学习教育动员大会，强调要深入学习领会习近平总书记在党史学习教育动员大会上的重要讲话精神，按照中央部署和省委要求，结合青岛实际，扎扎实实组织开展好党史学习教育，引导广大党员干部学史明理、学史增信、学史崇德、学史力行，做到学党史、悟思想、办实事、开新局，加快建设开放、现代、活力、时尚的国际大都市，以优异成绩迎接和庆祝党的百年华诞。

创新载体，让党史学习教育有力度。青岛市总工会在全市职工中广泛开展"永远跟党走·奋进新征程"主题宣传活动，制作"匠心向党·劳动铸魂"庆祝建党100周年暨"五一"国际劳动节特别节目；开展职工主题阅读活动，举办"把一切献给党·劳动创造幸福"成果展示，选数百个优秀职工阅读组织、职工阅读成才典型和职工阅读（领读）之星；开设劳模大讲堂，以讲述党史为重点，进企业、进机关、进社区、进校园宣讲；充分利用"每周一讲"大讲堂、"齐鲁工惠·青岛行"App等载体，加强新时代劳动教育。

用活阵地，让党史学习教育更有深度。青岛市充分发挥职工思想政治引领阵地作用，以劳模工匠展示馆、劳动主题公园、劳动者文化街三种教育新基地为依托，面向全市职工推出系列活动，引导全市劳动者提高思想认识；协调社会资源，充分发挥66个职工思想教育基地作用，利用VR云导览技术建设线上思想教育阵地，宣传劳模精神、劳动精神、工匠精神。

办好实事，让党史学习教育有温度。青岛市把党史学习教育列入党建重点工作安排，融入"三会一课"，以开展主题党日、政治生日、读书会等形式重温党的历史；开展"守初心、秉忠心、铸匠心"庆祝建党100周年"七个一"系列活动，在党员干部中开展"三亮""三争当""三服务"活动（亮身份、亮职责、亮承诺，争当示范党员、示范支部、示范品牌，服务职工、服务企业、服务基层工会）；打造集劳模工匠技能汇总、劳模工匠精神宣传、产业工人技能提升于一体的"劳模工匠云服务平台"。①

（二）青岛市市南区

当前，市南区正积极地开展党史学习教育，全区上下深入学习贯彻习近平总书记在党史学习教育动员大会上的重要讲话精神，按照中央部署和省委、市委工作要求，学党史、悟思想、办实事、开新局，将党史学习教育与市南区工作实际相结合，引导广大党员干部，从百年党史中汲取前进的智慧和力量，加快建设现代化国际大都市核心区，以优异成绩迎接中国共产党成立100周年。②

2021年3月1日，青岛市召开全市党史学习教育动员大会后，市南区高度重视，立即行动。3月2日，市南区委常委会召开会议，传达学习习近平总书记在党史学习教育动员大会上的重要讲话精神，研究市南区贯彻落实意见。

3月3日，市南区召开党史学习教育动员大会，吹响了全区党史学习教育的号角，通过学习党史，深化对党的性质宗旨的认识，深入开展"我为群众办实事"等实践活动，真心实意帮助群众办实事、解难题，让城区更便捷、更温馨。自3月27日起，区综合行政执法局利用周六、周日的休息时间，发起"学党史、守初心、步巡市南"实践活动，局机关党员干部到一线徒步巡查，针对占路经营、游商浮贩、乱堆乱放、挖掘道路、违法建筑、乱贴乱画等市容秩序类问题构筑了一道红色风景线。③

（三）青岛市市北区

为传承历史文化记忆，持续推进党史学习教育活动，市北区统计局组织全体党员干部深入仲家洼城市记忆馆，开展了一次"场景式"党史学习教育活动。为激励党员干部不忘初心、牢记使命，担当作为、矢志奉献，扎实推动党史学习教育工作深入开展。2021年6月25日下午，青岛市市北区四方街道党工委组织机关党员干部、退休老干部党员共20余人到青岛党史纪念馆参观学习，缅怀革命先烈，接受党史教育和精神洗礼。

通过采访青岛党史纪念馆的负责人了解到，参观纪念馆的人员年龄分布以成年人为主，青少年占比为8%～10%。纪念馆发展最重要的因素是上级的重视以

---

① 秦晓娜：《奋斗百年路 启航新征程 学党史 悟思想 办实事 开新局 青岛市总党史学习教育促"学史力行"》，载于《工人日报》2021年6月9日。

② 沈明书、秦雪莹、王媛、王玮：《青岛市市南区：学百年党史 聚市南力量》，半岛网，http：//news. bandao. cn/a/490525. html。

③ 滕媛：《市南区：从党史中汲取奋进力量 迈步高质量发展新征程》，载于《青岛日报》2021年4月1日。

及全社会对党史文化的重视。纪念馆相关的视频资料通过市委研究院的网站（中共青岛历史网）、青岛党史公众号以及学习强国（全国平台、山东平台、青岛平台）发布。负责人介绍：对青年一代的党史学习教育是党史宣讲工作者责无旁贷的使命，青少年的红色教育也是党史纪念馆非常重要的工作，2021年青岛市加大了对青少年的党史宣传教育。如开学组织开学第一课观看活动，"九一八"在纪念馆对抗战进行宣传、编辑学习读本，"党史进课堂"发动学生力量进行学习以及与学校联合进行红色课程的校本课程编写等。

青岛市市北区教育工委深入学习贯彻习近平总书记在党史学习教育动员大会上的重要讲话精神，紧密结合教育系统实际，着力在聚焦主业、凸显特色、突出实效上下功夫，推进教育系统党史学习教育深入开展，把学习成效转化为推动事业发展的动力和成效，努力推动区域教育高质量发展。[①]

（四）青岛市城阳区

2021年3月5日下午，城阳区党史学习教育动员大会召开，会议深入学习贯彻习近平总书记在党史学习教育动员大会上的重要讲话精神，认真落实党中央关于在全党开展党史学习教育的部署和省委、市委有关要求，对城阳区开展党史学习教育作出安排。城阳区将通过党史学习教育，把"人民城市人民建，人民城市为人民"的重要理念落实到建设中央活力区、幸福新城阳的全过程，把发展成效体现到民生改善上，让人民群众成为"阳光城阳"建设的最大受益者。同时，城阳区通过党史学习教育，进一步强化责任意识、担当意识、实干意识，更好落实市委、市政府确定的"项目落地年"目标任务，把项目落地的成效体现到推动城阳高质量发展中，通过引进一批又一批引领性、带动性、支撑性强的大项目、好项目，为中央活力区建设提供源源不断的强大动力，以项目建设的新成效，推动党史学习教育落到实处。

为了让红色历史深植群众心中，青岛市城阳区积极创新学习"打开方式"，通过党史讲堂、实地体悟、情景体验等多种方式，线下线上齐发力，让党史学习教育更"鲜活"。城阳区自然资源局微信公众号推出"党史学习微课堂"栏目，每天刊发一期《党史故事100讲》，以不同时期的典型事例、历史人物、精彩故事为切入点，全景式回顾党的伟大历程和辉煌成就。[②]

---

① 徐倩倩：《学党史 践初心——市北区各单位创新形式扎实推进党史学习教育（四）》，网易，https：//www.163.com/dy/article/G6KH04DE05149GGT.html。
② 中共青岛市城阳区委：《城阳区党史学习教育动员大会召开》，青岛市政府网，http：//www.chengyang.gov.cn/n1/n1/n7/210308091059870522.html。

通过对青峰村居民进行了解，居委会每月都会对当地的居民进行党史的宣传，对党员、入党积极分子以及部分居民代表进行党史学习教育。

（五）青岛市即墨区

2021 年 3 月 4 日下午，即墨区发展改革局召开党史学习教育动员大会。7 月 24 日，即墨区金口镇为了增强党史学习趣味性、竞赛性，提升学习参与率，在传统知识讲座基础上，设办擂台赛，举办"心中的话对党说"红色经典朗诵比赛活动，让机关干部纷纷上台进行大练兵、大比武。除了在书本学习党史，即墨区金口镇还把党史学习教育与现场观摩党史教育基地紧密结合起来。即墨区金口镇南里村有两处红色教育基地，镇党委、政府为了激发青年同志党史学习的热情，每季度组织广大青年机关干部去即东县委县政府旧址和青岛市委会议旧址纪念馆进行参观学习，开展卧牛山革命烈士纪念馆宣誓活动，在党史学习教育培训期间，持续接受党性教育。①

三、调研地相关数据分析

调研团队在 2021 年 7 月 12～14 日对青岛市毛公山、党史纪念馆、海军博物馆以及南里村居民和游客开展党史学习现状的调研，回收有效调查问卷共 142 份，现对每个地区的问卷结果进行如下分析。

（一）问卷分析

1. 当地居民和游客基本情况

（1）毛公山。毛公山参观者中有 17.78% 处于 18～25 岁之间，有 42.22% 在 26～45 岁之间，有 35.56% 处在 46～70 岁之间，有 4.44% 在 70 岁以上（见图 1），受访当地居民和游客中党员占比仅为 15.56%，且大多分布在 45 岁以上（见图 2）。由此可知，前往毛公山参观学习的当地居民和游客以青壮年人士居多，而青少年群体较少，党员比例较低，且党员大多为中老年人，提高青少年对党史的兴趣以及积极入党的信念尤为关键。

---

① 孙琳、张亚静：《青岛即墨：有趣味、得实效！金口镇党史学习教育搞起"特色活动"》，新浪网，http：//k. sina. com. cn/artcle_6824573189_196c6b905020015ifw. html。

1.您的年龄 [单选题]

选项	小计	比例	
18岁以下	0		0%
18~25岁	8		17.78%
26~45岁	19		42.22%
46~70岁	16		35.56%
70岁以上	2		4.44%
本题有效填写人次	45		

图1 毛公山当地居民与游客的年龄构成比例

2.您是否为党员 [单选题]

选项	小计	比例	
是	7		15.56%
否	38		84.44%
本题有效填写人次	45		

图2 毛公山党员与非党员占比

（2）党史纪念馆。党史纪念馆参观者中有16.13%在18岁以下，有19.35%处于18~25岁之间，有32.26%在26~45岁之间，有29.03%处在46~70岁之间，有3.23%在70岁以上（见图3），问卷填写者中党员占比为25.81%，党员年龄主要集中在26~70岁（见图4）。由此可知，前往党史纪念馆参观学习的当地居民和游客以中年人士居多，青少年群体则相对较少，党员占比较毛公山景区有所增长，其中党员的年龄也相对年轻，但仍占比不高，从结果可知青少年更喜欢室内纪念馆。

（3）海军博物馆。海军博物馆参观者中有23.08%在18岁以下，有34.62%处于18~25岁之间，有26.92%在26~45岁之间，有11.54%处在46~70岁之间，有3.85%在70岁以上（见图5），其中党员群体占总受访者群体比例为26.92%，党员年龄集中分布在20~70岁（见图6）。由此可知，前往海军博物馆参观学习的当地居民和游客仍以青壮年人士居多，青少年群体占比相比党史纪念馆增多，对于这一现象调研团队成员认为应当是海军博物馆分为室内外两个场地，且场内有大海和舰艇可以参观，对青少年更有吸引力。

第1题：您的年龄（ ） [单选题]

选项♦	小计♦	比例	
A.18岁以下	5		16.13%
B.18~25岁	6		19.35%
C.26~45岁	10		32.26%
D.46~70岁	9		29.03%
E.70岁以上	1		3.23%
本题有效填写人次	31		

图3　党史纪念馆当地居民和游客的年龄构成比例

第2题：您是否为党员（ ） [单选题]

选项♦	小计♦	比例	
A.是	8		25.81%
B.否	23		74.19%
本题有效填写人次	31		

图4　党史纪念馆党员与非党员占比

第1题：您的年龄（ ） [单选题]

选项♦	小计♦	比例	
A.18岁以下	6		23.08%
B.18~25岁	9		34.62%
C.26~45岁	7		26.92%
D.46~70岁	3		11.54%
E.70岁以上	1		3.85%
本题有效填写人次	26		

图5　海军博物馆当地居民和游客的年龄构成比例

第2题：您是否为党员（ ）[单选题]

选项	小计	比例
A.是	7	26.92%
B.否	19	73.08%
本题有效填写人次	26	

图6　海军博物馆党员与非党员占比

（4）南里村。南里村受访者中有5%在18岁以下，有57.5%处于18～25岁之间，有10%在26～45岁之间，有22.5%处在46～70岁之间，有5%在70岁以上（见图7），其中党员占比为20%党员年龄集中在46～70岁（见图8）。由此可知，南里村居民以及游客以青壮年居多，但是党员多为中年群体。

第1题：您的年龄（ ）[单选题]

选项	小计	比例
A.18岁以下	2	5%
B.18~25岁	23	57.5%
C.26~45岁	4	10%
D.46~70岁	9	22.5%
E.70岁以上	2	5%
本题有效填写人次	40	

图7　南里村当地居民和游客的年龄构成比例

第2题：您是否为党员（ ）[单选题]

选项	小计	比例
A.是	8	20%
B.否	32	80%
本题有效填写人次	40	

图8　南里村当地居民和游客的党员占比

2. 当地居民和游客对党史基本知识的掌握情况

（1）毛公山。由图9可知93.33%的当地居民和游客知晓建党年份，4.44%的当地居民和游客分不清建党与中华人民共和国成立的时间，2.22%根本不清楚建党时间，党的指导思想正确答案为四项全选，而据图10所示，仍有至少24.44%的当地居民和游客并不知晓党的指导思想。由此可见，加强党史在全国的传播工作依旧存在困难。

3.是否知道建党的年份 [单选题]

选项	小计	比例	
A.1921年	42		93.33%
B.1927年	1		2.22%
C.1931年	0		0%
C.1949年	2		4.44%
本题有效填写人次	45		

图9　毛公山居民和游客对建党年份的认知情况

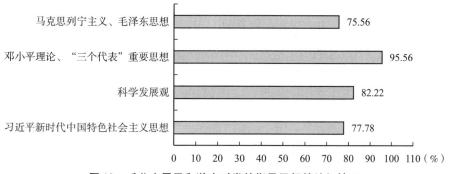

图10　毛公山居民和游客对党的指导思想的认知情况

（2）党史纪念馆。由图11可知有96.77%的参观者知晓建党年份，其中仅有3.23%的人分不清建党与中华人民共和国成立的时间，党的指导思想正确答案为四项全选，而据图12所示有至少25.81%的当地居民和游客并不清楚党的指导思想。由此可见，党史纪念馆的参观者对党史基础知识的了解不够全面。

第3题：是否知道建党的年份（　）[单选题]

选项⬧	小计⬧	比例
A.1921年	30	96.77%
B.1927年	0	0%
C.1931年	0	0%
D.1949年	1	3.23%
本题有效填写人次	31	

图11　党史纪念馆对建党年份的认知情况

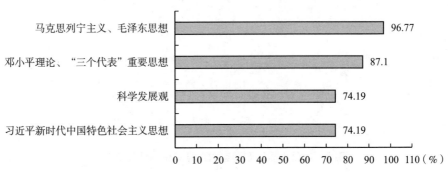

图12　党史纪念馆参观者对党的指导思想的认知情况

（3）海军博物馆。由图13可知有96.15%的参观者知晓建党年份，其中仅有3.85%的人不清楚建党年份。党的指导思想为马克思列宁主义、毛泽东思想、邓小平理论、"三个代表"重要思想、科学发展观、习近平新时代中国特色社会主义思想，因此有至少19.23%的当地居民和游客对党的指导思想了解不全面（见图14）。由此可见海军博物馆的参观者对党史基础知识储备相对较好。

第3题：是否知道建党的年份（　）[单选题]

选项⬧	小计⬧	比例
A.1921年	25	96.15%
B.1927年	1	3.85%
C.1931年	0	0%
D.1949年	0	0%
本题有效填写人次	26	

图13　海军博物馆参观者对建党年份的认知情况

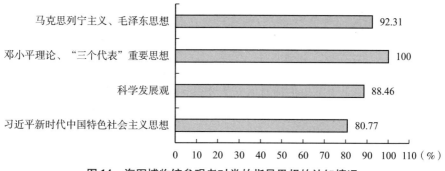

图 14 海军博物馆参观者对党的指导思想的认知情况

（4）南里村。由问卷结果可知，90%的当地居民和游客知晓建党年份（见图 15），党的指导思想题目的正确答案为 ABCD，有至少 32.5% 的当地居民和游客对党的指导思想了解不全面（见图 16），党史基本知识仍需普及。

第3题：是否知道建党的年份（ ） [单选题]

选项⬥	小计⬥	比例	
A.1921年	36		90%
B.1927年	2		5%
C.1931年	1		2.5%
D.1949年	1		2.5%
本题有效填写人次	40		

图 15 南里村居民和游客对建党年份的认知情况

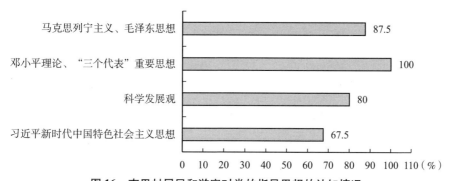

图 16 南里村居民和游客对党的指导思想的认知情况

59

3. 游客对党史学习的态度及建议

（1）毛公山。由图17可知，受访者中有91.11%的人会通过书籍、报纸、网络等媒体了解党史，62.22%的游客会在课堂教学中与老师、同学交流党史，因此教育和新媒体对于党史传播具有重大作用。如图18所示，82.22%的游客愿意积极学习并传播家乡党史。由图19可知，66.67%的人经常关注党的近期政策情况，然而仍有少量游客对于党史学习的态度为被动学习的状态，怎样才能让这部分人群化被动为主动是目前党史传播的一大难题。据调查数据显示，毛公山游客对党史学习的看法结果如下：64.44%的游客认为党史的传播形式不够新颖，51.11%的人认为它没有得到重视和关注，同时他们认为党史学习的最大障碍为接触到的途径很少、内容单调乏味，在这个快节奏的互联网时代，让党史学习变得更加新颖有趣吸引更多人群特别是青少年群体也是我们面临的一大挑战（见图20、图21）。我们也收集了游客认为比较有意义的党史传播形式，从结果来看志愿服务占75.56%，是最受欢迎的形式，宣讲会、演讲、趣味活动和知识竞赛的呼声也比较高，未来可以考虑举办这些活动来宣传党史（见图22）。

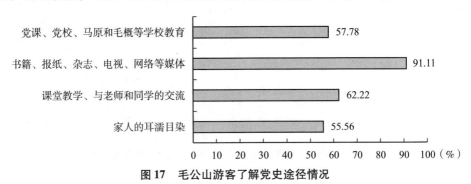

图17 毛公山游客了解党史途径情况

6.您对了解家乡党史故事的态度是 [单选题]

选项	小计	比例
A.非常愿意学习并竭尽所能传播	37	82.22%
B.愿意学习但不愿花时间传播	4	8.89%
C.可以接受学习但不愿主动学习	4	8.89%
D.不愿学习不关注	0	0%
本题有效填写人次	45	

图18 毛公山游客对家乡党史态度

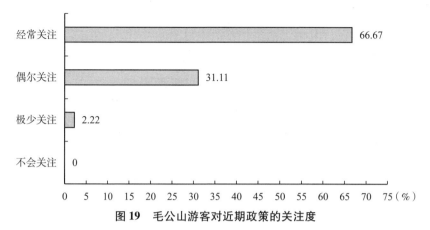

图 19 毛公山游客对近期政策的关注度

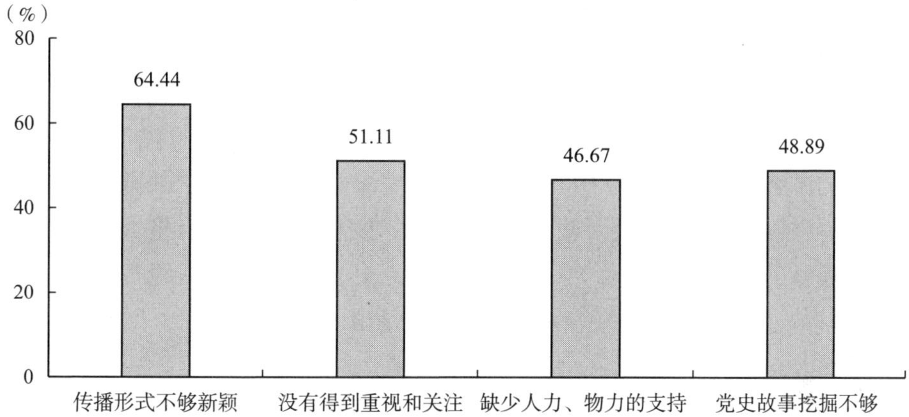

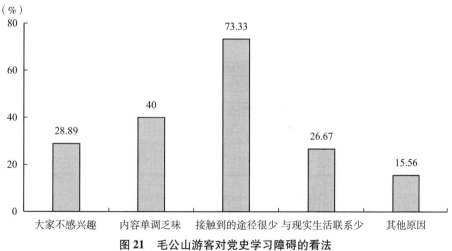

图 20 毛公山党史故事传播遇到的问题

图 21 毛公山游客对党史学习障碍的看法

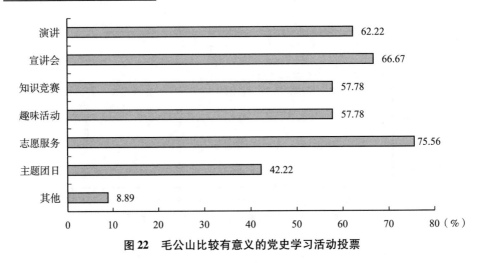

图22　毛公山比较有意义的党史学习活动投票

（2）党史纪念馆。由图23、图24、图25、图26、图27、图28可知，受访者中有90.32%的人都会通过书籍、报纸、杂志、电视、网络等媒体了解党史，67.74%的游客会在课堂教学中与老师同学们交流党史，61.29%的游客在家人的耳濡目染环境中了解党史，因此教育和新媒体对于党史传播具有重大作用。据调查，77.42%的游客愿意积极学习并传播家乡党史，58.06%的人经常关注党的近期政策情况，对于党史传播的积极性相较毛公山景区有所减少。据调查数据显示，党史纪念馆游客对党史学习的看法结果如下：64.52%的游客认为党史的传播形式不够新颖，41.94%的人认为党史故事挖掘不够，党史学习的最大障碍为接触到的途径很少、内容单调乏味，在这个快节奏的互联网时代，运用当前新媒体等相应途径让党史学习变得更加生动有趣，可以提高人们学习党史的积极性。

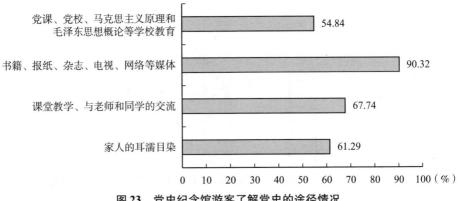

图23　党史纪念馆游客了解党史的途径情况

第6题：您对了解家乡党史故事的态度是（ ） [单选题]

选项⇕	小计⇕	比例	
A.非常愿意学习并竭尽所能传播	24		77.42%
B.愿意学习但不愿花时间传播	5		16.13%
C.可以接受学习但不愿主动学习	2		6.45%
D.不愿学习不关注	0		0%
本题有效填写人次	31		

图24 党史纪念馆游客对家乡党史的态度

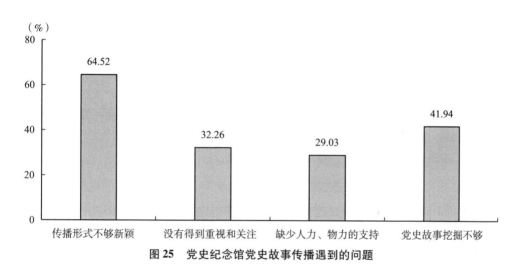

图25 党史纪念馆党史故事传播遇到的问题

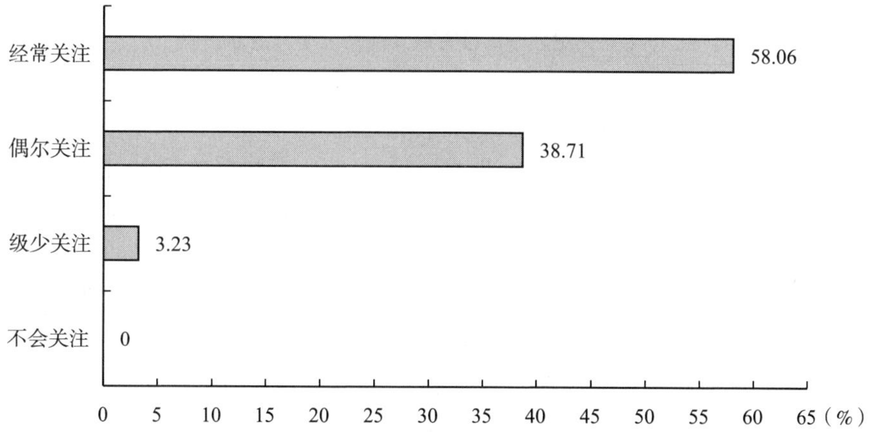

图26 党史纪念馆游客对近期政策的关注度

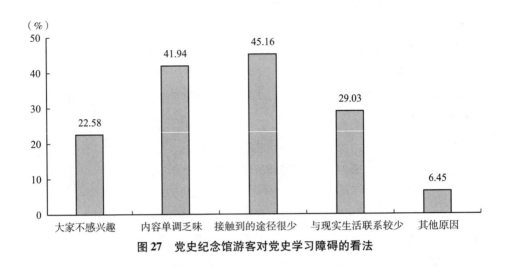

图27　党史纪念馆游客对党史学习障碍的看法

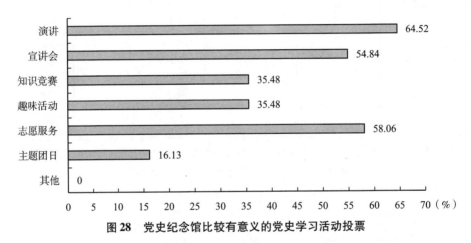

图28　党史纪念馆比较有意义的党史学习活动投票

此外，我们收集了游客认为比较有意义的党史传播形式，从结果来看演讲占 64.52%，志愿服务占 58.06%，宣讲会占 54.84%，是最受欢迎的几种形式，趣味活动和知识竞赛的呼声也比较高，未来可以考虑举办这些活动来宣传党史。

（3）海军博物馆。由图29中数据可知，受访者中有 96.15% 的人会通过书籍、报纸、杂志、电视、网络等媒体了解党史，73.08% 的游客在党课党校等学校教育中学习党史，69.23% 的游客会在课堂教学中与老师同学们交流党史，海军博物馆的游客受教育程度更高。由图30中数据可知，84.62% 的游客愿意积极学习并传播家乡党史。由图31中数据可知，57.69% 的人经常关注党的近期政策情况，对于党史传播的积极性与党史纪念馆相差不大。受访者对于党史传播遇到的问题的看法中，69.23%的游客认为党史的传播形式不够新颖，57.69%的人认为党史故事挖掘不够，50%的人认为它没有得到重视和关注（见图32）。由图33可知人们认为党史学习的最大障碍为接触到的途径很少、内容单调乏味，需要增加党史趣味性以吸引人们自主学习。我们还收集了游客认为比较有意义的党史传播形式，由图34可以看出，志愿服务占73.08%，趣味活动和主题团日占50%，是最受欢迎的几种形式，知识竞赛和演讲的占比也相对不错，未来可以考虑举办这些活动来宣传党史。在海军博物馆数据中出现了非常愿意学习党史但极少关注政策的案例，提高党史趣味性依旧是党史传播面临的重大问题，应当引起人们的重视。

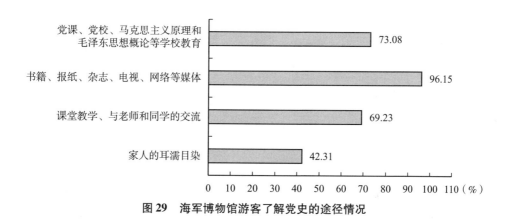

图29　海军博物馆游客了解党史的途径情况

第6题：您对了解家乡党史故事的态度是（　）[单选题]

选项	小计	比例	
A.非常愿意学习并竭尽所能传播	22		84.62%
B.愿意学习但不愿花时间传播	2		7.69%
C.可以接受学习但不愿主动学习	2		7.69%
D.不愿学习不关注	0		0%
本题有效填写人次	26		

图30　海军博物馆游客对家乡党史的态度

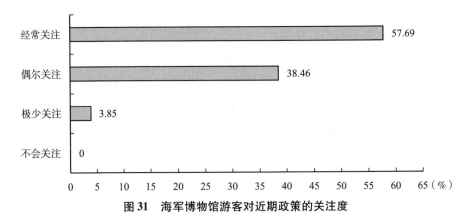

图31 海军博物馆游客对近期政策的关注度

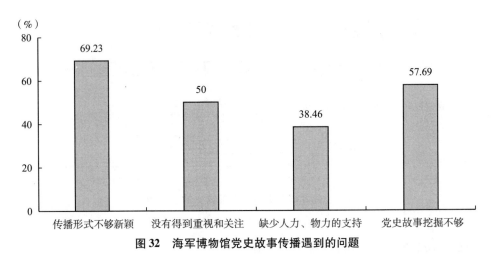

图32 海军博物馆党史故事传播遇到的问题

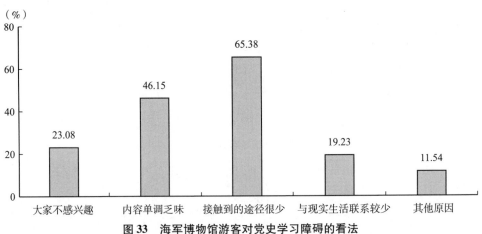

图33 海军博物馆游客对党史学习障碍的看法

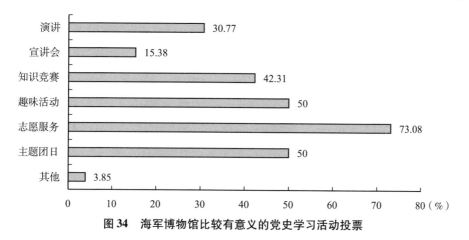

图34 海军博物馆比较有意义的党史学习活动投票

（4）南里村。由图35、图36、图37可知，受访者中有90%的人都会通过书籍、报纸、杂志、电视、网络等媒体了解党史，77.5%的游客在党课党校等学校教育中学习党史，居民及游客学习热情高涨，居民学习党史自我意识较强。

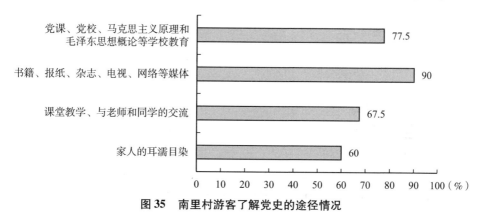

图35 南里村游客了解党史的途径情况

第6题：您对了解家乡党史故事的态度是（ ）[单选题]

选项⬥	小计⬥	比例	
A.非常愿意学习并竭尽所能传播	34		85%
B.愿意学习但不愿花时间传播	1		2.5%
C.可以接受学习但不愿主动学习	5		12.5%
D.不愿学习不关注	0		0%
本题有效填写人次	40		

图36 南里村游客对家乡党史的态度

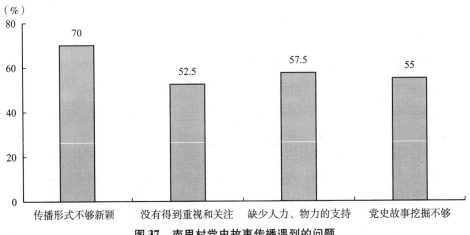

图37　南里村党史故事传播遇到的问题

（二）访谈

1. 访谈提纲

（1）访谈对象。

①党史纪念馆馆长。

②基层一线干部。

（2）访谈主要涉及内容。

①对党史纪念馆馆长。

a. 纪念馆参观的年龄阶段是怎样分布的？

b. 纪念馆有没有定期组织各类红色党史宣讲活动？

c. 纪念馆对青岛党史宣传起到怎样的作用？是否已经实现？

②对基层一线干部。

a. 村里是否会每年进行党史宣传？宣传程度如何？

b. 是否有微信公众号或者微博一类的新媒体进行党史宣传？

c. 作为党员认为自己有什么职责？

2. 正式访谈

（具体访谈记录见附录二）

3. 主要结论

博物馆（以青岛党史纪念馆为例）：

（1）来博物馆学习的人各个年龄段都有分布，其中，青少年的比例逐年上涨。

（2）定期举行红色宣讲活动。可以面向当地的居民和游客生动形象地展示青岛党史。

（3）多次组织党史主题教育活动，努力实现让红色基因代代相传，起到宣传青岛党史的作用。

基层（以青峰村、南里村为例）：

（1）当地一线基层干部较为自觉主动地通过不同的方式，向村民宣传党史。

（2）一般通过公众号或微信群向村民宣传最新的党史知识。

（3）党员的学习党史意识较高，以身作则自觉发扬党的精神风貌。

四、党史学习存在的问题

（一）政府没有足够重视党史的传播

根据调查数据显示，46.47%的基层群众认为政府没有足够重视和关注党史的家乡故事的传播。新时代网络已经成为最重要的传播手段之一，鉴于在网络上得到推广的党史文章、视频过少，导致过半数基层群众认为政府没有足够重视和关注家乡的党史的传播，连老少皆宜的党史故事都没有充分发挥其作用。据了解，大多数基层群众还是通过书籍、报纸、杂志、电视等方式进行党史学习。网络上极少能刷到党史有关的视频、故事，网络上众多热点热门与党史的学习无关，基层群众接触不到党史，无法体会党史的魅力，学习意愿下降，在网络上没有充分宣传党史，导致大多数人还是走老的传播途径，很少能接触得到，导致党史的传播效率低，党史的学习效果差，群众的学习成果小。

（二）地方缺少文化精神建设

团队走访四个区调查发现，有关党史文化精神上的建设极少，缺少通过党史文化广场、党史文化宣传海报等方式进行宣传。精神上的建设不充分，人们无法把党史的学习运用到生活中，从而导致学习党史的热情不足。如疫情防控点接种疫苗时有半个小时的观察时间，可以在观察点发放党史有关宣传册，并且可以实时更新党史的故事，充分利用设施点，加强社会生活和党史学习接触面，也解决疫情导致的党史学习断层。只有在生活中充分地学习运用，才能将学习党史变成一个人的习惯。加强精神文化建设，可以使基层群众越来越有凝聚力，热爱国家、热爱党，从而提高每个人的党史学习兴趣和对党史的热爱。

（三）地方上的精神文化建设缺乏相关资金支持

团队通过走访，发现各个村委会、居委会的宣传大多只有门口的一两个宣传栏作为党史的学习途径，只有较好的小区拥有电子屏可以反复播放党史有关的连环画、字幕、宣传画宣传学习，普通的宣传栏效果甚微，有时还会被遮挡。学习效果差、宣传力度低、关注度低，这一现象使学习党史的困难程度增大。资金上的缺乏也导致了各个村、居委会、小区的重视程度低，这也是党史学习进度缓慢、效率低下的原因之一。新的设备、清晰的电子屏或者是时兴的宣传栏，更加容易吸引到居民的注意力和关注度。

（四）部分群众对党史了解过少且模糊不清

在问卷调查过程中，77.93%的人不是党员，从而无法像党员一样定期学习党课。在受访群体中仍存在5.94%的人对建党年份模糊，绝大部分人只记得2021年是建党100周年，这一现象体现出基层群众对党史的了解过少，对党史的认知模糊。还有36.31%的基层群众偶尔关注党的近期政策，2.33%的人极少关注党的近期政策，甚至0.06%的人完全不关注党的近期政策。对党的政策关注度不高，超过1/3的人不怎么关心党的政策发展走向，体现出部分基层群众对党史的了解度低，并且没有积极学习和关注党史，缺少自主学习党史的意识，处于被动接受的状态。

（五）部分群众对党史的学习宣传热情不高

据调查数据显示，有8.80%的基层群众愿意学习党史，但是不愿意花时间宣传，更有8.88%的基层群众只愿意被动接受学习，这也是党史无法深入基层学习的关键，仍有17.68%的基层群众对党史的学习宣传热情度不高，虽不抵触，但学习宣传的欲望极低。他们处于被动接受学习党史的状况，并且不愿意与别人交流分享，这对于党史的学习十分不利，不但损失自己的学习效率，更会打击到其他人交流传播的兴趣，大大弱化了整个社会、团队的学习气氛，也会导致学习效率逐步下降。

五、对 策 建 议

（一）积极举行党史学习有关活动

在调查过程中，基层群众更愿意以志愿服务、演讲、趣味活动等方式来学习。其中志愿服务意愿高达69.80%，证明了基层群众更愿意在实践中脚踏实地、一步一个脚印来走，学懂、学会并运用到生活中。通过心连心手拉手，邀请老一辈的党员给新一代的少年演讲，鼓舞青少年积极学习和宣传党史；在单位和家庭中选举出宣传员，从细微点滴出发，宣传党史，例如，让小朋友给小朋友讲，大朋友给大朋友讲，让同年龄段的人一起学习党史。由此可见，只有积极地增加基层群众与党史的接触面，才有可能调动吸引更多群众参与学习，让党史学习深入人心。

（二）加强人们的精神文化建设

团队认为应该增加党史学习的广度，可以在人流密集的地方，增设有关党史的宣传点。典型的地点可以是新冠疫苗接种点，首先接种地点有三十分钟的留观时间，可以将党史有关的小故事拍成视频，循环播放；其次接种点会有排队这种现象，在进入排队点的地方安置可以翻看的党史连环画，以此来增加基层群众的精神建设，商场、超市、地铁口、公交车站都可以实施这个方案。此外，还可以增设小区内的党史学习点或者增设红色广场，增设小区内的广播，每日中午、下午进行广播宣讲，可以讲一些红色小故事，也可以播放一些简单好听的红色歌曲。通过这些方式传播党史以供中老年人和儿童学习。

（三）增加各个小区的宣传力度，发放专项资金

团队走访发现，大部分小区的党史宣传仅依靠一两个宣传栏，政府可以发放专项资金，在小区内安装电子屏播放党史有关的连环画或故事阅读，争取做到党史在心中，人人都能讲出一点来。大的宣传屏增加了孩童老人的观看意愿，可以让党史灌溉每个年龄层的群众。有了专项资金，既可以使村委会街道办事处更加重视党史的学习和传播，又可以使小区里增设新的宣传点、红色广场、小喇叭等。将宣传普及到全体基层群众，使全年龄段都能学习党史运用党史。

（四）线上积极运用新媒体，快速度大范围宣扬学习党史

虽然党史宣传专题在部分 App 有入驻，但在各种 App 上的曝光度较低。积极运用互联网数据，结合现状，争取做到简短有记忆点，运用好广告植入，做到大范围快速度，有了记忆点才能带动基层群众更好地学习党史，争取是以点汇线，以线汇面。例如简短重复的宣传口号；一首简洁明快、朗朗上口的歌谣；或者增加有关党史的睡前故事，拍摄全年龄段可以观看的动画、电影；党史做成一款游戏或者说互动短视频，让基层群众身临其境地感受党史的魅力，将我们党史上英雄们经历的那些困难以选择项目的方式做出来，让使用人群自主抉择，更能引发共鸣，并且更容易让小朋友了解、认识、学习到党史，寓教于乐，做到让基层群众了解党史爱上党史；利用广告和弹窗宣传党史有关的线下活动，增加活动的宣传力度，让基层群众有和党史更多的接触面。还可以使用手机的推送功能，也可以将党史与热点挂钩，利用大数据将基层群众感兴趣的方面与党史学习挂钩。

（五）线下多运用新方式宣传

现阶段，人们的阅读习惯已经从文字转为动画、视频等。大多数人们都在进行碎片化阅读，在大部分受众中，长文章的魅力已经不如动画视频。因此，我们可以将文章分章节细化，运用连环画、小视频、短动画等线下方式植入小区宣传栏来学习党史，运用一些流行元素，使青少年更容易接受。通过深入浅出的方式，更容易引起基层群众的共鸣，只有引起共鸣才能发挥群众之间的宣传作用。线上的宣传多用于青少年和中青年人群，线下的宣传适用于绝大部分中老年人，积极调动街道办事处的影响力，在中老年人常聚集的地方加强普及宣传，使各个年龄段的群体都能接受党史教育。线上线下相结合，使党史的宣传力度增强，宣传面更广。

（六）加强党员在党史学习中的作用

加强党员在党史学习的作用应从三个方面出发：一是强化党员意识；二是提高党员素质；三是发挥党员作用。

强化党员意识，必须牢记党的宗旨，把全心全意为人民服务作为自己的终生追求和义不容辞的责任，实实在在地为群众办实事、办好事，全心全意为人民服务这个宗旨不能忘，吃苦在前、享受在后这个原则不能变，只有思想上保持了先进性，才能在行动上体现先进性。

　　提高党员素质，必须保持理论上的清醒和政治上的坚定。广大党员一定要自觉加强理论学习，提高理论素养，切实增强政治敏锐性和政治鉴别力。提高党员素质，必须增强为人民服务的本领。党员要具有做好本职工作、争创一流业绩的本领；党员领导干部要努力增强驾驭市场经济的本领、做群众工作的本领、履行岗位职责的本领。

　　发挥党员作用，必须做到平时工作看得出来，切实把党员的先进性体现到日常的工作和生活中，做到关键时刻站得出来。每一位党员都要经常重温入党誓词，想一想向党组织承诺过什么，时常反思和检查自己在个人利益与国家利益、集体利益、群众利益发生冲突时，是否能够有高风亮节；在急危难险重任务面前，是否能够挺身而出。以身作则积极宣扬党史，从自身出发传承红色基因。

参 考 文 献

　　［1］刘伯坚：《生是为中国，死是为中国，一切听之而已》，载于《意林》2021 年第 19 期。

　　［2］王玮玮：《李沧区党史学习教育动员大会召开》，青岛大众网，http：//qingdao. dzwww. com/licang/202103/t20210306_8074219. htm。

　　［3］秦晓娜：《青岛市总党史学习教育促"学史力行"》，载于《工人日报》2021 年 6 月 9 日。

　　［4］沈明书、秦雪莹、滕媛、王玮：《青岛市市南区：学百年党史　聚市南力量》，半岛网，http：//news. bandao. cn/a/490525. html。

　　［5］滕媛：《市南区：从党史中汲取奋进力量　迈步高质量发展新征程》，载于《青岛日报》2021 年 4 月 1 日。

　　［6］《市北区各单位创新形式扎实推进党史学习教育》，澎湃网，https：//m. thepaper. cn/baijiahao_12034790。

　　［7］中共青岛市城阳区委：《城阳区党史学习教育动员大会召开》，青岛市城阳区人民政府网，http：//www. chengyang. gov. cn/n1/n1/n7/210308091059870522. html。

　　［8］习近平：《在党史学习教育动员大会上的讲话》，载于《光明日报》2021 年 4 月 1 日。

　　［9］孙琳、张亚静：《青岛即墨：有趣味、得实效！金口镇党史学习教育搞起"特色活动"》，金台资讯，https：//baijiahao. baidu. com/s？id =1706131586604818596&wfr = spider&for = pc。

附录

一、深入基层红色基因——青岛党史学习实践调查问卷

为了更好地了解青岛地区党史学习现状，我们开展了本次问卷调查，希望大家积极参与，大家的每一个选择对我们都非常重要，谢谢大家配合！

1. 您的年龄（　　）

A. 18 岁以下　　　　　　　B. 18～25 岁　　　　　　　C. 26～45 岁

D. 46～70 岁　　　　　　　E. 70 岁以上

2. 您是否为党员（　　）

A. 是　　　　　　　　　　B. 否

3. 是否知道建党的年份（　　）

A. 1921 年　　　　　　　　B. 1927 年

C. 1931 年　　　　　　　　D. 1949 年

4. 党的指导思想是什么（　　）［多选题］

A. 马克思列宁主义、毛泽东思想

B. 邓小平理论、"三个代表"重要思想

C. 科学发展观

D. 习近平新时代中国特色社会主义思想

5. 您是通过哪些途径来了解中国共产党的理论和政策（　　）［多选题］

A. 党课、党校、马原和毛概等学校教育

B. 书籍、报纸、杂纸、电视、网络等媒体

C. 课堂教学、与老师和同学的交流

D. 家人的耳濡目染

6. 您对了解家乡党史故事的态度是（　　）

A. 非常愿意学习并竭尽所能传播

B. 愿意学习但不愿花时间传播

C. 可以接受学习但不愿主动学习

D. 不愿学习不关注

7. 您认为家乡党史故事在传播过程中遇到的问题有哪些（　　）［多选题］

A. 传播形式不够新颖

B. 没有得到重视和关注

C. 缺少人力、物力的支持

D. 党史故事挖掘不够

8. 您会经常关注党的近期政策情况吗（　　　）

A. 经常关注　　　　　　　B. 偶尔关注

C. 极少关注　　　　　　　D. 不会关注

9. 您认为党史学习的主要障碍是什么（　　　）［多选题］

A. 大家不感兴趣　　　　B. 内容单调乏味　　　　C. 接触到的途径很少

D. 与现实生活联系较少　E. 其他原因＿＿＿＿＿＿＿＿＿＿＿＿＿

10. 如果要参加相关活动，你觉得哪些类型的活动比较有意义（　　　）［多选题］

A. 演讲　　　　　　　　B. 宣讲会　　　　　　　C. 知识竞赛

D. 趣味活动　　　　　　E. 志愿服务　　　　　　F. 主题团日

G. 其他＿＿＿＿＿＿＿＿＿＿＿＿＿＿＿

二、访谈记录

（一）青岛党史纪念馆

1. 问：纪念馆参观人群的年龄阶段是怎样分布的？

答：主要是以成年人为主，青少年能占到 8% ~ 10%。

2. 问：纪念馆最具吸引力的是哪个物品代表的哪段历史？

答：青岛党史纪念馆区别于博物馆。纪念馆是以展览图片和文字为主，实物基本上是以复制品和复制件为主，文献是以影印件为主，党史纪念馆是想表达当时那个年代的一些精神价值，而不是文物价值。纪念馆最具吸引力的是在 1982 年被确立为中共青岛地方支部旧址，它是青岛市第一批文物保护单位，也是省级的不可移动文物。支部旧址是青岛党组织 1925 年领导革命活动的一个中心，它是早期党组织的机关旧址，也是纪念馆整个建馆的一个核心，正是这个不可移动的文物，纪念馆才会坐落在这里。

3. 问：纪念馆发展最重要的因素是什么？

答：纪念馆的发展离不开上级部门和全社会的重视。青岛市委、市政府为了满足人们对红色文化的需要，在建党九十周年时，第二次修复支部旧址，扩建为现在规模的纪念馆。纪念馆占地面积从 2500 平方米扩展到 9500 平方米。由此可以看出青岛市委、市政府对纪念馆的重视。

4. 问：纪念馆有没有抖音、快手的视频号？

答：目前纪念馆没有，因为规模的局限，纪念馆所有的视频是通过市委党史研究院的网站——中共青岛历史网、青岛党史研究院的青岛党史微信公众号和学习强国青岛平台、山东平台和全国平台发布的。

5. 问：纪念馆有没有定期组织红色党史宣讲活动？

答：2021年纪念馆计划定期组织红色党史宣讲活动。每年清明节，纪念馆面向全社会人群组织举行清明节铭记活动，这也是纪念馆党史宣教的一个品牌。以2021年清明节为例，纪念馆做的是线下的专题展，讲的是青岛党史上最著名的革命故事。线下有专题展，线上利用云展览和云课堂，纪念馆通过云课堂进行讲演提问。因为疫情的原因，用这种形式来加大宣传面，也满足群众对党史文化的学习要求。因为2021年开展的党史学习教育，纪念馆通过各种各样的形式，方便群众打开手机就能看得到。另外，每年都有面向大学生的五四的活动，纪念馆组织进行线上的大学生答题。纪念馆2021年组织的是寻宝活动，线下举行红色藏品的故事展。另外纪念馆还有一个专题展是专门讲青岛党团组织创建的。纪念馆每年还做很多巡展，例如：长征胜利八十周年、青岛解放、红色经典中的连环画巡展等。

6. 问：您认为纪念馆能对青岛当地的党史宣传起到怎样的作用？以及是否已经实现？

答：比如说党史纪念馆基本展，基本展讲的是中共青岛的地方史，在参观完基本展以后，就可以知道青岛党组织创建的时间。青岛是军事要地，位置非常重要，这也是中国共产党争取的地方。通过青岛党史纪念馆，会知道青岛党史在中国共产党的历史中是非常重要的。青岛曾是殖民城市，它的沦陷史说明当时青岛的工人非常的苦，这也是中国共产党为什么这里发展党组织的原因。工人格外苦，工人的斗争意志就比较坚决，工人运动罢工之后，获取的利益让工人群众知道：青岛在党的组织领导下，才能团结起来，才能获得自己的政治地位和经济地位。青岛党史宣传的正是这些，党史宣传想要达到的目的基本上实现了。

7. 问：您认为党史学习教育对于当今青少年的意义和指导作用是什么？

答：让红色基因代代相传，只有青年一代真正地爱党爱国，红色的旗帜才能传下去，红色的中国才能走下去。国家多次组织党史主题教育活动，安排党员集中教育学习，共产党党员首先要有苦吃在前、冲在前，大力宣传英雄楷模，对青年一代的教育就是要把自己的个人的价值实现和国家民族的命运联系在一起，如果失去了国家这个后盾，不管是在国外还是国内，国人都是被瞧不起的。一个不爱自己国家的人，这个人是不会被人瞧得起的。所以对青年一代的教育是党史宣教工作者责无旁贷的任务，是一个主责主业。关于青少年的教育，红色教育也是纪念馆一个非常重要的工作，今年加大了对于青少年的宣传教育。开学有《开学第一课》；抗战纪念日教唱抗战歌曲，讲抗战故事；纪念馆在每年的9月18日会组织关于抗战的宣传；国家公祭日会带领大家唱红色歌曲，朗诵抗战烈士的家书，通过很细小的活动达到宣教效果。纪念馆还编写了青少年的学习读本促进党史学习、党史进课堂，去学校培训红色党史宣讲员，在学校里边给同学们讲，到纪念馆这来进行社会实践。也通过发动学校小朋友们的力量去进行宣传，纪念馆也和学校联合组织红色课程，也去各区市其他的红色教育阵地，比方说黄岛有杨家山里，平度有平度革命旧址，莱西有党史纪念馆。纪念馆有专门的青少年版讲解词，所以说党史的宣传对青少年来说是至关重要的。

（二）毛公山青峰村

1. 问：每年都会做党史宣传吗？大概多久一次？

答：2021年建党百年，学党史上党课属于常态化，对党员的要求就是一个季度一次，党小组活动也是学党史，主题团日也是学党史，2021年学党史是头条，对于党员来说都是常态化。做什么都是围绕着党史学习。

2. 问：有没有发放党史资料给村民？

答：给党员、入党积极分子、部分居民代表发放相关书籍，村委会的宣传栏也是宣传党史部分。普通老百姓也会在村子里被潜移默化地影响着学习。

（三）南里村

1. 问：请问村里是否每年都会宣传党史，还是只有特殊的年份才会大力宣传？

答：党史宣传工作每年都会到位，不管是不是像2021年这样建党100周年的特殊年份。同时，不仅会积极地做党史工作，也会积极鼓励村民向外界积极汲取党史知识。

2. 问：这里是否每年都会来很多人参观学习？

答：会的，来这里参观的人不仅有党员，更有大批群众。

3. 问：是否有微信公众号或者微博来宣传党史？

答：有的，但是像我这样年纪比较大的，并不是很会操作智能手机。我学习党史都是从电视上或者是报纸上比较多。

4. 问：是否会定期给村民发放党史资料？

答：党员是都会发资料的，但是普通村民可能不普及。毕竟很多年轻人学习途径多种多样，村委做得更重要的是促进他们主动汲取，主动学习。

5. 问：这个村子的一些党史故事可以说一下吗？

答：一九四几年那时候的一些老党员都已经不在了，当时他们一些被国民党抓住了，回来的一些就继续履行着自己的义务。

6. 问：是否将党史教育和南里村的发展相结合？

答：村书记将这项工作贯彻得十分到位。

7. 问：您怎样理解党的群众路线？咱们村是怎么体现的呢？

答：认为这是十分正确的，比如说，村里的每一项决定都是村民代表的意见汇集上来的，再决定之后才会采取措施，并不存在一言堂的现象。

8. 问：那您作为一名老党员认为自己有什么职责？

答：遵循党的领导，坚守党的信念，遵守党的纪律。给村民群众服务，办好自己的事，对自己做到一个高标准的要求，并起到一个好的先进带头的作用。同时，要不断学习，尤其是带动村里的大学生认真学习实践。

乡村振兴背景下乡村旅游发展
存在的问题及对策研究

——以山东省济南市长清区马套村为例

孟倩倩*

冯依浓**

李欣雨　崔晓涵　闫静雯***

摘　要： 乡村振兴是我国一直以来坚持推行的一项推进农业农村现代化的重大工程。乡村旅游是实现乡村振兴的重要发展方式。在乡村振兴背景下，乡村旅游发展存在哪些问题、如何解决，是一个值得探究与思考的课题。报告采取线上和线下相结合的方式，系统梳理乡村旅游发展存在的问题，线上主要采用问卷形式对游客进行网上问卷调查，线下以将军山马套村风景区为调研对象，采取访谈法和问卷调查法等方式。汇总调研结果，从四个方面提出乡村旅游发展的对策路径：打造特色旅游项目、精准定位游客、建立监管保障机制和加强专业知识培训。

关键词： 乡村振兴　乡村旅游　实地调研　问题　对策研究

一、绪　　论

（一）调研背景

为适应改革发展的新要求，改变农村的落后状况，党和国家结合我国国情，提出了乡村振兴战略。乡村振兴战略是习近平同志在 2017 年 10 月 18 日中国共

---

   * 调研团队指导老师：孟倩倩，山东财经大学燕山学院教师、讲师。
  ** 调研团队队长：冯依浓。
*** 调研团队成员：李欣雨、崔晓涵、闫静雯。

产党第十九次全国代表大会中提出的战略。党的十九大报告指出：农业农村农民问题是关系国计民生的根本性问题，必须始终把解决好"三农"问题作为全党工作的重中之重。要坚持农业农村优先发展，按照产业兴旺、生态宜居、乡风文明、治理有效、生活富裕的总要求，建立健全城乡融合发展体制机制和政策体系，加快推进农业农村现代化……促进农村一二三产业融合发展，支持和鼓励农民就业创业，拓展增收渠道。中共中央、国务院连续发布中央一号文件，对新发展阶段优先发展农业农村、全面推进乡村振兴作出总体部署，为做好当前和今后"三农"工作指明了方向。

其中，乡村旅游作为一种新型产业，是农村产业的重要组成部分。乡村旅游作为融通工农城乡的新产业新业态，与生产、生活和生态相适应，横跨一二三产业。在实施乡村振兴战略中，要大力发展乡村旅游。2018年10月，为支持乡村旅游的发展，国家加大力度推出配套政策支持，国家发展改革委等13个部门联合印发《促进乡村旅游发展提质升级行动方案（2018—2020年）》，提出"鼓励引导社会资本参与乡村旅游发展建设"①。此前，在2018年中央一号文件中就明确提出关于"实施休闲农业和乡村旅游精品工程"的要求。近年来，在选择周末休闲和节假日出游的全国城市居民中，选择周边乡村游的占70%，乡村旅游接待的全国主要城市周边人数年均增长高于20%，乡村旅游一年比一年火热。②"国家旅游局在全国乡村旅游提升与旅游扶贫推进会议上，传递了新讯号：乡村旅游发展要以农为本、以乡为魂，不断创新乡村旅游产品和业态，着力促进乡村旅游提质增效，积极鼓励乡村旅游创业就业，全面提升乡村旅游的发展质量和服务水平，着力打造农家乐升级版。这些利好消息昭示着，我国乡村旅游将迎来新一轮投资与消费的热潮。"③

（二）调研方案

1. 调研时间

2021年8月7日实地调研马套村，8月8日至8月15日进行线上调研活动。

2. 调研对象

马套村将军山旅游风景区。

---

① 徐礼志：《商洛市棣花古镇乡村旅游提升路径研究》，载于《辽宁农业科学》2019年第5期。
② 杨薇：《旅游服务型新型农村社区建设研究》，中南民族大学硕士学位论文，2016年。
③ 《云南：旅游+扶贫成乡村致富引擎》，载于《农村实用技术》2018年第1期。

3. 调研目的

了解乡村旅游发展现状及发展历程，总结马套村发展的典型方法为其他乡村提供建议；总结概括乡村旅游目前存在的问题，并提出对策研究，解决发展中的问题。

4. 调研实施

调研采取线上调研与线下调研相结合的方式。线下调研主要采取实地参观将军山马套村风景区，与村委干部进行访谈，深入了解马套村乡村旅游的发展历程和未来发展方向，并对当地村民进行问卷调查，了解发展乡村旅游对村民有何影响以及村民对乡村旅游的建议。线上调研通过问卷星小程序对游客进行网上问卷调查，进一步了解百姓对乡村旅游的态度和看法，并且通过网络了解其他乡村发展乡村旅游的过程和数据，进行概况分析。

二、乡村旅游综述

（一）初创阶段

20 世纪 80 年代中后期，农家乐开始兴起。1986 年，成都"徐家大院"诞生标志我国乡村旅游拉开序幕。这种城里人到郊区农村看农家景、吃农家饭、干农家活、住农家屋的"农家乐"模式的乡村旅游，是我国乡村旅游最初，也是发展最广泛的一种形式。1989 年 4 月，"中国农民旅游协会"正式更名为"中国乡村旅游协会"。

（二）全面发展阶段

我国自 1995 年 5 月 1 日起实行双休日，1995 年"中国民俗风情游"旅游主题带领游客深入少数民族风情区，并且提出了"中国：56 个民族的家"的宣传口号。1998 年大批旅游者被"中国华夏城乡游"旅游主题与"现代城乡，多彩生活"的宣传口号吸引到乡村进行观光旅游。1999 年，国家又将春节、劳动节、国庆节调整为 7 天长假。2000 年，国务院发布的《关于进一步发展假日旅游的若干意见》明确了"黄金周"的概念。

（三）纵深发展阶段

2002～2006年，助力"三农"问题解决。2002年国家颁布的《全国工农业旅游示范点检查标准（试行）》标志着我国乡村旅游开始走向规范化、高质化。2006年，为全面推动乡村旅游提升发展，发展"新农村、新旅游、新体验、新时尚"，国家提出了"中国乡村旅游年"，将乡村旅游的角色提到了更突出的位置。2006年8月，旅游局发布的《关于促进农村旅游发展的指导意见》中提出，乡村旅游的重要途径是"以工促农，以城带乡"。国家于2005年和2006年先后提出了实行土地承包经营权流转和发展适度规模经营，健全了土地承包经营权流转机制。

（四）提升转型与可持续发展阶段

2007年至今，乡村旅游方面到达了产品转型、产业升级的阶段。由于土地制度问题的存在，2007年国家规范土地承包经营权流转，2008年健全承包经营权流转市场。2007年，"中国和谐城乡游"和"魅力乡村、活力城市、和谐中国"的提出带动了农村风貌大变样。2007年，国家旅游局和农业部联合发布《关于大力推进全国乡村旅游发展的通知》，推动了乡村旅游发展。2008年，《中共中央关于推进农村改革发展若干重大问题的决定》提出不断发展科学化、合理化和多样化的乡村旅游经营模式。2009年，《关于加快发展旅游业的意见》提出乡村旅游富民工程。[①]

2015年5月19日是第五个中国旅游日，时任国家旅游局副局长祝善忠表示，设立"中国旅游日"，是贯彻落实《国务院关于加快发展旅游业的意见》的具体要求，标志着我国旅游业正迈入大众化旅游时代。[②] 2016年中央一号文件强调，大力发展休闲农业和乡村旅游。为扶持休闲农业与乡村旅游业，强化相关领域规划引导，国家提出以奖代补、先建后补、财政贴息、设立产业投资基金等方式。

2019年，全国乡村旅游总人次为30.9亿次，乡村旅游总收入1.81万亿元。2020年第二季度，乡村旅游环比增长达148.8%；7～8月，乡村旅游总人数、总收入均已恢复往年同期的九成多，从业人员数量基本达到上年同期水平。[③]

---

① 舒伯阳、马静：《中国乡村旅游政策体系的演进历程及趋势研究——基于30年数据的实证分析》，载于《农业经济问题》2019年第11期。
② 《国家旅游局：5月19日正式成为"中国旅游日"》，中国政府网，http://www.gov.cn/jrzg/2011-04/12/content_1842345.htm。
③ 《文化和旅游部：乡村旅游总收入已恢复往年同期的九成多》，中国经济网，http://www.ce.cn/culture/gd/202009/18/t20200918_35768549.shtml。

三、调研地基本情况

（一）调研地介绍

1. 地理位置

马套村位于济南市长清区万德街道最南端，与国家 5A 级景区泰山同脉相连，与国家 4A 级景区灵岩寺相邻，是济南泉城的南大门，交通便利。

2. 所获荣誉

2016 年 10 月，农业部将马套村推介为 2016 年中国美丽休闲乡村。2017 年 11 月，中央文明委决定授予马套村第五届全国文明村镇称号。2020 年 8 月，马套村入选第二批全国乡村旅游重点村名单。2020 年 12 月，马套村被命名为 2020 年山东省乡村旅游重点村（精品旅游特色村）。2021 年 2 月，司法部、民政部公布马套村为第八批全国民主法治示范村（社区）。2021 年 4 月，山东省文化和旅游厅命名马套村为首批山东省景区化村庄（国家乡村旅游重点村）。①

3. 发展概况

2002 年以前，马套村以开采、加工石料为主，经济条件穷苦。2002 年之后政府禁止破坏山体，村民只能另寻出路，多外出打工维生。2009 年，该村在专家的带领下开始种植茶叶，发展当地的特色农业产品。

2013 年，该村成立茶叶合作社，在扩大茶叶种植规模的同时，还以茶产业为平台，结合特色旅游，建立农耕体验观光区、蔬果自摘区。2019 年茶叶合作社实行股份制，建立股份制茶叶加工厂，现金股 5 万元每股，通过发动两委干部和党员，最终共有 19 人入股。股东分为资金股东和房屋股民，实现村民收入多样化。到第三年分红翻本超过 5 万元，到 2020 年分红达 18000 元/年，利润高达 30%。

2015 年 5 月 1 日，马套村以村边将军山的名字成立起马套将军山旅游合作社，推出"党支部引领、合作社主营、电商平台带动"三位一体的工作模式，并逐渐建

---

① 李明、刘方洲：《中国美丽休闲乡村——济南马套村》，载于《农业知识》2021 年第 9 期。

立起自己的淘宝小店、微信公众号和抖音公众号。通过大量的宣传，单次节假日到马套村游玩的游客已经超过 1 万人。2018 年初村里投资 1000 万元，打造了攀岩、青少年国防教育拓展中心、南方观赏性果蔬高效农业大棚等，新打造 20 套高标准民宿，并沿水库周边推出了采茶、品茶、观茶艺表演、骑马射箭、足球场、景观长廊及齐长城文化体验区等，让游客来到这里可以感受淳朴的农家生活。

（二）调研数据分析

马套村乡村旅游经营的工作人员年龄主要集中在 36 ~ 59 岁，之前主要是外出打工或者从事个体经营，年收入不超过 5 万元，自乡村旅游项目开发后，年收入基本可以提高 1 万 ~ 3 万元，多的可提高 3 万 ~ 5 万元（见图 1、图 2）。

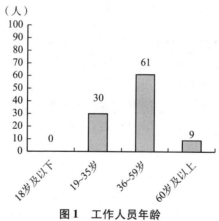

图 1 工作人员年龄

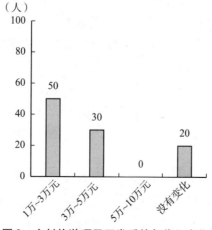

图 2 乡村旅游项目开发后的年收入变化

村民普遍认为发展乡村旅游后，促进了当地经济发展，增加了就业机会，生活水平得到改善，使村子的公共配套设施更加完善，交通更加便利，村民环保意识增强，但同时也加剧了环境污染，交通堵塞（见图3、图4）。

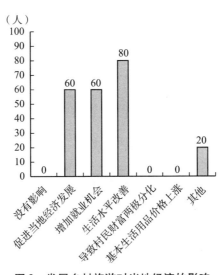

图3　发展乡村旅游对当地经济的影响

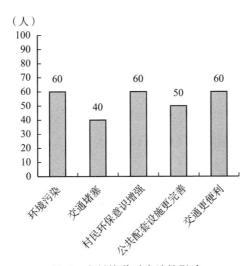

图4　乡村旅游对当地的影响

根据调查数据得知，人们对乡村旅游是接受并且喜爱的，获取乡村旅游信息的渠道主要是"朋友推荐"和"网络搜索"（见图5、图6）。

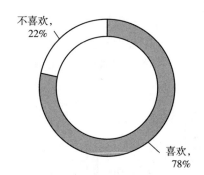

图 5　游客是否喜欢旅游

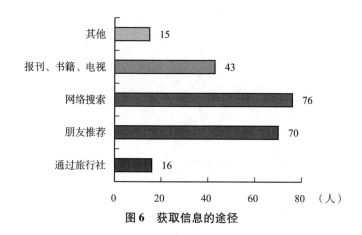

图 6　获取信息的途径

多数人会在节假日和周末选择乡村旅游。吸引游客的原因主要包括乡村自然风光、乡下生活、农耕历史古物，以及平均消费较低等（见图 7、图 8）。游客认为目前乡村旅游发展中遇到的障碍有乡村地处偏远、交通不便以及缺少特色文化和生态环境较差等。影响游客前往乡村旅游的因素大部分与乡村特色和距离远近有关（见图 9）。

多数游客认为乡村旅游的发展会给当地带来经济增长，弘扬乡村本土文化；少数游客认为会限制村民的生活水平，破坏乡村生活环境（见图 10）。

大部分游客认为乡村旅游将逐渐变成乡村发展的一种态势，小部分游客认为乡村旅游不具有吸引力，将不会长久发展（见图 11）。

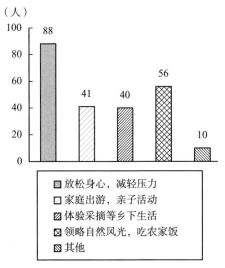

图7 选择乡村旅游的原因

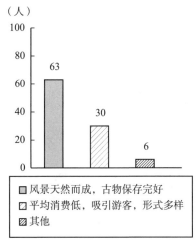

图8 发展乡村旅游的优势

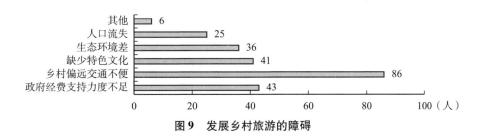

图9 发展乡村旅游的障碍

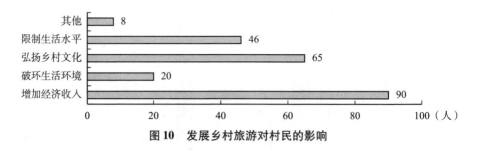

图 10　发展乡村旅游对村民的影响

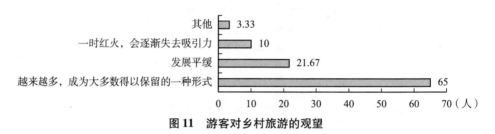

图 11　游客对乡村旅游的观望

四、调研结果分析

（一）调研地典型做法梳理

1. 交通便利，环境优美，配套设施完善

马套村交通便利，创建了较好的乡村道路网。村前是 104 国道，济南市区有 k919 公交通往马套村，沟通了城市与乡村。马套村道路平整，铺有沥青路，在景点与景点之间建立路网，可以让旅游线路实现连接，使游客少走回头路，提升旅游体验。

村内有整齐干净的村容村貌，提升了游客第一观感。马套村地处济南南部山区将军山，位于泰山脚下，与灵隐寺相邻。依山傍水，环境优美。建立了乡村公共环境卫生方面的村规民约，引导村民自觉维护环境卫生。建立了治理有效的乡村环境卫生治理体系，对乡村的卫生环境进行合理整治和提升。马套村路面干净整洁，村内房屋风格统一，设有卫生小组，每户人家负责自家门前卫生，实行垃圾分类制度，定时收送垃圾（见图 12）。

图 12 马套村卫生情况

马套村有一定的容纳能力，能够让游客成规模地参观游玩。设有民宿 40 间，可同时容纳 400 人住宿，民宿内配套设施完善，可自己做饭。村内有便利店、饭店等，日常生活设施完善；并有村集体营业的餐厅，可预定，也可提供送餐服务。农业用地、宅基地和建设用地布局合理，拓展了容纳空间（见图 13 ~ 图 15）。

图 13 马套村街道

图 14　马套村民宿（一）

图 15　马套村民宿（二）

2. 游玩体验项目多样化，充分涉及各类主题

马套村以茶文化为主线，开发了五大系列十余个旅游产品，五大系列分别为茶叶、餐饮住宿、会议接待、研学教育和亲子亲情。游玩项目有茶叶采摘、水库垂钓、泰山剪纸体验、水库水上娱乐、漂流、七彩滑道、热带水果观赏、动物园、无动力游玩设施、古槐路等。游客群体包含了公司员工团建、家庭亲子娱乐、朋友日常游玩等，受众群体多样化。

3. 发展模式多元化

三位一体的工作模式，即"党支部引领、合作社主营、电商平台带动"。股份制经营模式，即"党支部 + 合作社 + 资金股东 + 房屋股民"的方式。全村 35 户以闲置房屋入股，107 人现金入股共 400 多万元，建起了不同标准、风格的民宿，可容纳 400 人左右入住，并建立了可容纳 500 多人就餐的餐厅。马套村现有的游乐设施如海盗船、蹦蹦床、漂流滑道等都与相关专业的合作社共同建设经营。

"互联网 +"经营模式，马套村探索"互联网 +"的新型发展模式，开通"马套将军山"微信公众号和抖音号等，宣传内容以茶产业和农家民俗为主。与美团等平台合作，出售电子门票，预定民宿等，方便游客出游。2015 年就接待游客 3.8 万人次，旅游总收入达 310 万元。建立电商平台，成立淘宝小店"泰山脚下的生态园"，出售茶叶，进行品牌推广。

4. 发展文化乡村，丰富精神文化生活

马套村具有悠久的历史文化（齐长城与钉头崖）齐长城是"中国长城之父"，它是我国现存最古老、最宏大的文物古迹之一。在长清与泰安交界的万德镇马套村东面的大山里，如今还保留着较为完整的齐长城遗址，当地传说"长城修到钉头崖，一降四十里"。当年修齐长城，到了这个地方实在修不动了，有个大将为民请愿，到齐王那儿说这个城墙实在修不动了，齐王就把这个将领头砍了下来，钉在了这个山崖上。钉头崖由此得名，传说尽管杀了监工，长城还是没能修上去，只修到悬崖峭壁下为止。

马套村请泰安市级非物质文化遗产泰山剪纸第五代传承人赵英入驻成立工作室，为游客提供泰山剪纸讲解和体验服务。赵英老师为庆祝建党 100 周年创作了长 2.6 米、宽 0.6 米的剪纸作品，名为《庆祝建党一百周年》。作品共用了 10 种剪纸手法，其中最耗时的就是泰山剪纸的特有手法"打毛"，仅 1 厘米长的部分就需要四十多刀，一幅复杂的作品要剪成千上万刀（见图 16）。还有《熊猫》《狐狸》《老鼠》等作品，形象灵动、神形兼备（见图 17）。

2018 年，马套村按照"绿水青山，就是金山银山"并结合建党 100 百周年学习党史的指导，打造了一条古槐路，试图寻找乡村特色。古槐路是以一棵近600 年历史的槐树为基准，一条蜿蜒曲折长达 1 公里的游廊，道路两旁是住户，鳞次栉比的住户外墙都采用现代工艺进行彩绘，展示着马套村这些年的风雨历程（见图 18、图 19）。

图16　赵英老师剪纸作品

图17　泰山剪纸作品

图18　马套村古槐路

图19　马套村古槐路

（二）调研地存在的问题

1. 品牌意识薄弱，宣传力度不足，知名度较低

马套村如今进行"互联网＋"的经营模式，开通"马套将军山"微信公众号和抖音号等，但宣传模式单一，内容枯燥并不能吸引游客的关注、提高游客的兴趣。建立了电商平台，成立淘宝小店"泰山脚下的生态园"，出售茶叶，但淘宝店营销量低，还是主要依靠线下订购。虽与美团等平台合作，出售电子门票、预定民宿等，但与同市的南部山区的景区相比知名度不高，游客量不大，没有形成较完整的宣传营销网络体系，导致其资源和产品的知名度难以扩展，品牌效应难以形成。

2. 缺乏专业性经营人才，人才储备力量不足

马套村与定点高校每年都进行实践调研活动，如古槐路讲解内容编订等，旨在培养一定数量的旅游专业管理人才，但在实际运用过程中，真正从事旅游业专业的人数却十分稀少，愿意扎根乡村旅游建设的人才更是寥寥无几。马套村原本有负责"互联网＋"经营方面的人才，后又离岗了，在一定程度上反映出乡村旅游资源地开发过程中面临人才匮乏和无法留住人才的现象。人才资源的缺乏，无论是对资源的开发，还是对市场的开拓，抑或是对产品的创新都会有消极的作用。

3. 政策难以落实，村民集体经营意识不强

由于国家政策的转变，马套村不再发展石材开采、生产石材、石材加工等产

业，进行了产业转型。茶叶合作社由于村民自己采、自己炒，却没有合适的渠道卖茶叶，导致损失惨重。同时土地流转工作开展困难，导致相关负责人无法有效进行宏观调控管理土地资源，农村分散的土地利用率明显下降。由于土地能够在一定程度上为农民提供保障，所以基层群众也并不愿意放弃土地的承包经营权。这样"两难"的状况既影响到乡村集体经济的发展又影响到土地的规模化、集约化经营。

4. 游客主体单一，以团队拓展为主

马套村接待游客以团队为主体，散客数量不多，自新冠肺炎疫情以来，由于受团队聚餐人数的限制，团队拓展数量急剧减少，给马套村旅游业带来了沉重的打击，造成了极大的损失。马套村针对假日做了充分准备却因疫情影响无人问津，宣传营销等成果功亏一篑，暂停营业时还要支付员工的用工成本以及景区的日常维护费用，损失巨大。

五、乡村旅游发展存在的问题

通过分析马套村发展过程中遇到的问题以及在线上调查其他乡村发展乡村旅游的发展资料后，发现现如今乡村旅游仍存在许多问题，总结概况为以下几个方面。

（一）乡村旅游形式单一，区域内具有同质化现象

1. 区域内村庄具有同质化现象，未能深度挖掘本土文化

"看农家景、吃农家饭、干农家活、住农家屋"的低水平发展模式已经逐渐丧失吸引力，目前大部分乡村发展旅游业还是"靠山吃山，靠水吃水"的发展模式。如位于水库区域则发展水上游乐项目；位于山区则发展瓜果采摘等项目。在一定地理范围内的各个村庄发展模式相似，缺乏各自特色，远远不能适应社会主义新时代对乡村旅游发展的新要求。究其根源，基础资源可替代性高、市场竞争程度高导致乡村旅游低差异性是当前乡村旅游发展陷入同质化低水平困境的根本原因。乡村旅游普遍存在规模小、品牌意识低的现象。开发者一味开发基础游玩设施而忽视了乡土文化、乡村民俗等文化内涵的开发，没能发掘当地的本土文化，阻碍了乡村旅游持续发展。

2. 观光功能、区位功能设计重复，缺乏创意

乡村旅游的发展大多是依赖农业资源以及漂流、水上乐园、过山车、缆车等娱乐设施。无非是将已经发展成熟的游玩项目再搬到乡村中去，并未做到因地制宜，发展具有本村特色的产业。

（二）线上宣传不到位，品牌知名度低

乡村旅游经营未能充分依托互联网进行宣传，现存服务平台缺乏完备的功能。游客获取信息的途径虽以网络获取为主，但具有任意性。乡村经营者品牌意识较浅，在网络宣传方面并未有效树立起品牌形象，绝大多数乡村旅游并未产生品牌效应。现阶段我国主流的旅游类综合电子商务平台并没有给予乡村旅游一个展示空间，乡村旅游的宣传处于被动地位，传播途径十分有限。缺乏人才与创意。人才的匮乏和流失、创新精神的照搬复制，使乡村难以找寻到合适的发展道路。没有出色的发展模式和人才技术辅助，乡村旅游建设容易失去前进的助推力。

（三）乡村旅游的发展对农业生态发展造成一定负面影响

当前，乡村旅游发展过程中出现了超环境承载量发展的现象，对当地生态环境造成了一定的破坏。这种破坏一方面源自本地村民在开发过程中的过度开发行为和环境污染行为。[①] 娱乐设施建设破坏生态景观，部分村庄在建设娱乐基础设施前未能针对当地的生态、景观条件进行分析研究，盲目建设许多破坏生态的设施。如在水库建设现代化的水上乐园，截断河流建设漂流设施，破坏森林体系建设现代化建筑等，严重破坏了当地自然生态体系。另一方面来自游客游览中带来的汽车尾气和生活垃圾、游客量的大幅增加、各种游玩项目的展开、就餐的厨余垃圾、住宿的一次性产品等会产生大量的额外垃圾，污染生态环境。这些破坏了乡村旅游赖以发展的资源环境基础，虽然能够一时得益，但却污染了环境，为未来留下许多隐患。

（四）乡村旅游扶持力度有待加强

1. 土地方面存在遗留问题，阻碍宏观发展

土地流转效率低下，土地流转难以合理解决，宏观规划土地功能区工作难以

---

① 高源：《发展乡村旅游助力乡村振兴应把握"四性"》，载于《中国发展观察》2018年第Z1期。

开展。① 部分地区土地权属混乱，存在有地无证、有证无地、一地多证、一证多地、无地无证等问题导致土地产权不明晰。基层群众对政策理解有偏差，多数村民并不了解农村土地所有权、承包权、经营权三者分离的意义和土地流转建设基础旅游设施的真正意义。政府部门工作方法效率低下，造成成本浪费，基层工作人员的素质与技术存在问题等。

2. 乡村发展旅游业融资困难，政策支持和优惠政策有待加强

目前我国针对乡村旅游业融资的金融政策支持力度不够，乡村融资途径受限。比如银行贷款审批时间长，贷款期限短，而乡村旅游产业收入回报周期长，目前贷款政策不利于其发展。社会上缺少针对乡村旅游产业的融资机构，各界资本对乡村旅游发展的关注度较低，使得乡村旅游融资途径十分受限。政府各有关部门在规划指导、项目审批和开发用地等方面要提供的服务有待加强，在资金支持和相关贷款方面应加强支持。农业担保公司在发展乡村旅游贷款方面并没有完全纳入担保范围，无法全面为乡村旅游发展经营户、乡村旅游开发经营者提供保险服务。

六、乡村旅游发展问题的对策研究

（一）利用本土文化打造特色旅游项目

村庄需要具有创新精神，摆脱同质化思维，不断开发类似农产品制作、捡蛋、饲养、采摘等贴近乡土特色的生活方式。丰富旅游产品，打造游玩、出行、餐饮、住宿共融的乡村旅游模式，开阔乡村旅游的发展前景与发展空间。明确游客心理，都市游客深入乡村景区，如果只是游山玩水，是无法满足游客心理需求的，需要借助乡土情怀和民俗文化、发扬创新精神，让游客亲身体验乡村生活的乐趣，丰富人生阅历，增加心理体验层次，提升游客旅游体验感。

乡村旅游的特殊之处在于其独特的人文历史色彩。开发乡村旅游资源，应当建立在充分认识乡村自身文化的价值、自身资源的价值和开发的价值的基础上。乡村旅游发展还要传承乡村农耕、村俗、服饰、餐饮、宗祠、建筑等物质和非物质乡土文化。一方面，需要不断建设依山傍水的旅游设施来达到吸引游客的目

---

① 丁川：《我国农村产业发展的影响因素分析》，载于《南方农业》2021年第3期。

的;另一方面,需要立足本身,保持本土的乡土文化与民风民俗,发掘自身优势与价值。如民居住宅翻新时,在保留原貌的基础上,内在家具装潢改为更便捷的现代化家居。只有保留住各具特色的乡土文化,保持乡村环境的淳朴与生命力,乡村旅游才能长远发展。

(二) 线上线下相结合的宣传策略,精准定位游客

乡村旅游需要进行有效的宣传推广。互联网方面,尽可能在流媒体及社交App 上就本村特色旅游业进行大力宣传,跟上时代潮流,不断推陈出新,革故鼎新,推出新颖的特色产业并大力宣传,让乡村特色旅游景点被更多人知道。线下,可以和附近的特色旅游村进行联合销售,相互推广,更有利于精准定位在乡村旅游方面有兴趣的游客朋友。

流媒体及购票平台需要细分市场[1],对主要的客流量和潜在客流量进行调查,突出游客个性,分析游客类型,并且细分市场,区分游客存在的差异,把游客分为不同的群体,更加有效地将流媒体浏览量转换为乡村旅游的客流量。

乡村旅游的发展需要吸引人才加入,进行创新发展。一方面,地方政府要做好政策支持,资金扶持,用低成本的创业就业条件将人才吸引回来。另一方面,需要完善乡村的工作环境,让人感到满意的工作环境和保障设施才能吸引人在乡村中稳扎稳打,助力发展乡村旅游。

(三) 建立健全农业生态环境监管、保障机制

政府有关部门要对乡村旅游制定严格的监督管理制度。乡村旅游具有自然、生态的特点。因此,为了更好实现乡村旅游的长远发展,必须建立相应的监督管理制度。相关部门在乡村建设娱乐基础设施前要针对当地的生态、景观条件进行分析研究。通过监测明确不同地区的环境承载量,采取准入制度,保证经济和生态环境的协调发展。最后决定出此类建筑能否修建,严厉禁止建设破坏生态环境的设施。加强村民和游客的垃圾分类意识与保护环境不乱扔垃圾的意识。大力推行垃圾分类制度,在人流量密集处多添置垃圾集中处理点,并设立标语。每天安排工作人员定时清理景区垃圾,保持环境卫生。

---

① 魏清晨:《目标市场细分理论综述及案例分析》,载于《现代商贸工业》2021 年第 7 期。

（四）提高政府扶持力度，加强专业知识培训

1. 提高土地流转效率

明确农村集体土地所有权，向村民宣传发展壮大集体经济、发展乡村旅游的优势。明确土地权，妥善处理各种权属关系。在政策与地方经济允许范围内加大补贴力度，合理定价与补贴，提高完成流转后土地的利用效率，大力建设完备性基础设施及多样性游乐设施。村干部进行土地确权工作涉及的相关法律法规及政策等相关学习，以便于对村民进行相关知识普及，提高村民政治素养，充分调动村民积极性。

2. 政府及企事业单位政策支持

需要政府在乡村旅游的有关方面例如宏观规划指导、项目审批和开发用地等方面要提供便利且优质的服务。在审批过程中，建议市场监管、税务、卫生、食品药品监督、公安和消防等职能部门参照城镇职工再就业、返乡农民工和全民创业等有关政策，给予乡村旅游经营者在税费等方面的优惠扶持。鼓励农业担保公司要把发展乡村旅游贷款纳入担保范围。

3. 整合资源，招商引资

建设乡村旅游，发展观光农业，已经受到了不少城市游客的青睐，客流量的增加有利于大力招商引资，鼓励旅游公司与乡村合作，带领团队来乡村旅游；鼓励融资公司和乡村合作，采用"滚动发展"的模式①，循序渐进，边开发边利用边受益；鼓励保险公司把乡村旅游保险纳入投保范围，为乡村旅游发展经营户、乡村旅游开发经营者提供保险服务。

附录

一、关于"乡村旅游"马套村村民调查问卷

1. 您的年龄为（　　）［单选题］

A. 18 岁及以下　　　　　B. 19 ~ 35 岁

C. 36 ~ 59 岁　　　　　D. 60 岁及以上

2. 您之前在哪里工作（　　）［单选题］

---

① 耿选珍：《农村旅游业与林业间滚动发展机制的构建》，载于《农业经济》2015 年第 8 期。

A. 城市　　　　　　　　B. 本地

3. 您在乡村旅游项目开发前的主要收入来源是（　　）［多选题］

A. 种植农作物　　　　B. 养殖　　　　　　　C. 外出打工

D. 个体经营　　　　　E. 公司上班　　　　　F. 其他

4. 您在乡村旅游项目开发前的年收入为（　　）［单选题］

A. 5 万元以内

B. 5 万 ~ 10 万元（不含）

C. 10 万 ~ 15 万元（不含）

D. 15 万 ~ 20 万元（不含）

E. 20 万元及以上

5. 您在乡村旅游项目开发后的主要收入来源是（　　）［多选题］

A. 种植农作物　　　　B. 养殖　　　　　　　C. 开农家乐

D. 在景区工作　　　　E. 本地工厂上班　　　F. 外出打工

G. 其他

6. 您在乡村旅游项目开发后的年收入比之前变化多少（　　）［单选题］

A. 1 万 ~ 3 万元（不含）

B. 3 万 ~ 5 万元（不含）

C. 5 万 ~ 10 万元

D. 无太大变化

7. 您认为发展乡村旅游后对当地经济的影响（　　）［多选题］

A. 促进当地经济发展

B. 增加就业机会

C. 生活水平改善

D. 没有影响

E. 导致村民财富两极分化

F. 基本生活用品价格上涨

G. 其他

8. 您认为目前周边旅游业发展对提高您家庭经济收入的效果如何（　　）
［单选题］

A. 效果明显　　　　　B. 效果一般　　　　　C. 没有效果

9. 您可以为来乡村旅游的游客提供什么（　　）［多选题］

A. 餐饮　　　　　　　B. 导游服务　　　　　C. 手工制作体验

D. 农副产品售卖　　　E. 住宿　　　　　　　F. 其他

10. 您认为当地旅游需要大力开发的方面是（　　）［多选题］

A. 自然环境　　　　　B. 民俗文化　　　　　C. 娱乐设施

D. 遗址遗迹　　　　　E. 其他

11. 您认为在旅游发展中，需要改进的方面有（　　）［多选题］

A. 文化保护工作　　　B. 环境保护工作　　　C. 加强村民参与度

D. 提供政策支持　　　E. 加强旅游宣传　　　F. 基础设施建设

12. 您认为乡村旅游对当地环境带来什么影响（　　）［多选题］

A. 交通堵塞　　　　　B. 环境污染　　　　　C. 村民环保意识增强

D. 公共配套设施更完善　E. 交通更便利

13. 您对您家现状参与旅游程度和状态满意吗（　　）［单选题］

A. 非常满意　　　　　B. 满意

C. 一般　　　　　　　D. 不满意

14. 您是如何加入乡村旅游的（　　　）［单选题］

A. 政府引导　　　　　B. 亲友鼓励

C. 自发参加　　　　　D. 其他

15. 您对乡村旅游的后期发展有什么建议＿＿＿＿＿＿＿＿＿＿＿＿［填空题］

二、关于"乡村旅游"游客调查问卷

1. 您的性别是（　　）［单选题］

A. 女　　　　　　　　B. 男

2. 您的年龄是（　　）［单选题］

A. 18 岁及以下　　　　B. 19～35 岁

C. 36～59 岁　　　　　D. 60 岁及以上

3. 您是否喜欢旅游（　　）［单选题］

A. 喜欢　　　　　　　B. 不喜欢

4. 您喜欢什么类型的旅游（　　）［单选题］

A. 参团游　　　　　　B. 自主游

5. 您通常通过哪些途径获得旅游信息（　　）［多选题］

A. 通过旅行社　　　　B. 朋友推荐　　　　　C. 网络搜索

D. 报刊、书籍、电视等　E. 其他

6. 您比较喜欢去哪类地方出行（　　）［多选题］

A. 人文、历史气息浓厚的景观　　　　　　　B. 山水优美的自然景观

C. 繁华的时尚大都市　　　　　　　　　　　D. 休闲的度假村

E. 其他

7. 您是否喜欢乡村旅游（　　　）［单选题］

A. 喜欢　　　　　　　　　　B. 不喜欢

8. 您通常什么时候会选择乡村旅游（　　　）［单选题］

A. 节假日　　　　　　　　　B. 需要庆祝的日子（如生日、纪念日等）

C. 其他

9. 您选择乡村旅游的主要原因是（　　　）［多选题］

A. 放松身心，减轻压力

B. 家庭出游，亲子互动

C. 体验采摘等乡下生活

D. 领略自然风光，吃农家饭

10. 您平时会在网络上关注哪些与乡村经济有关的事物（　　　）［多选题］

A. 会关注直播的农产品带货

B. 会关注度假村的旅游宣传

C. 会关注乡村的特色产品

D. 其他

11. 网络上宣传的乡村旅游是否能够吸引你（　　　）［单选题］

A. 是，看到乡村旅游的宣传我会去

B. 可能，具体与乡村特色有关

C. 可能，具体与距离远近有关

D. 不会，没有吸引力

12. 您认为乡村发展旅游业的优势是什么（　　　）［单选题］

A. 风景天然而成，古物保存完好

B. 平均消费低，吸引游客，形式多样

13. 您认为乡村旅游发展的主要障碍是什么（　　　）［多选题］

A. 政府经费支持力度不足

B. 乡村偏远交通不便

C. 缺少特色文化

D. 生态环境差

E. 人口流失

F. 其他

14. 您觉得乡村发展旅游给当地居民带来的主要影响是什么（　　　）［多选题］

A. 增加经济收入

B. 破坏生活环境

C. 弘扬乡村文化

D. 为创造旅游条件所带来的生活水平的限制（如旧屋不许装修及重建）

E. 其他

15. 您怎么看待乡村旅游的未来（　　　）［单选题］

A. 越来越多，成为大多数得以存留的乡村的形式

B. 发展平缓

C. 一时红火，过不了多久就会失去吸引力

D. 其他

乡村振兴背景下德州市农业
现代化发展现状调研

——以齐河县宣章屯镇为例

王　松　单凤娇[*]

杨月晨[**]

尚雅静　范开昊　任伟杰　田鹏飞[***]

摘　要： 党的十九大报告提出"实施乡村振兴战略"，"农业农村农民问题是关系国计民生的根本性问题"，"要坚持农业农村优先发展"。实现农业农村现代化，是实施乡村振兴战略的总目标，也是全面建设社会主义现代化国家的重要组成部分。

调研团队在德州市齐河县宣章屯镇展开了调研，通过文献调研、实地调研、访谈等方式调查了该镇农业现代化发展的现状，总结了宣章屯镇农业现代化发展的优势，分析出其发展存在的不足，并提出相关的对策和建议，以期为德州市"十四五"规划中农业现代化发展落实起到一定的推动作用，贡献自己的一份力量。

关键词： "十四五"时期　农业现代化　乡村振兴　城乡融合　信息化

一、绪　　论

实现农业农村现代化，是实施乡村振兴战略的总目标，也是全面建设社会主义现代化国家的重要组成部分。目前我国农业综合生产能力明显提升，农民生活水平有了巨大的改善。但由于农业经济效益相对较低，农户不愿扩大投资改进农

---

　* 调研团队指导老师：王松，山东财经大学燕山学院党委书记、副教授；单凤娇，山东财经大学燕山学院教师、副教授。

　** 调研团队队长：杨月晨。

　*** 调研团队成员：尚雅静、范开昊、任伟杰、田鹏飞。

业技术等，导致企业对农业科技投资信心不足。农业现代化发展正处于极为关键的时期，因此，如何更好地落实农业现代化，是一个值得认真研究的课题。

宣章屯镇在乡村振兴战略的背景下面对着许多新机遇，也将会迎接新挑战，团队针对其农业现代化的现状展开了调研，并为其提供了相关的对策和建议。

（一）调研背景

1. 政治背景

"十四五"时期是全面推进乡村振兴、加快农业农村现代化的关键五年。德州市按照山东省委"德州要在打造乡村振兴齐鲁样板中率先突破"的要求，出台了乡村振兴五年规划和五个专项方案，制定了打造乡村振兴齐鲁样板率先突破三年行动方案。为贯彻落实市委、市政府发布的《关于建立健全城乡融合发展体制机制和政策体系加快推进城乡融合发展的实施意见》，德州举全市之力推动乡村振兴，促进农业高质高效、乡村宜居宜业、农民富裕富足。把实施乡村振兴战略作为"三农"工作总抓手，积极调整农业结构，坚持质量兴农、绿色兴农，加快农业产业化建设，农业农村发展呈现"稳中有进，稳中向好"态势，出现了许多在全省有位次、全国有影响的亮点与典型。[①]

2020年，德州市"辉煌'十三五'奋进新德州"主题系列第二场新闻发布会上提到，德州要稳步推进城乡要素融合、服务融合、设施融合、经济融合，齐河被列为中等城市试点。"十四五"期间，要继续发挥齐河县在农业现代化方面的优势，积极推动农业高质量发展，实施农业全产业链培育计划。同时还要发展农产品物流，建设大型农产品集散中心，打造京津冀优质农产品供应基地。

2. 经济背景

农业在国民经济中占据重要地位，种植业在农业中占比最大，且农产品具有高附加值的优势，有一定的经济效益。我国农业现代化虽然仍处于初级阶段，但农业经济发展潜力大，国内国外市场前景光明。

德州市农村经济形成了以玉米、小麦为基础，畜牧业为主体的经营模式，发展水平在山东省处于中上游，且德州市交通运输业发展较快，利于农作物及农产品的运输与交易。

---

① 贺洪军、马爱民、孙季平、徐晓莹、石莹、赵文超、谢婕：《如何打造乡村振兴的齐鲁样板——山东德州农业产业发展的探索与思考》，中国农村网，http://journal.crnews.net/ncgztxcs/2020/dlq/dc/132284_20200319100712.html。

3. 社会背景

德州市农村人口基数较大，有利于农业规模化发展。据山东省第七次全国人口普查数据显示，乡村人口为 3751.3 万人，占总人数的 36.95%。不断协调农村第一、第二、第三产业发展，激发农户生产的积极性，从而带动农村经济发展，才能真正实现农业农村现代化。

农业产业化是实现农业现代化的有效途径。随着我国农业经济发展取得较大成就，农业产业化发展结构日益合理，而农业产业化发展过程中，充分发挥龙头企业、种养大户的带动力，改变传统过于分散的经营发展模式，是十分有必要的。[①]

（二）调研目的及意义

1. 调研目的

德州市作为山东乃至全国的农业大市，在整个山东具有较强的代表性。如何加快德州市产业结构的调整，促进第一产业与第二、第三产业的融合，都是德州市农业现代化发展过程中需要了解并解决的问题。

德州市齐河县宣章屯镇的农业现代化发展在全省名列前茅。团队深入调查宣章屯镇具有代表性的乡村产业，分析总结该镇的农业现代化情况，以发现其农业现代化发展进程中的优势与不足，促进产业结构合理化，并为其他地方的农业发展提供借鉴。

2. 调研意义

积极推动农业农村现代化、加快推进乡村振兴、贯彻落实好党的十九大精神对于我国乡村建设是十分重要的。

在乡村振兴战略背景下，对现代农业发展进行实地调查研究，分析其农业现代化的途径，探索适宜的发展形式，可以更好地促进农业的现代化发展。通过调研，团队对农业现代化有了更加深入的了解，也为人才回归农村、乡村振兴起到了推动作用，有助于德州市农业现代化得到更好的发展。

---

① 马合刚:《探究农业产业化发展现状与对策》，载于《黑龙江粮食》2021 年第 5 期。

（三）调研方案

1. 调研对象

本次调研涉及德州市齐河县宣章屯镇重点龙头企业齐河美东农业科技有限公司、特色产业藜麦泰农业有限公司以及齐河龙昌生物科技有限公司。

2. 调研时间及地点

2021年8月28日，团队上午实地走访了德州市齐河县宣章屯镇的龙头企业——齐河美东农业科技有限公司，当天下午对藜麦泰农业有限公司、齐河龙昌生物科技有限公司展开调研。

3. 调研方法

（1）文献调研法。对以往有关农业现代化的文献数据资料进行收集、整理和分析，突破了时空的限制，掌握了一定的相关理论知识。

（2）实地调研法。在实地调研的过程中，本团队运用观察法，与被调研的领导与员工、干部与村民直接接触，通过观察获得真实可靠的第一手资料，在一定程度上保证了调研的真实性。

（3）访谈调研法。在实地调查的过程中，我们运用访谈调研法，与被调研的领导与员工、干部与村民进行面对面的交流，提出符合当地实际情况的问题，得到相应的回答。

（4）总结分析法。在调研后期，对访谈结果进行分析总结，将访谈以及收集的数据进行系统化的整合，以便分析调研对象农业现代化取得的成就、存在的问题及提出对策和建议。

4. 调研过程

前期：团队全体成员展开小组讨论，积极商讨在德州市境内可以调研的对象，在了解德州市农业发展情况的基础上，为保证调研顺利完成，最后决定在德州市齐河县宣章屯镇展开调研，并确定了美东蔬菜基地等调研对象。

中期：开展调研，深入乡镇进行了解。团队共5人，其中2人负责录音和视频，3人进行调研，积极与当地的政府工作人员以及企业人员进行沟通交流，确保调研的质量。

后期：经过团队的充分讨论，将本次调研项目书分成6个部分，合理分工，撰写调研报告，并由队长进行整合与完善，最后听取指导教师的意见并加以修改，得出最终的调研报告。

二、农业现代化综述

（一）农业现代化的内涵

农业现代化是指由传统农业转变为现代农业，把农业建立在现代科学的基础上，用现代科学技术和现代工业来装备农业，用现代经济科学来管理农业，创造一个高产、优质、低耗的农业生产体系和一个合理利用资源又保护环境的有较高转化效率的农业生态系统。[①]

（二）我国农业现代化概况

中华人民共和国成立以来，我国农业发展道路是漫长而曲折的。从一开始的农耕时期到后来"平均分配"的机械化再到后来"按劳分配"的家庭联产承包经营。随着时代的变迁，我国的农业发展政策经历了一个长期曲折的演变过程，虽然还存在着很多问题，但总体上是不断完善的。经过多年发展积累，我国农业的内在基础逐渐强化。目前，农业科技进步率已达到48%，农业生产条件和基础设施不断改善，物质装备支撑能力明显增强。农业现代化提高了农民的收入，农村也更加繁荣发展。但是与发达国家农业现代化水平相比，我国农业现代化还有较大差距。

（三）山东省农业现代化概况

随着农业现代化的发展，山东省农业技术水平明显提高，农村基础设施也逐渐完善，例如电力、交通、通信等方面，在降低农业生产成本的同时减少了来自自然界的风险，也缓解了基础设施对农村经济发展的阻碍，从而增强了农业发展的后劲。

2020年，山东省农业总产值突破1万亿元，成为全国首个农业总产值过万亿元的省份。自1990年开始，山东省农业总产值稳居全国第一。在全球经济下行

---

① 何盛明：《财经大辞典》，中国财政经济出版社1990年版。

和新冠肺炎疫情影响，山东省农业总产值过万亿元，实属难能可贵。①

（四）德州市农业现代化概况

德州市深入贯彻落实山东"三农"工作重要指示精神，坚持稳中求进的工作总基调，着眼新发展格局，持续深化农村改革，扩大农业对外开放，统筹城乡融合发展，有序推动乡村产业振兴、人才振兴、文化振兴、生态振兴、组织振兴，加快农业农村现代化步伐。为此，德州市政府提出以下几个"十四五"时期农业现代化发展的新理念。

1. 加快"种养＋一体化"发展

坚决扛牢保障国家粮食安全政治责任，深入实施藏粮于地、藏粮于技战略，积极推行"田长制"，严守耕地保护红线，加强粮食生产功能区、重要农产品生产保护区和特色农产品优势区建设，打造全国农业绿色发展先行区。实施高标准农田建设工程，推进农业灌溉体系现代化改造，确保粮食产能稳定在 150 亿斤左右，积极打造"厚德粮仓"品牌。做大做强现代畜牧养殖业，提高畜牧生产标准化、规模化水平，培育畜禽种业育繁推基地。力争到 2025 年，畜牧业产值达到 260 亿元，肉蛋奶总产量稳定在 160 万吨。

2. 推进产供销一体化经营

按照"粮头食尾""农头工尾"思路，加强政策集成、要素集聚、服务集中，建设一批有原料基地、有企业带动、有科技引领、有服务配套的农产品精深加工园区。

3. 实施农业全产业链培育计划

提升农业产业链供应链水平，聚焦产业链断链、短链短板，延伸产业链条，提高产品附加值，增强优势优质产品市场供应能力，加快从农产品供应基地向优质食品供应基地转型。稳妥推进土地经营权流转，发展多种形式的适度规模经营，大力发展家庭农场、农民合作社，育强新型农业经营和服务主体，构建"龙头企业＋合作社＋基地＋农户"发展模式；提高农业装备科技化水平，支持农业工厂化创新探索，探索大数据在驱动现代特色农业产业链中的应用，发展智慧农业。

---

① 余孝忠、张志龙、邵琨：《总产值首破万亿元！透视山东农业发展信号》，新华网，http：//www. xinhuanet. com/fortune/2021－01/20/c_1127004406. htm。

4. 提高农业发展质量和效益

强化农业科技支撑，加强与中科院试验站、中国农科院等科研单位合作，推进农业重点实验室和技术创新中心建设，提高农业装备科技化水平，推进农业科技园区建设，支持山东德州国家农业科技园区创新发展。提高农产品质量安全监管，基本实现"从农田到餐桌"全过程可追溯管理。[①]

那么这些新理念能否在实际中得以贯彻和执行？落实的情况究竟如何？带着这些问题，我们团队来到齐河县宣章屯镇展开了调研。

三、调研对象的基本情况

（一）齐河县宣章屯镇的基本情况

1. 地理位置

宣章屯镇隶属于山东省德州市齐河县，地处齐河县北15公里，东依安头乡，南靠晏城镇，西邻大黄乡，北与东北分别与临邑县、济阳县接壤，是连接四县市的三角地带，行政区域面积64.04平方公里。[②]

2. 人口情况

宣章屯镇辖37个行政村，根据第七次人口普查数据，宣章屯镇人口为24362人，其中农业人口为1.86万人，占76.3%，非农人口为0.57万人，占23.4%。总人口中，男性为1.23万人，占50.5%；女性为1.2万人，占49.3%。该镇以汉族为主，约占99.91%；另有回族、藏族、满族、彝族、土家族5个少数民族，约占0.09%。

3. 农业发展现状

宣章屯镇耕地面积约为5.1万亩，农业以蚕、蔬菜、畜牧养殖为三大主线。

---

① 《中共德州市委关于制定德州市国民经济和社会发展第十四个五年规划和二〇三五年远景目标的建议》，齐鲁网，http://dezhou.iqilu.com/dzyaowen/2020/1221/4729807.shtml。

② 国家统计局农村社会经济调查司：《中国县域统计年鉴·2020（乡镇卷）》，中国统计出版社2021年版。

主要粮食作物以小麦和玉米为主。粮食生产量达 5.8 万吨，人均约 2000 千克。桑田面积 1.8 万亩，是全县蚕茧生产强村。高温棚反季蔬菜为该镇特色产业，年蔬菜产量达 12 万吨，种植面积达 10090 亩，总产量约为 6.3 万吨，主要品种是西红柿、黄瓜、豆角等，成为全县乃至周边多个地区的菜篮子。畜牧业以饲养猪、羊、牛为主，家禽饲养量达 87.7 万羽，年末存栏 11.3 万羽。此外，淡水产品也达到了 200 吨。

4. 经济发展状况

宣章屯镇已建设成为人流、物流、资金流、信息流的载体。该镇的大棚种植具有优良传统，美东蔬菜农业公司借鉴寿光、莘县等地的先进经验，已有完善的产业链条。2020 年 GDP 达到 141778 万元，完成政府财政收入 1022.8 万元，农民人均纯收入 21047 元。

在人民方便实惠、企业得到集体订单、村集体获得收益中取得"三赢"效果。全镇还成立了粮食、家庭农场、农机、养殖、种植、苗木等新型合作组织共 70 余家。该镇还推行"边角经济"增收模式，各村对旧坑塘、旧宅基及边角土地进行整理，共整理边角土地 2000 余亩，由村集体进行统一规划发展。目前，该镇的旅游业和采摘业等产业经济效益明显增加。而且该镇规划有序，有较强带动辐射能力的区域性经济中心、行政服务中心已初具雏形。

（二）宣章屯镇农业现代化的典型企业

1. 省级农业龙头企业——齐河美东农业科技有限公司

（1）公司简介。齐河美东农业科技有限公司，位于山东省齐河县宣章屯镇，成立于 2009 年。现有蔬菜瓜果种植面积 5000 余亩，产业工人 800 余人，集育苗、种植、加工、冷藏、冷链物流和销售"六位一体"，形成完整产业链条，年销售收入达 1.8 亿元，是德州市规模大、品类多的蔬菜瓜果产业化经营企业。

公司有联栋温室和高低温蔬果大棚 800 余座，运用土栽、盆栽、无土栽培、温室栽培等形式及物联网等现代科技种植方法，按照国家绿色和无公害种植标准，种植根菜、白菜、叶菜、葱蒜、茄果、瓜、豆、薯芋、水生菜、菌类菜等 90 多个品种，年产各种蔬菜瓜果 2.4 万吨（见图 1）。

该公司拥有蔬果加工车间 10000 平方米，2000 吨果蔬储存冷库一座，冷链配送车辆 40 台。蔬菜瓜果经过分拣、精选、包装和仓储，通过冷链车辆配送至齐河、德州、济南及京津等地的居民社区的直营店 50 多个（见图 2）。

图1 美东蔬菜种植基地果蔬大棚

图2 美东蔬菜无人售货店（齐河中央城店）

（2）经营方式。公司采用"公司＋基地＋合作社"的经营模式，吸纳蔬菜种植合作社社员及周边农户3000余户，解决了5000多人家门口就业，带动了5200余亩蔬菜种植发展，促进了方圆10公里范围内11000余亩蔬菜瓜果的提档升级。公司在发展蔬菜产业的同时也进行羊毛衫产业，扩大了就业范围，形成了一条完整的产业链。

（3）发展规划。

①基地计划在 3～5 年内于"京津冀都市圈"及周围城市建立 500 个美东智慧便民店。

②联络各种销售机构、层级批发市场等，满足不同市场、不同消费群体的需要。

③在销售产品的同时，树立公司形象，切实为人民群众的利益着想，尽量把售价降到最低，扩大品牌的影响力。

2. 藜麦泰农业有限公司

（1）公司简介。藜麦产业作为新兴的绿色产业，具有巨大的发展潜力，齐河县委、县政府高度重视，把藜麦产业发展作为调整产业结构，促进农业转型升级的有力抓手。2019 年 3 月 4 日，宣章屯镇建立了藜麦育种基地（见图 3、图 4）。

藜麦作为高海拔地区物种，科研团队经过培育、筛选适合平原地区种植的新品种，在藜麦大田种植示范基地种植了山引 1 号、山引 2 号、山引 3 号等 8 个藜麦品种。

图 3　藜麦泰农业有限公司牌匾

图 4　藜麦泰研学基地风貌

（2）发展规划。藜麦烘储中心于 2020 年 3 月开始建设，在当时具备 2 万亩地、1 万吨粮食的烘储能力。已于 2021 年全部建成，具备 5 万亩地、2.5 万吨粮食的烘储能力。

3. 齐河龙昌生物科技有限公司

（1）公司简介。龙昌生物科技有限公司成立于 2011 年 1 月 14 日，位于齐河县宣章屯镇康庄村。总公司龙昌动物保健品有限公司始创于 2004 年，总部位于山东济南，是国内专业从事动植物提取的饲料添加剂企业，也是国内胆汁酸产品标准的制定者。公司发展至今，已拥有齐河龙昌生物科技有限公司、齐河龙昌药业有限公司和济南泽齐国际贸易有限公司等子公司。

如今，"龙昌胆汁酸"已成为提高脂肪消化吸收的代表（见图 5），得到了国内外客户的高度认可。该公司已与国内诸多大型饲料企业集团和动保企业如六和集团、禾丰集团、新希望集团、中粮集团、四川拜耳等建立了良好的战略合作关系（见图 6）。同时，产品已出口菲律宾、马来西亚、叙利亚、巴基斯坦、厄瓜多尔等国家，同时积极开拓泰国、越南和埃及等国家和地区的市场。①

---

① 齐河龙昌生物科技有限公司官网，http：//sdlcdb. cn. trustexporter. com/introduce/。

图5 企业荣誉墙

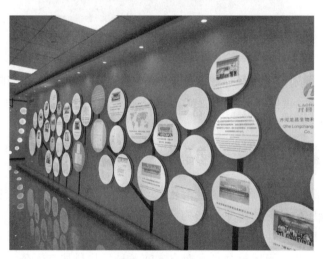

图6 企业文化墙

（2）发展宏图。首先，推动线上线下一体化，更高效地服务消费者，使线上线下相辅相成，扬长避短，更好地帮助千万养殖户安全创富。其次，要以铁军心态迎接变化，以技术服务提供动力，以愿景规划激发血性，拥抱变化，创造价值，建立企业的护城河。最后，龙昌动保在齐河建立的科研基地于2022年进入投产，使其企业使命得以更好的实现（见图7）。

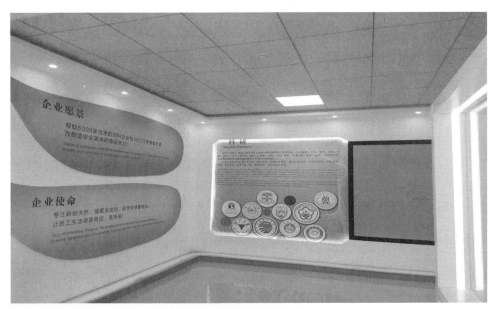

图 7 企业愿景与使命

四、宣章屯镇农业现代化的现状

（一）宣章屯镇农业现代化的体现

团队经调研后总结出宣章屯镇的农业现代化主要体现在以下几个方面。

1. 农业技术现代化

美东蔬菜从育苗到销售都体现了现代化。美东蔬菜基地设有专门的育苗室（见图8），有专业的科研人员育苗，保障农作物的成活率；在种植期间，基地采用联栋温室和高低温建设蔬果大棚800余座，运用土栽、盆栽、无土栽培、温室栽培等形式和物联网等现代科技种植方法，采用水肥一体化、病虫害绿色防控等现代生产种植技术；滴灌技术（见图9）节约了水源，提高了资源利用率；在蔬菜瓜果运输途中，采用全程冷链的方式进行储存（见图10）和运输（见图11），瓜果成熟时，将其放入冷库中储存，并保证生产的蔬菜当天运送出去，以保证菜品的新鲜度。

图 8　新型现代化育苗室

图 9　西蓝花大棚滴灌技术

图 10　蔬菜储存基地

图 11　美东蔬菜冷链运输车

藜麦产业作为新兴的绿色产业，具有巨大的发展潜力，齐河县委、县政府高度重视，把藜麦产业发展作为调整产业结构、促进农业转型升级的有力抓手。2019年3月4日，建立了藜麦育种基地。齐河建立了第一个能在平原种植藜麦的生产基地。藜麦作为高海拔地区物种，科研团队经过培育、筛选适合平原地区种植的新品种，在藜麦大田种植示范基地种植了8个藜麦品种。为进行精深加工与深度开发，成立藜麦泰农业（德州）有限公司，进行加工车间改造，购置先进的藜麦成套加工设备，主要以生产藜麦米和藜麦面粉等产品为主。①

2. 农业管理现代化

美东蔬菜实行责任人管理制度，一个管理员负责管理两个大棚，并且用现代信息化手段对种植基地周围环境进行实时监测（见图12），可以更加精准地掌握作物的生长情况，及时对其种植环境进行调整。

图12　基地智能检测仪

公司实行"统一品种、统一育苗、统一种植、统一培训、统一管理、统一加

---

① 贾云鹏：《"超级谷物"藜麦在山东齐河大面积种植成功》，齐鲁网，http：//news. iqilu. com/shandong/kejiaoshehui/20200702/4580364. shtml。

工、统一配送"的"七统一"标准化管理，有15种蔬菜产品获得无公害和绿色食品认证，实现了"绿色、安全、营养、健康"的服务目标，从田园到餐桌，让越来越多的人吃上放心菜。

3. 销售手段现代化

通过特有的农产品质量追溯标签可以对蔬菜从种植到采收的全过程以及对采收时间及管理等情况追根溯源，基本实现"从农田到餐桌"全过程可追溯管理。在德百公司设有美东蔬菜专柜，让蔬菜直通超市。特别是疫情防控常态化的形势之下，蔬菜供应量充足，选购包装好的放心蔬菜，成了更多顾客的选择。

同时在齐河县设有无人售货店（见图13），方便消费者购买。有部分高端蔬菜出口美国等发达国家，拓展了海外业务，使得其销售范围更加广阔，为公司以后的发展奠定了基础。

图13　扫码进入美东蔬菜无人售货店

藜麦产品（见图14、图15）的销售搭建了网上销售平台，如在小程序（见图16）、淘宝、京东等购物App开展线上销售，并积极沟通对接大型商超、食品企业等，力争实现订单式生产销售。

图 14 藜麦米

图 15 藜麦产品

图 16　藜麦泰小程序截图

4. 产业融合

美东蔬菜基地设有羊毛衫厂，是国外时装集团 H&M 的代加工厂，其生产技术较为现代化，采用机械化生产，提高了生产效率，为企业增加了收入（见图 17、图 18）。

藜麦泰农业（德州）有限公司在生产藜麦的同时，还发展了旅游业如民宿（见图 19）来增加收入，民宿分为不同主题，基本还原了原始农村的样貌，可以使游客体验不同的乡村风情，满足他们的乡土情结。

图17　羊毛衫加工车间

图18　羊毛衫机械化生产

图19　藜麦泰民俗风貌

（二）宣章屯镇农业现代化的优势

调研发现，宣章屯镇在实施农业全产业链培育计划、发展绿色农业、智慧农业、特色农业等方面都践行了农业现代化新理念，其农业现代化发展的优势主要表现在以下三个方面。

1. 绿色健康，深受欢迎

美东蔬菜自2009年正式成立，在成立之初就因其绿色健康的特点在当地人的心目中树立了良好的形象。从蔬菜采摘到客户手中全过程采用冷链物流技术，从而保证了蔬菜的安全与新鲜，公司严格按照国家标准和用户要求，提供多种包装形式和优质服务。虽然销售的是绿色有机蔬菜，具有大自然的味道，比市面上大多数蔬菜口感更好，但美东蔬菜的价格并没有高出其他蔬菜厂商，因其品质好价格低，深受消费者的喜爱。

藜麦被联合国粮农组织研究认为是全球唯一一种单体植物即可满足人体基本营养需求的"全营养食品"，国际营养学家称它是丢失的远古"营养黄金""超级谷物""未来食品"。[①]藜麦还可以作为减肥的代餐，不仅可以满足人们对各类

---

① 石少军、崔志华、崔鹏媛：《齐河宣章屯镇推动特色农业发展　引领乡村新"丰"景》，德州新闻网，http://qh.dezhoudaily.com/qhjj/p/1531140.html。

营养的需求，而且无须进行大量运动即可减肥，因此深受欢迎。

2. 智慧售卖，精准供应

24小时自助智慧便民店在齐河县、德州经济技术开发区、济南等社区已经铺设十余家，可以使消费者轻松购买到新鲜的绿色健康有机蔬菜。同时，利用这一自动售卖系统分析该社区居民消费状况，从而更加精准地供应不同种类的蔬菜，避免了一些不必要的损耗。

为进行精深加工与深度开发，藜麦泰农业（德州）有限公司进行了加工车间的改造，购置先进的藜麦成套加工设备，主要以生产藜麦米和藜麦面粉等产品为主。同时，搭建起藜麦米及深加工产品的销售平台，在淘宝、京东、美团、微商、社区团购等开展线上销售，积极与大型商超、食品企业等沟通和对接，力争实现订单式生产销售。因藜麦还未在我国普及，所以价格相对较高，公司准确定位消费者，现阶段针对的消费群体是中产阶级，除线上销售以外，线下也有销售员进行拓展销售。

3. 紧抓特色，开拓市场

自2010年始，龙昌动保与国内外高等科研院所开展了多项合作，其中开展合作的高校有：墨尔本大学、悉尼大学、中国农业大学、南京农业大学、中国农科院、中国海洋大学、浙江大学、山东农业大学、集美大学、华中农业大学等。涉及畜禽（肉鸡、蛋鸡、肉鸭、仔猪、母猪），水产（加州鲈、鲤鱼、大黄鱼、对虾、牛蛙、草鱼、半滑舌鳎）等多个品种。这些都为产品质量的稳定和效果的精准提供了翔实的科学依据。其中两个有代表性的成果是：

（1）杜仲叶提取物——"幸福100"（见图20），其主要功效有以下三个方面。

第一，对母猪繁殖性能有较强的改善，可以提高每胎至少多产一崽。

第二，提高猪的产值，降低造肉成本平均0.2元/斤。

第三，清理自由基，提高肉品质。

（2）"饲料级胆汁酸"（见图21），其主要功效有以下五个方面。

第一，提高脂肪利用，降低饲料成本8～15元/吨。

第二，防控脂肪肝、肝胆综合征，保护肝胆健康。

第三，减少毒素沉积，保障肠道健康。

第四，提高生产性能，改善胴体品质。

第五，加强脂溶性维生素的吸收。①

图 20　幸福 "100" 产品展示

图 21　胆汁酸提取工艺流程

---

① 产品介绍中心，龙昌动保有限公司官网，http://m.dzs2004.com/。

五、宣章屯镇农业现代化发展进程中的不足

（一）全国市场份额占比少，影响力有待加强

宣章屯镇在齐河县农业占比最大，齐河县在全市的农业占比也最大。该镇蔬菜、肉奶蛋等农产品产量大，因产品需求量增长迅猛，其发展潜力很大。目前该镇农业性质的企业知名度不高、影响力不强，导致了农业现代化发展进程缓慢。

德州市农业现代化发展水平在全国相对较低，农业现代化的发展必然要靠政府的资金扶持，政府对农业的财政支出占比较少，某种程度上也影响了农业在市场份额的占比，缺少抢占市场的机会。

（二）社会信息不对称，群众掌握信息不充分

经调研走访群众和政府工作人员两类人群，我们发现在政府工作人员看来，他们推广和宣传"十四五"规划政策是十分到位的，但群众能有效接收到的信息却十分有限。

一方面，是由于某些政府某些信息无法做到全部透明公开；另一方面，是由于传播渠道有限和人民接收政策性信息时不关心的态度，导致某些信息无法准确且有针对性地传达给群众。

实际上，就是政府想为人民办好事，想将众多优惠政策告知群众，可是由于社会的信息系统不够强大，传播渠道有限，无法将重要信息有效地传达下去，农民并未及时了解农业现代化的有关信息。经调研，群众认为相关部门在践行农业现代化新理念的过程中仍存在一些问题，如政策实施落实不到位、城乡差距依然较大、政策性文件传播途径较为局限且获取途径少等。而在对乡镇政府干部的访谈中，他们认为政府能够及时发布政策性文件，让农民和乡镇企业员工了解农业现代化的有关信息是落实得较为到位的，这种信息不对称的情况不仅是宣章屯镇存在的问题，也是一个较普遍存在的现象。

（三）农业大而不强，供给结构不优

宣章屯镇从产业结构上看，以齐河美东农业科技有限公司为代表的经济作物

农贸公司并不多，某种程度上制约了其农业的发展。经调查发现，该镇粮食所占比重较高，经济作物所占比重较低，且在粮食作物种植中，传统作物所占比重较高，主要以玉米、小麦为主，受农业生产成本上升及国家价格调整等因素影响，农民种粮效益不断下降。同时，由于第一产业大而不强，间接影响第二产业做大做强，宣章屯镇农产品加工企业主要以初加工为主，加工效益普遍不高，导致其与高质量发展要求差距甚远。①

德州市作为农业大市，虽然多年以来粮食产量占全省粮食总产比例都在10%以上，2018 年德州粮食总产达到 729.97 万斤，占全省粮食总产比重为14%，为国家粮食安全作出了突出贡献，但是这也成为德州市农业新旧动能转换的一个较大的阻碍。

（四）农民对政策理解程度有限，政治素养有待提高

本团队之前做过一次有关德州市"十四五"规划发展的调查问卷，对"了解'十四五'规划"和"关注'十四五'规划"两个问题进行了调研，分析得到对于"十四五"规划的了解情况以及关注情况如图 22 所示。有较多的人了解"十四五"规划，但对"十四五"规划的具体内容非常清楚的人却很少，所以政府部门还应加强对农民的政策宣传，提高农民的发展意识，使农民更好地参与到农业现代化的发展中来。

（五）农村基础设施薄弱，农业人才缺乏

经调研，宣章屯镇因其地理位置距城市相对较远，所以经济不够发达，且农村基础设施薄弱，教育水平、消费水平以及生活水平较低，这也是许多人才不肯回家乡继续发展的原因，所以就造成了农村人才短缺。据美东蔬菜基地有关负责人介绍，公司大部分育苗工作都是外聘农业专家来进行指导工作，公司尚未有常年在基地工作的一支专业团队。

而这类问题不仅存在于宣章屯镇，也是大部分农村所面临的困境，因此应将其重视起来并提出合理的解决方案。

---

① 郭明亮：《关于德州农业高质量发展的调查与思考》，载于《新西部（中旬刊）》2020 年第 1 期。

第2题： 您了解"十四五"规划是什么吗？[单选题]

X\Y	非常清楚	大致了解	毫不知情	小计
比较关注	34(59.65%)	23(40.35%)	0(0.00%)	57
一般	2(3.85%)	47(90.38%)	3(5.77%)	52
基本不关注	1(5.88%)	5(29.41%)	11(64.71%)	17

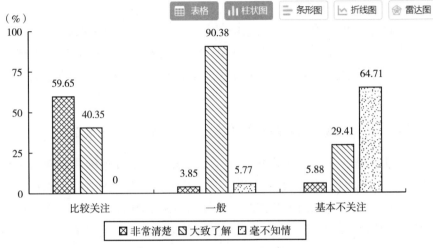

图22　交叉分析结果

六、关于宣章屯镇农业现代化发展的对策建议

（一）改变传统销售模式，拓宽销售渠道

运用大数据、互联网等信息，结合线上线下的销售渠道，进行横向拓展，线下渠道可以拓展到电商平台进行销售，而前期通过线上发展起来的品牌，发展到一定程度也可以拓展线下代理商渠道。

同时，也可以通过结合文化旅游业进行销售渠道的拓展，打造"乡村振兴齐鲁样板"，融合旅游业发展，不断优化乡村生产生活生态空间，分类推进乡村振兴发展。[①]

以美东蔬菜为例，应该更加拓宽线上销售渠道，迎合现代年轻人的消费习惯

---

① 刘国祥、王娟：《中国农业现代化发展策略研究——基于农业与现代服务业融合视角》，载于《现代管理科学》2019年第12期。

与生活习惯，同时增加不同季节采摘园的建设，使其在各个季节都有旅游资源。

（二）加快智慧乡村建设，解决信息不对称问题

加快宣章屯镇网络基础设施和应用基础设施升级，融合大数据、人工智能、区块链等先进技术，建设统一的数据和技术支撑平台，高标准建设乡村大数据中心、智慧乡村运行管理中心。

实现政务服务领域全流程标准化。深化"一件事"集成改革。全面实现政务服务一网通办、全域通办、就近可办。完善政务服务"好差评"管理体系。深化"市县同权"改革，提升县域发展要素聚集能力。

（三）加快农业产业结构转变，推进乡村可持续发展

针对宣章屯镇农业结构的调整，可以按照"产业化、品牌化、标准化、市场化"的发展思路进行探索，努力做大畜牧业。在调研时我们发现，虽然美东蔬菜在发展蔬菜种植及运输方面产业链较为完善，但是在其他产业中，比如羊毛衫厂，无法做到原材料自给自足，可以尝试引进其上游产业，实现一条完整的产业链。这样不仅可以降低成本，还可以推动农业产业结构的转变。

同时，可以加强对美东蔬菜的宣传，使美东蔬菜基地走出山东，走向世界。也可以通过不断明确工作思路，以科学发展观为指导，以市场为导向，以资源为依托，依靠科技进步，加大工作力度，做优特色产业，培植优势产业，确保农业优质高效发展、职工持续稳定增收。

不断夯实农业基础、推进农村一二三产业融合发展是当前推进农业高质量发展的主攻方向。习近平总书记指出："要深入推进农业供给侧结构性改革，因地制宜培育壮大优势特色产业，推动农村一二三产业融合发展。要深化农业农村改革，激活乡村振兴内生动力。"[①] 而在产业融合过程中也应重点保护农民在产业链延伸过程中的利益，避免农民利益边缘化，激发农民内生动力的增长。最后，应充分发挥各项政策红利，不断创新体制机制，解决农村一二三产业融合在用地、税收、金融、保险等各方面遇到的障碍，多方合力共同推进宣章屯镇农业高质量发展，从而推动齐河县乃至整个德州市农业现代化发展。

（四）提高农民素养，加强乡村基层文化建设

乡村振兴，关键在于农民。培养高素质的农民，是乡村人才振兴最基础、最

---

① 《习近平在湖南考察时强调　在推动高质量发展上闯出新路子　谱写新时代中国特色社会主义湖南新篇章》，人民网，http：//politics.people.com.cn/n1/2020/0918/c1024-31867411.html。

艰巨的工作之一。推动乡村文明环境建设，既要重视农民的物质文明，同时也要加强精神文明。政府和相关机构，要全力推动建设乡村地区的生活环境，才能实现农村地区的繁荣发展。

同时，提高群众政治意识，加强文化精神建设，让群众了解国家大事。社会主义核心价值观更加深入人心，群众思想道德素质、科学文化素质、身心健康素质明显提高，覆盖全生命周期的卫生健康体系不断完善，群众体育、竞技体育全面发展，公共文化服务体系更加健全，精神文化生活更加丰富，乡村文明程度达到新的水平。

一方面，推动城乡融合，构建新型城乡关系。不断完善乡村基础设施和公共服务，改善乡村环境，建设宜居乡村。另一方面，充分利用科研院所、涉农院校、农业龙头企业及现有网络教育资源，加强农民线上线下教育培训。实施农村实用人才培养计划，加强培训基地建设，培养造就一批能够引领一方、带动一片的农村实用人才，从而真正实现农民科学素质与农业现代化发展的良性互动。

（五）吸引本地人才回乡创业，为农业现代化提供精英

宣章屯镇应不断落实"乡村振兴人才支撑计划"，畅达人才、智力、技术通道，但成效尚不明显。该镇要抓住时代的机会，充分认识到农业人才对乡镇发展的重要性，通过建立良好的就业环境来吸引人员回乡，为乡村振兴提供更多的人力支持。

另外，对于本地大学生和外地来的大学生人才，要给予相关的政策以及资金扶持，建立切实可行的人才引进政策，将优惠和福利落到实处。对大学生的创业活动要在资金和场地上进行扶持，并且提供税务、法律等相关的知识的培训，提高大学生创业成功率。[1]

（六）坚持农业高质量发展，拓展农业对外开放的广度和深度

宣章屯镇应以习近平新时代中国特色社会主义思想为指导，贯彻落实新发展理念，以助推乡村振兴和农业农村现代化为重要目标，创新农业交往交流、贸易投资、科技合作、对外援助等，实现更大范围、更宽领域、更深层次的农业对外开放。[2]

---

[1] 张树杰：《德州营商环境存在的问题及解决对策》，载于《现代交际》2019年第19期。
[2] 彭瑶、吕珂昕：《入世20年，大国农业对外开放行稳致远》，载于《农民日报》2021年12月9日。

提高宣章屯镇农业发展质量，将其优势最大限度地发挥出来，例如科学选择农业投资区域，围绕重点企业精准施策，以加工、仓储、物流为关键环节，加快构建新型农业对外伙伴关系。以美东蔬菜为例，应不断推进其海外市场的拓展，加大对外贸易的交易数量。

参考文献

［1］国家统计局农村社会经济调查司：《中国县域统计年鉴·2020（乡镇卷）》，中国统计出版社 2021 年版。

［2］李成刚：《"十四五"农业农村将迎来高质量发展新机遇》，载于《中国经济时报》2020 年 11 月 9 日。

［3］李荣梅：《培养高素质农民，助力乡村振兴》，载于《德州日报》2021 年 10 月 26 日。

［4］郑乃春：《齐河美东：农产品社区直销　一头连着农民一头连着市民》，载于《德州晚报》2020 年 10 月 21 日。

［5］彭瑶、吕珂昕：《入世 20 年，大国农业对外开放行稳致远》，载于《农民日报》2021 年 12 月 9 日。

［6］张悦、李志铭：《大型农业综合开发项目的 BOT 模式分析——以德州市铁西农产品批发市场建设项目为例》，载于《农村经济》2009 年第 12 期。

［7］郭明亮：《关于德州农业高质量发展的调查与思考》，载于《新西部（中旬刊）》2020 年第 1 期。

［8］张义丰、姜德华、高军、陈翠华：《山东省德州市农业可持续发展的途径与模式》，载于《安徽农业科学》2005 年第 12 期。

［9］张振民：《农业推广在农业种植业发展中的重要性及应用》，载于《农业与技术》2019 年第 6 期。

［10］杜鹰：《小农生产与农业现代化》，载于《中国农村经济》2018 年第 10 期。

［11］龙冬平、李同昇、苗园园、于正松：《中国农业现代化发展水平空间分异及类型》，载于《地理学报》2014 年第 2 期。

［12］徐枫：《推动产业集群与现代化服务业的融合发展》，载于《江苏企业管理》2006 年第 9 期。

［13］刘国祥、王娟：《中国农业现代化发展策略研究——基于农业与现代服务业融合视角》，载于《现代管理科学》2019 年第 12 期。

［14］马合刚：《探究农业产业化发展现状与对策》，载于《黑龙江粮食》

2021 年第 5 期。

　　［15］张树杰:《德州营商环境存在的问题及解决对策》，载于《现代交际》2019 年第 19 期。

　　［16］何盛明:《财经大辞典》，中国财政经济出版社 1990 年版。

互联网背景下智慧农业模式发展及创新研究

——以山东省寿光市为例

魏新刚　刘　震*

杨雯朔**

崔滢允　徐统俊　张鸿展　龚立悦***

摘　要："互联网＋农业"是一种革命性的产业模式创新，是开启我国小农经济生产的一次飞跃；它在农业生产、农产品销售、创业就业等方面都有重大意义，对于农企而言，则是重大发展机遇。调研团队在寿光市进行实地考察，结合问卷、文献、访谈等多种方法研究目前互联网背景下新型智慧农业的运行现状及发展模式，发现在互联网农业发展中存在专业设备昂贵、资金支持不足等相关问题，经过分析与思考，有针对性地在政府、研究机构和农业基地等多方面、多角度提出建议和解决方案，帮助互联网农业生产发展制度更加完善，推动互联网农业在实际中更广泛地应用。

关键词：农业现代化优势　技术应用　网络营销　农民赚钱

一、绪　　论

作为支撑国民经济建设与发展的基础产业，农业的发展一直备受关注，"互联网农业"作为新兴概念，自出现以来便迅速成为热点。互联网农业的兴起是农业发展历史上的重大转变，也是里程碑式的改革，意义重大，它为新时代的农业发展指明了道路，得到农户们的积极响应。但如何发展互联网农业，并且将互联

---

* 调研团队指导老师：魏新刚，山东财经大学燕山学院副院长、副教授；刘震，山东财经大学燕山学院后勤保障处副科长。

** 调研团队队长：杨雯朔。

*** 调研团队成员：崔滢允、徐统俊、张鸿展、龚立悦。

网农业发展好，仍是政府、专家乃至相关人员在一直研究的课题。

（一）调研背景

随着当今大数据、人工智能等新技术的飞速发展，各个行业都在寻求与互联网的进一步深度融合，在农业上，互联网农业应运而生。自 2015 年两会"互联网＋"被写入政府工作报告，国务院总理李克强多次提及"互联网＋"[①]，让互联网农业步入大众视野并迅速成为热门话题。2016 年中央一号文件指出，要大力推进"互联网＋现代农业"，应用物联网、云计算、大数据、移动互联等现代信息技术，推动农业整条产业链进行改造升级。同年，山东省深入贯彻国务院下发文件，制定了《山东省推进农业大数据运用实施方案（2016—2020 年)》推进现代信息技术与现代农业的融合，推动全省农业提质增效、转型升级。

互联网对于促进农业发展具有重要意义，体现在以下几个方面。

首先，在生产上，乡村的发展相对落后，尤其是由于人力生产效率的不足、劳动力与生产水平的转化率低下，使得农民的收入较低、农业对人力依赖性强并且科技创新水平含量不高，"互联网＋"的智能化为农业发展提供了全方位的服务，对生产环节的改造提高了农业生产的效率、降低了风险性，而物联网的实时监测也使品质监控能力更加精细，资源配置更加合理，减小了农业生产的成本，增加了单位产量。

其次，在销售方面，互联网农业运用大数据的精准分析、资源共享，对农业产品信息实际数据共享，将销售变得智能化、网络化，打开了农业销售更广阔的空间，在智慧农业的模式下，传统的农业与现代化的科学技术融合到一起，使得农户可以与更便利、更宏大的线上市场进行更好的直接对接。互联网农业将农产品信息收集、分类并进行分析，最终有序呈现在平台上进行透明化农业销售，消费者由被动向主动转变，充分挖掘了农业线上销售的潜在价值。

最后，在创业就业方面，互联网农业打破了传统单一的农业模式，带动了创新创业的全新局面，通过专业技术人员与相关人员的指导，为发展提供了机遇。近年来，互联网农业跟上时代浪潮，农业电商发展壮大，越来越多的农户开始尝试这一新兴职业。根据统计数据显示，2019 年农村网络的零售额达 1.7 万亿元；2020 年农村网络的零售额达 1.79 万亿元，同比增长了 8.9%，带动就业超过

---

① 《关于"互联网＋"，李克强总理的十个说法》，中国政府网，http：//www.gov.cn/xinwen/2016 - 07/04/content_5087988.htm？allContent。

3800万人[1]，在创新就业方面拓宽农民视野、增加农业收入起到了良好效果。互联网农业发展势头如火如荼，但由于缺乏相关方面的经验，在发展上也存在日常问题难以有效快速解决等问题。

自从互联网农业运用以来，多个地区纷纷响应，开始进行相关发展。其中山东省寿光市的成效尤为突出，因此团队决定到寿光进行实地调研，通过对寿光农业发展模式的转型以及获得的成果进行分析，发现互联网农业发展中存在的具体问题，经过分析与思考，从而进一步加深对于互联网农业发展的理解。

（二）调研目标及意义

本次调研团队到寿光市实地考察研究，目的在于了解寿光市互联网农业目前的发展状况，从而根据得到的数据资料进行研究，经由分析得出目前互联网农业整体的运行现状及发展模式，针对当今互联网农业发展中存在的问题，如资金支持不足、相关领域专业人才稀缺、当今智慧农业技术发展与农业实际生产不匹配等提出建议和解决方案，帮助完善互联网农业生产及发展制度，推动互联网农业在实际中更广泛的应用。

本团队对当今智慧农业领军地进行多方位的全面调研，具有以下意义：在理论方面，对互联网农业进行调研能够了解互联网农业发展状况，关注当前农业生产进度，提高国民对于农业生产的关注度，同时让更多人知晓并了解互联网农业。

在实践方面，互联网农业的调研可以掌握互联网农业基础设施建设等方面的基本情况，及时总结发展现状与不足，推动互联网农业发展的调整，加快相关农业科学技术创新以及互联网农业的推广，提高农业生产总量，加速实现全面建设社会主义现代化国家的宏伟目标。

（三）调研方案

政府大力推动互联网农业的发展，寿光市积极响应号召，主动融入潍坊国家农业开放发展综合试验区建设，发挥自身农业生产优势，团队选择了"互联网背景下智慧农业模式发展及创新研究"作为调研题目，到寿光市实地走访三元朱村、寨里村等特色村落及寿光蔬菜高科技示范园。在调研过程中，团队通过与专业人员进行深入访谈，了解了互联网农业背后的相关政策及支持技术，掌握了大

---

[1]《对十三届全国人大四次会议第8247号建议的答复》，商务部网，http://ltfzs.mofcom.gov.cn/article/rdzx/202110/20211003208585.shtml。

量互联网农业相关事实，对其现状有了更好了解，也为后续分析得到了第一手资料，队员总结当今互联网智慧农业的先进与不足，并有针对性地提出建议。

本次调研所涉及的调研方法包括以下几种。

1. 文献研究法

通过 NSTL 开放学术资源系统网、全国图书馆参考咨询联盟等网站搜索文献资料，查找并阅读国内外互联网农业发展政策、理论以及相关学者关于智慧农业的看法和建议，并掌握目前国内智慧农业发展现状和互联网背景下智慧农业最新技术和设备。

2. 问卷调查法

团队成员将提前设计好的调查问卷发放给调研地的村民，同时进行询问，筛选出有效问卷，最后将问卷数据整理分析，了解调研区域互联网农业相关政策落实后的发展成效和村民目前的需求，以便有针对性地提出相应的建议与措施。本次共发放调查问卷 200 份，有效问卷结果为 186 份，问卷有效率为 93%。

3. 实地调查法

团队成员对三元朱村、寨里村以及寿光蔬菜高科技示范园进行实地走访，并参观了精准施肥技术大棚、pc 阳光板温室、田立方智慧农业等寿光示范农业地，进行文字、照片等形式的记录，了解了大量互联网农业相关技术，也对互联网农业发展状况及存在的问题有了直接认识。

4. 访谈调查法

通过与村委、村民以及相关工作人员进行访谈，从他们的回答中了解当地智慧农业不同的方面，更加务实并有针对性地了解了有关寿光市互联网农业"生产创新、科技提质、市场结合、种子研发"的现有发展模式，以及未来主攻育种研发、强化示范推广的发展政策。

二、互联网背景下智慧农业模式创新的现状分析

互联网农业即为"互联网 + 农业"，是指将互联网技术与农业生产、加工、销售等产业链环节结合，实现科技化、智能化、信息化的农业发展方式，代表了

更为先进的生产力。与传统农业模式相比较，互联网农业技术性更强，有显著的可持续发展性。

互联网农业的发展，关系到整个国家的农业稳定与未来。

（一） 全国智慧农业模式创新的现状分析

徐志仓博士从五个方面论述了"现代农业的概念"，并对"现代农业与农业现代化、农业产业化和农业产业组织之间的关系"以及"我国发展现代农业应在农村土地制度、农业微观经济组织制度和农村经营体制三方面创新"[①]进行论述可知，农业的创新发展是大势所趋，而飞速发展的科技网络为智慧农业的发展提供了支持。互联网农业的发展，对推动农户生活改善、加强农村建设，进行产业升级有重要意义。

2015 年，国务院下发《关于积极推进"互联网＋"行动的指导意见》。2018 年中央一号文件指出，运用现代信息技术，推动农业全产业链改造升级。2020 年 1 月，农业农村部部长韩长赋在农产品电商大数据座谈会上强调："要重视农业信息化工作，支持和关注农产品电子商务发展，大力开展电商试点，推动农产品电子商务的快速发展。在乡村振兴战略下，依托'互联网＋'发展各种专业化社会服务，促进农业生产管理更加精准高效。"

近年来，在政府的大力支持下，中国"互联网＋智慧农业"发展快速。特别是在"十三五"期间，农业农村部在全国 9 个省市开展农业物联网工程区域试点，形成了 426 项节本增效农业物联网产品技术和应用模式。围绕设施温室智能化管理的需求，自主研制出了一批设施，如农业作物环境信息传感器、多回路智能控制器、节水灌溉控制器、水肥一体化等技术产品，对提高我国温室智能化管理水平发挥了重要作用。我国精准农业建立了天空地一体化的作物氮素快速信息获取技术体系，可实现不同空间尺度和作物不同生育时期时间尺度的作物氮素营养监测；基于北斗自动导航与测控技术的农业机械，在新疆棉花精准种植中发挥了重要的作用；农机深松作业监测系统解决了作业面积和质量人工核查难的问题，得到大面积应用。

（二） 山东省智慧农业模式创新的现状分析

山东省作为农产品生产的农业大省，具有发展农业历史悠久、种植面积广阔、生产农业人员多等优点，但农业生产受自然条件限制大，而互联网的普及为

---

① 徐志仓：《现代农业的理论综述研究》，载于《巢湖学院学报》2011 年第 13 卷第 1 期。

智慧农业提供了发展基础。

2018 年，山东省人民政府印发《关于加快全省智慧农业发展的意见》提出"深入学习贯彻习近平新时代中国特色社会主义思想和党的十九大精神，打造山东农业由大到强转变"，以更快发展好智慧农业。2019～2022 年，在全省建成以特色粮经、畜产品、水产品等五大特色产业为基础的 400 个智慧农业应用基地。[①]自智慧农业发展以来，山东省农业发展不断提升，完善了农业整体链条，使其系统化。智慧农业还使农药投入减少，大大减轻了土地污染，互联网技术的可持续使智慧农业的技术生产资源利用实现最大化。

山东省目前正在加快全省智慧农业发展，着重发展智慧农业大数据应用工程，将大数据引入农业生产中，推动精准生产、质量监管、态势感知、综合分析、预警预测、辅助决策等措施的应用发展，并且加大农产品智慧批发市场建设。选择 100 个规模以上农产品批发市场进行升级改造，主要增加电子结算系统、智能交易系统、农产品追溯系统，实现农产品产地、交易价格、数量、流向实时可见、质量可控，相关数据能够与智慧农业大数据应用工程共享协同、集成应用，从农产品生产销售的各个环节进行升级。山东省智慧农业发展思路具体体现在：首先，坚持以习近平新时代中国特色社会主义思想为指导，坚持围绕农业、林业、畜牧、渔业全产业链发展，以产业发展为基础，以数据应用为统领，以试验示范为支撑，努力实现数据互联互通、产业融合发展、服务高效便捷的智慧农业发展目标；其次，推动重点工程落实，包括智慧农业大数据应用工程、智慧农业应用工程、智慧营销工程；最后，落实保障措施，强化财政支持和宣传推广。

（三）寿光市智慧农业模式创新的现状分析

习近平总书记参加十三届全国人大山东代表团审议时，针对实施乡村振兴战略提出了明确要求，此后，寿光积极落实乡村振兴战略，着力推进农业产业化，坚持世界眼光、全国定位，主动融入潍坊国家农业开放发展综合试验区建设。2020 年 12 月 29 日，潍坊寿光市人民政府新闻办召开会议，农业农村局局长王立新表示"要主动融入潍坊国家农业开放发展综合试验区建设"。

目前在政府的有效干预以及农户的响应下，寿光市不断创新互联网模式，推动农业新科技模式的发展。首先，推进农业园区"智能改造"，坚持走绿色化发展之路；其次，推动品质溯源，依托蔬菜合作社联合会，积极推进合作社生产基

---

① 《2019 年至 2022 年，山东创建 400 个智慧农业应用基地》，齐鲁网，http：//news. iqilu. com/shan-dong/yuanchuang/2019/0807/4326763. shtml。

地智能化，对符合标准的统一加贴"寿光蔬菜"区域公用品牌追溯二维码；最后，打造产业融合发展中心，坚持多业态嫁接提升现代农业，加快推动云计算、大数据、物联网等新一代信息技术与农业深度融合，探索"互联网＋"发展新模式，并在天猫开设寿光蔬菜旗舰店，开创阿里全国首个"数字农业产业带"。

寿光市虽在智慧农业发展上取得了一定成果，但实现互联网农业的完全发展仍需要一个适应过程，政府也在通过不断地调整政策来达到所期望的效果。从技术上看，一些先进的蔬菜大棚逐渐实现了自动化、半自动化生产。现在，这些机械设备如果与智能系统对接，用户通过手机手指一按，就可以进行工作，将推动种植管理向更智能化发展。

三、调研地基本情况

（一）寿光市基本情况

1. 地理位置

寿光市总面积 2180 平方公里，位于山东省中北部、潍坊市西北部、渤海莱州湾西南岸。东邻潍坊市寒亭区，西临广饶县，南邻青州市和昌乐县，北濒渤海；小清河由羊角沟入海，引黄济青水渠横贯市境中部，还有弥河、丹河等大小16 条季节性河流，益羊铁路、济青高速公路穿境而过。

寿光市地处鲁西隆起区的东北部，济阳坳陷东端，沂沭断裂带的北段西侧，处在济阳坳陷盆地之中，是一个自南向北缓慢降低的平原区。寿光市南北相对高差 48.5 米，水平距离 70 公里，平均坡降万分之一。河流和地表径流自西南向东北流动，形成大平小平的微地貌差异。

寿光处于中纬度带，属暖温带季风区大陆性气候。受冷暖气流的交替影响，形成了"春季干旱少雨，夏季炎热多雨，秋季天高气爽，冬季干冷少雪"的气候特点，十分有利于农业的发展。

2. 人口情况

寿光市常住人口为 1163364 人，人口密度约为 583 人/平方公里，男性人口占比为 51.14%，女性人口占比为 48.86%，年龄结构中 0～14 岁占比为17.14%，15～59 岁占比为 61.37%，60 岁及以上占比为 21.49%，65 岁及以上占比为15.98%（见表1）。

表1　　　　　　　　　　　　寿光市人口普查数据

项目	第六次普查（2010年）	第七次普查（2020年）
常住人口（人）	1139454	1163364
户籍人口（人）	1044030	1109242
城镇人口（常住）（人）	476274	598069
城镇化率（%）	41.80	51.41
男性（人）	580569	559005
女性（人）	558885	550237
男女比例	1.039	1.016
家庭户数	341539	388099
户规模（人/户）	3.11	2.84

资料来源：国家统计局2010年、2020年人口普查数据。

2020年初，户籍总人口为1109242人，其中城镇人口为598069人，占比为62.63%；乡村人口为511173人，占比为37.37%（见图1）。男性为559005人，女性为550237人，人口性别比101.59∶100。18周岁以下为219711人，18周岁（含）至35周岁为234503人，35周岁（含）至60周岁为404949人，60周岁（含）以上为250079人。

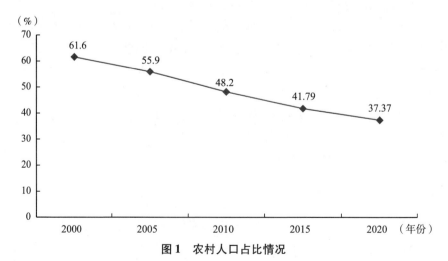

图1　农村人口占比情况

资料来源：寿光市官网，2000~2020年农村人口占比。

3. 经济发展情况

首先，寿光市目前高端定位，突出农业发展优势，结合蔬菜产业优势，加快农业发展模式转变，农村新区建设和农民生活水平得到全面提高，并创新发展了生产基地化、经营品牌化、产业高端化和流通现代化的"四化"模式。

其次，寿光市适度超前，城乡联动，城镇建设升级，配套设施日益完善，城镇建设加快速度；第三产业具有强劲的发展势头，旨在建设一个强大的第三产业城市和旅游城市。

最后，保持科学投资，拓展方向，坚持工业经济速度和效率提高，实现健康快速发展，不断推动项目建设进度加快，技术创新日益突出，节能减排扎实有效。

（二）具体调研区域情况分析

1. 三元朱村

三元朱村被评为冬暖式大棚发祥地、中国特色经济村，地处寿光市最南端，交通便利，农业发达。全村共有居民216户，865人，耕地面积1295亩，冬暖式蔬菜大棚530个，精品果园310亩。

（1）冬暖式大棚。团队首先调研了冬暖式大棚及大棚蔬菜种植技术，目前其已经试验、改进到第五代冬暖式大棚技术，建立了350个新型种植模式示范棚。成功引进滴灌、微机控制、无土栽培、生物防治等20余项技术，使用先进技术和设备，比"荷兰模式"温室降低耗能一半以上。大棚全面推行"六统一"服务，使每个大棚、园区都成为一个"绿色车间"。

（2）田立方新型无土栽培。团队调研了田立方新型无土栽培，其使用先进的水气循环式沙培蔬菜种植系统，该系统是由三元朱村田立方公司借鉴意大利、美国等农业发达国家的无土栽培种植技术，结合中国农业国情研发的一套低成本、高产出、智能化、绿色环保的无土栽培系统，该项技术以普通的河沙为基质，具有清洁、无污染、无害虫、通透性好、与土壤完全隔离、适合根部发育、可重复使用、成本低、可控性好等优点。

（3）智能化精准施肥一体机。在第七号智慧农业示范大棚中，团队了解到智能化一体机的技术优势。它是精准施肥的载体，依托于水肥一体化技术，发挥了灌溉施肥的肥效快、养分利用率高的技术优势。同时还可避免肥料施在较干的表土层易引起的挥发损失、溶解慢，最终肥效发挥慢的问题，特别是避免了地表铵态和尿素态氮肥施挥发损失，既节省氮肥又有利于环境保护，从而达到省肥节水、省工省力、降低湿度、减轻病害、增产高效的效果（见图2）。

图2　三元朱村智慧农业设备及外观

2. 寿光蔬菜高科技示范园

寿光蔬菜高科技示范园位于山东省寿光市洛城街道，占地1万亩，是一处集科技开发、科普教育、技术培训、试验示范、种苗繁育等于一体的多功能蔬菜科技示范基地。其近年来通过分类和区试的大力科研，不断研发出适宜我国北方露地和保护地种植的优良品种。

（1）智能化育苗温室。纹络式连栋智能温室，顶部及四周覆盖浮法玻璃，配备外遮阳系统、风机湿帘降温系统、顶部通风系统、环流风机系统、取暖系统、配电系统等厅内实行信息化管理，机械化操作，水肥一体化生产。采用三玻两腔玻璃作为外立面透光保温层，保温能力是普通中空玻璃的5倍。同时，采用基础适当下挖、分时关启智能外保温、日光温室余热回收、空气能热泵加热等先进技术，温室内采用岩棉无土栽培技术，营养液可回收，垃圾零排放（见图3）。

图3　寿光蔬菜高科技示范园车间及温室内部

（2）自动化播种车间。在最新自动化车间里，配备了多功能作业机器人、分拣机器人、巡检机器人等7种功能不同的20多台作业机器人，分别监控水肥控制、授粉、采摘、分拣、巡检等工作，可大大提升园区农业生产的科学管理化程度与工作效率。

同时配以中心机器人"农圣大脑"，负责收集园区内所有机器人及上百个传感器的数据信息，将温室内的空气湿度、二氧化碳浓度、光照强度、EC值等经过数据分析后，生成指令反馈给其他机器人，实现对温室内设备和环境的智能控制，为"无人操作、智慧生产"提供双层保障。

3. 寨里村

寨里村经过一步步的探索，将当下最火的电商直播与自身的农产品结合，拓宽了销售网络，同时为中国"互联网＋"农业销售提供了一个示范。

（1）寨里网红电商。

团队首先来到寨里村最大电商直播基地"观唐"，了解到寨里网红电商孵化基地是在保留寨里村老民宿结构特点的基础上，依托寿光现代农业高新技术试验示范基地、全国蔬菜质量标准中心研发基地等，加上当地特色农产品羽衣甘蓝、韭菜、芹菜梗、大葱，创新引入"创客＋"概念，打造一处城市与乡村、现代与传统有机共融的创客空间。通过抖音、快手等直播、短视频平台，连接整个寿光的网红资源，为寿光农产品线上销售添砖加瓦。

（2）全国最大的单体智能温室。

"中国寿光型"智能玻璃温室位于寨里村村口，东西长 312 米，南北宽 256 米，结合中国北方气候特点设计，适用区域气候环境，土地利用率提高 1 倍以上。在结构上，玻璃温室是大斜面，采用外保温、增压通风系统。智能装备方面配备了正压通风、机器人、二氧化碳和臭氧喷施、水肥一体化等智能装备（见图 4）。以下是团队重点调研的技术和设备：

①正压环控系统。该系统具有加温降温、增湿除湿和空气过滤功能，同时具有二氧化碳补施及臭氧消毒功能，从源头控制空气质量，实现了最佳能耗的温室环境控制效应，解决了夏季降温效果不好、冬天难以保温的问题。

②智能嫁接愈合室。是目前国内面积最大、最先进、实用性最好的智能嫁接愈合室，嫁接成活率稳定在 99% 左右，完全解决了自然条件愈合成活率难以保障的产业难题。中心设计理念超前、管理运营先进，从种子入场到种苗出场，实现了播种、催芽、嫁接、愈合、前中后期养护以及种苗转运整个流程的全封闭式运营，是目前国内育苗行业的最高标准。

③智能化机器人。每个智能玻璃温室内配备 20 多个机器人，进行授粉、运输、喷药、巡检以及分拣等工作，原本需要人工的农业生产，在这里通过这 20 多个机器人就能实现，大大提升了工作效率，节省了时间与人力资源。

最后团队感受到寨里村中的历史文化氛围较浓厚，在与村委的交谈中得知，村里未来还准备整合相关优秀文化资源，让农旅模式成为现代农业发展的一部分。

图 4　寨里村玻璃温室外观及技术展示

四、调查问卷及访谈结果的统计与分析

（一）调研地各户对智慧农业了解程度

在"您了解现在与互联网相关的一些农业创新模式吗？"这一问题中，有超过一半的村民对"互联网＋智慧农业"的相关方面了解较深，但仍有 6.39% 的村民对此完全不了解（见图5）。通过对比可知，村委的了解程度显然比村民高得多，由以上可以得出结论，随着相关政策的落实，村民的了解程度对此有所加深，但从数据来看，仍有部分村民专业知识不足，依然要加强对村民相关知识等方面的普及，加强专业指导。在这一方面，村委仍需做好相关措施和带头作用，加大宣传力度。

（二）调研地各户认为当今智慧农业最大问题

由图6可以看出，村民村委认为当地智慧农业发展遇到的最大问题占比最高的是资金来源不足，其次分别是扶持政策不到位、基础建设不完善、技术知识匮乏。

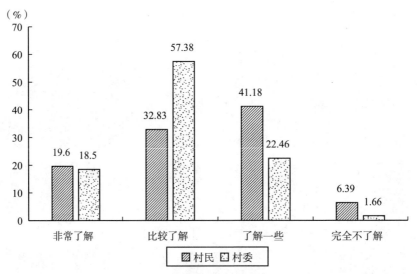

图5 人们对智慧农业了解程度占比

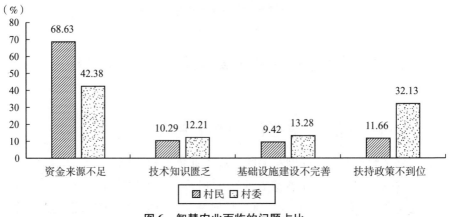

图6 智慧农业面临的问题占比

这说明目前智慧农业发展仍存在较大阻碍，从侧面反映出个体农户难以独自发展智慧农业，这就需要政府和相关部门加强资金支持和设施建设，最大限度地将扶持政策落实到位，想农户之所想。

（三）调研区域具体智慧农业设备及技术

表2是团队走访调查得出每个调研地的技术及设备数量，可以看出三个地方虽然都是当今智慧农业的领军区域，但是它们各自优势发展也不尽相同，配套的

设备技术也相差较大。

表2　　　　　　　　　　　　调研区域智慧农业设备及技术分类

调研地	竹棚蔬菜大棚	玻璃温室蔬菜大棚	智能水肥一体机	视频智能监测系统	智能化育苗温室	自动化播种车间	智能化机器人
三元朱村	800 余亩	100 余亩	40 余个	0 套	40 余亩	40 余亩	0 套
寨里村	600 余亩	150 余亩	10 余个	10 余套	100 余亩	800 余亩	300 余个
蔬菜高科技示范园	2 万余亩	110 余亩	60 余个	30 余套	600 余亩	100 余亩	600 余个
总计	21400 余亩	360 余亩	110 余个	40 余套	740 余亩	940 余亩	900 余个

例如三元朱村，其大棚是当今中国蔬菜温室大棚之乡，对于温室大棚方面的技术以及建造都占领先地位，大棚建设有 900 余亩；但是对于智慧农业整套模式的发展以及物联网的运用还是存在不足，智能检测、智能化水平还有待提高，视频智能监测系统和智能化机器人并没有完全配备到农业方面（见表2）。这样的农业模式，使其优势可以得到更好的发展进而能够进行一些突破，但是在互联网的全面发展来说还是有缺陷。

就寨里村而言，目前发展的是高端玻璃温室大棚以及农旅项目，玻璃温室蔬菜大棚达到 150 余亩，自动化播种车间高达 800 余亩；而在实际的农业生产方面，相关的技术以及配套设施相对来说还是比较少，说明当地农户对高科技的农业生产联系不是很多，没有将智慧农业相关技术切实应用到人民的生产当中，这也是智慧农业的一个较大的弊病。

从整体来看，三个村庄各有优势与不足，然而最明显的一个特征，就是当今智慧农业发展仍然停留在比较浅的层面，没有对其进行更深入的研究与突破。

五、互联网背景下智慧农业模式发展存在的问题

当前农村智慧农业模式供需错位、资金链条单一等现象突出，它们盘根错节、相互交织，阻碍了智慧农业在农村的发展和创新。经过对山东省寿光市多个村庄及研究所的调研，归纳起来，其主要存在四个方面的问题：第一方面的问题是专业设备昂贵，资金支持不足；第二方面的问题是专业人才匮乏，农民科技教育落后、知识不足；第三方面的问题是当今智慧农业技术发展与农业实际生产不

匹配；第四方面的问题是农产品电子商务物流配套不足，商业模式落后，难以树立品牌意识。

（一）资金支持不足，个体农户难以独自发展智慧农业

在此次调查中，调研团队发现了多数个体农户认为智慧农业发展吃力。其中，有56%的个体农户认为发展资金不足，而31%的个体农户认为近些年个人农业发展本质上未发生重大改变。因此，团队在全国范围对智慧农业的开展过程进行综合考察，以此来发现智慧农业发展中取得了哪些方面的资金支持。

团队通过实地分析与学术调查后，认为造成发展资金不足问题的原因，主要有以下几个方面（见图7）。

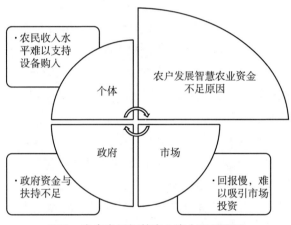

图7　农户发展智慧农业资金不足原因

（1）智慧农业设备价格远超我国农民的收入水平，以标准载荷10公斤的植保无人机为例，作业面积为40～60亩的无人机售价为52999元，致使大部分农民无法承受，进而限制了个体农户引入智慧农业设备和技术。

（2）政府资金扶持和保障不足。近年来，中国农业农村部和财政部对现代农业工业园区给予适当扶持，而对个体农户的经营补助政策不完善，导致个体农户难以推进高水平农业的有效发展。

（3）除了国家政策性投资外，很难获得市场资金支持，农村地区设备较为落后，农业经营分散，因此进行智慧农业发展将存在成本收益极不均衡的问题，从而导致难以吸引有效社会投资。

（二）专业指导匮乏，农民科技教育落后专业知识不足

此次调查发现，个体农户对于"智慧农业"的了解程度参差不齐，调研小组通过发放调查问卷及交流发现，个体农户对于智慧农业非常了解的仅占 19.6%，较为了解的占 32.83%，了解一些的占 41.18%，完全不了解的占 6.39%（见图 8）。根据此数据能够确认，当今专业了解智慧农业知识的个体农户仅在少数，而且大多数只是在生产过程中接触到的，整体来看农户认知不足，且来源单一，缺乏系统、专业的指导。

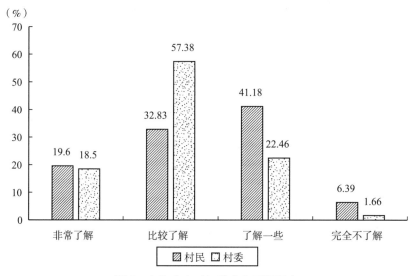

图 8 个体农户对智慧农业了解程度

事实证明，这些问题造成了农户智慧农业知识的落后，影响智慧农业的发展。主要表现在以下几个方面。

（1）我国农村高素质人力资本流失严重，留守农民的年龄、文化程度不协调，年龄偏高、文化水平普遍较低，难以主动学习互联网信息技术，现代化农业生产意识较为淡薄（见图 9）。

（2）我国当前农民教育体系还未建立，新型农民培养机构少，村委日常培养内容少，使我国现代农民难以受到正式培训。

（3）高素质农业生产管理人员匮乏，导致发展智慧农业的农村实际专业指导不足，农民难以接触到实际专业人员。

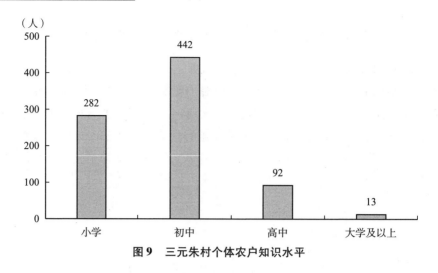

图9 三元朱村个体农户知识水平

（三）智慧农业技术发展与实际生产不匹配

团队在调研了两大研究所和一大科技园后，发现当今温室物联网技术在温室环境监控、施肥灌溉控制等方面走在前沿，而在整枝、授粉、采摘等占用劳动力最多的环节还没有破题，而这些恰恰是农民最迫切需要的。

智慧农业高科技技术的发展与当今中国农村生产十分不匹配，高端技术不仅需要专业配套设备的投入，还需要与农业相关的土地、气象、土壤及水文等数据。然而，由于我国农村经济发展极不平衡，许多农村地区尤其是偏远农村地区经济较为落后，同时地质条件较为复杂、人口分布较为分散，因此在农村难以实行，农村所需要的实际生产技术还未得到解决。

（四）农产品电商商业模式落后，物流配套不足

团队针对寨里村特色农产品销售进行详细调研，发现其在"互联网＋农产品"销售方面依然存在较大问题：一是物流配套不足，农产品保鲜困难；二是缺少知名品牌和平台支撑。

智慧农业作为一个系统概念，除了传统农业生产以及管理以外，还包括农产品的销售以及运输等环节。因此，智慧农业发展质量的优劣与其他配套产业息息相关，尤其是与物流产业的发展最为密切。由于生鲜农产品的特殊性，农产品物流运输往往需要冷链运输的配合，以保证流向消费者的农产品质量。然而，我国冷链物流发展十分缓慢，市场集中度低，迷你型冷链运输企业较多，导致农产品电商物流难以配套，电商发展缓慢，只发展小型规模，商业模式落后。

六、互联网背景下智慧农业模式发展的相关建议

（一）政府应完善农业支持政策，加强农村农业基础设施建设

首先，政府应加强对于农户购置智慧农业设备的补贴，可以先列出智慧农业所需设备清单，确定一批值得推广的智慧农业设备和软件，然后在农民个人、农场职工、农机专业户等购置这批设备和软件时实施部分补贴，并严格进行督导，进而促使智慧农业设备和软件进入农民家庭，使农业新科技设备实现真正的发展。

其次，加快现代化农机设备进入农田，建立专项资金支持农机设备生产企业，引导设备价格下降，完善农机设备购置补贴政策，鼓励农民积极使用现代化农机设备，推动智慧农业基础设施的发展完善。同时加强农田水利建设，统筹兼顾引水、蓄水、灌溉等多种功能的水利工程，实现节水绿色、数字化灌溉。

最后，当地农户应积极主动争取项目资金扶持。吸引社会资金投入，并签订合同等，实现以收益交换推动个人智慧农业规模化发展（见图10）。

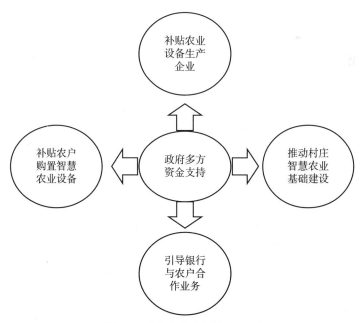

图10 政府资金支持的多方面

（二）政府应推动农业基地教育工作，加强农业高校与农村的联系

首先，各级政府应在政策、资金、物资方面加大对智慧农业建设发展的支持力度，充分发挥当今运营成功的各大智慧农业示范基地的教育作用，组织农民定期参观了解智慧农业运行模式，深入有效学习如何建设管理智慧农业。

其次，应建立我国农业高校和相关科研院与农村基层群众的联系，充分发挥高校所拥有的雄厚的师资力量和科研基础优势，将职业农民培养纳入国家教育培训发展规划，建立适合培训我国高素质农业人才的长效教育机制，教授农民和青年学生智慧农业理论知识，为智慧农业发展提供源源不断的农业人才（见图11）。

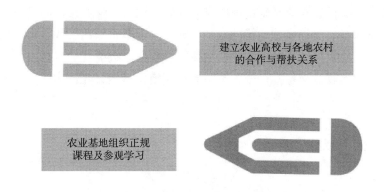

建立农业高校与各地农村的合作与帮扶关系

农业基地组织正规课程及参观学习

图11　政府推动农业教育工作的两种措施

（三）研究机构应调整农业科研体系，提高农业科研技术的应用能力

科研机构应加强实地调研，努力攻克当今农户的痛点，统筹规划、建立统一协调的农业科研体系。农业科研机构间也应相互合作和交流，使农业科研项目井然有序地进行，减少与实际需求不符的研究，强化集成创新，统筹兼顾智慧农业发展所需的各项高科技技术。

农技人员应广泛接触农业生产者，尽职做好农技的有效研发与推广，广泛收集农业生产问题和生产数据为农业科研提供反馈，及时检验农业科研成果效用，完善农业科研成果的功能（见图12）。

图 12　研究机构推动技术应用能力的途径

（四）政府推进蔬菜物流系统建立，村委带领当地电商品牌发展

首先，当地政府应推动农产品物流系统稳步建立，引导发展大型智慧型批发市场。对电商冷链物流给予政策支持，大力提升冷链物流水平，可与市内及市外农产品采购商、学校食堂建立良好联系。努力从本市起打造独自物流系统，积极发展农产品物流园、果菜批发市场与物流的联络，立足农产品网上交易与质量追溯，利用信息技术，实现农产品产销对接，引入电商质量监管与追溯系统，实现从农田到顾客的全方位监管，从而确保农产品的质量安全。

其次，各村应主动建设当地独立电商品牌，推动电商商业化模式发展。根据本村实际蔬菜发展情况开发独特 App，实现手机农业技术服务和农资销售相结合。推动"小农户"抢占"大市场""小产品"扭动"大产业"的发展。积极打造有竞争力的本地品牌电商，更要共同维护"寿光蔬菜"集体品牌，实施品牌化战略，力争在区域竞争中占据有利地位。

参考文献

［1］李世杰：《智慧农业发展双向驱动机制研究》，载于《科技管理研究》2019 年第 10 期。

［2］韩楠：《我国发展智慧农业的路径选择》，载于《农业经济》2018 年第 11 期。

［3］龙江、靳永辉：《我国智慧农业发展态势、问题与战略对策》，载于

《经济体制改革》2018 年第 3 期。

[4] 陈熙隆：《农业信息化服务的新常态与优化进路》，载于《农村经济》2017 年第 11 期。

[5] 王晓敏、邓春景：《基于"互联网＋"背景的我国智慧农业发展策略与路径》，载于《江苏农业科学》2017 年第 16 期。

[6] 蒋璐闻、梅燕：《典型发达国家智慧农业发展模式对我国的启示》，载于《经济体制改革》2018 年第 5 期。

[7] 曹志斌、高楠楠：《基于农村电子商务的智慧农业发展路径探析》，载于《商场现代化》2020 年第 9 期。

[8] 陈立枢：《智慧产业发展与中国产业转型升级研究》，载于《改革与战略》2016 年第 10 期。

[9] 罗琳、顾新：《智慧数据驱动的产学研协同创新知识管网研究》，载于《软科学》2017 年第 6 期。

[10] 刘丽伟、高中理：《美国发展"智慧农业"促进农业产业链变革的做法及启示》，载于《经济纵横》2016 年第 12 期。

[11] 李刚、周加来：《中国经济体制改革的创新与反思（1978—2018）》，载于《经济问题》2018 年第 9 期。

[12] 刘建波、李红艳、孙世勋、杨兴龙：《国外智慧农业的发展经验及其对中国的启示》，载于《世界农业》2018 年第 11 期。

附录

一、调查问卷

互联网背景下农业模式创新研究调查问卷（农户角度）

您好，我们是山东财经大学燕山学院在校大学生，此次调查，主要是想了解寿光市"互联网＋农业"模式创新的有关问题。感谢您在百忙之中帮助我们完成这份问卷！

1. 您的性别是（　　）[单选题]

A. 女　　　　　　　　　B. 男

2. 您的年龄是（　　）

A. 25 岁以下　　　　　　B. 25～35 岁

C. 36～50 岁　　　　　　D. 50 岁以上

3. 请问您从事务农工作多长时间（　　）

A. 5 年以下　　　　　　　B. 5～10 年

C. 11～15 年　　　　　　　D. 15 年以上

4. 您了解现在与互联网相关的一些农业创新模式吗（　　　）

A. 非常了解　　　　　　　B. 比较了解

C. 了解一些　　　　　　　D. 不了解

5. 您认为采用一些新型农业模式对当地农业经济作用大吗（　　　）

A. 非常有用　　　　　　　B. 一般有用

C. 没太大作用　　　　　　D. 不清楚

6. 您对于与互联网相结合的新型农业模式有怎样的态度（　　　）

A. 十分支持　　　　　　　B. 较为支持

C. 不太支持　　　　　　　D. 不清楚

7. 您主要从哪些渠道了解关于互联网与农业相结合的信息（　　　）

A. 网络查询　　　　　　　B. 电视新闻

C. 村镇宣传　　　　　　　D. 报纸杂志

8. 当今"互联网＋农业"的特色农业的发展，对您的农业生产最大的有利影响为（　　　）

A. 与互联网电商合作，有利于农产品售卖

B. 与现代科技结合，有利于提高生产效率

C. 与大数据结合，有利于对农产品的管理

D. 与现代科技结合，有利于提高对自然现象的应对能力

E. 其他＿＿＿＿＿＿＿＿＿＿＿＿＿＿

9. 您认为目前"互联网＋农业"模式过程您遇到的最大问题为（　　　）

A. 个人专业性水平不够

B. 追加现代设备的资金不足

C. 农产品销路不畅

D. 日常中难以了解到新的"互联网＋农业"知识

E. 其他＿＿＿＿＿＿＿＿＿＿＿＿＿＿

10. 您当今最期盼哪项措施改善上题中问题（　　　）

A. 有关政府部门定期开展培训活动

B. 有关政府部门加大对现代农业资金的扶持

C. 加强有关电商的交流、见面活动，拓宽销路

D. 其他＿＿＿＿＿＿＿＿＿＿＿＿＿＿

11. 您对互联网与农业相结合的模式有什么自己的独特建议呢【开放型问题】

答：

互联网背景下农业模式创新研究调查问卷（村委角度）

您好，我们是山东财经大学燕山学院在校大学生，此次调查，主要是想了解互联网背景下农业模式创新研究。感谢您在百忙之中帮助我们完成这份问卷，谢谢！

1. 您的性别是（　　）［单选题］

A. 女　　　　　　　　　B. 男

2. 您的年龄是（　　）［单选题］

A. 30~40岁　　　　　　B. 41~50岁

C. 51~60岁　　　　　　D. 60岁以上

3. 您认为当地此时的农业模式是怎样的呢（　　）［单选题］

A. 较差　　　　　　　　B. 一般

C. 较好　　　　　　　　D. 非常好

4. 您了解现在与互联网相关的农业创新模式吗（　　）［单选题］

A. 非常了解　　　　　　B. 比较了解

C. 了解一些　　　　　　D. 不了解

5. 您认为进行一些新型农业模式对当地农业经济作用大吗（　　）［单选题］

A. 非常有用　　　　　　B. 一般有用

C. 没太大作用　　　　　D. 不清楚

6. 您是否希望有专门的网站提供关于农产品的服务（包括产品销售、农用物资、农业信息、技术等）（　　）［单选题］

A. 很希望　　　　　　　B. 无所谓

7. 您对于与互联网相结合的新型农业模式有怎样的态度（　　）［单选题］

A. 十分支持　　　　　　B. 较为支持

C. 不太支持　　　　　　D. 不清楚

8. 您认为当地的农业经济模式是否能适应与互联网相结合的模式（　　）［单选题］

A. 可以完全适应　　　　B. 应该可以适应

C. 适应不了　　　　　　D. 不清楚

9. 您认为当地发展"互联网 + 农业"模式过程中存在哪些问题呢（　　）

［多选题］

    A. 自然资源的限制

    B. 缺乏专业性人才，受教育水平低

    C. 农户之间竞争压力大，出现经济不平衡

    D. 部分商户会出现虚假宣传，故意夸大事实

    E. 农户技术更新成为难题

    F. 在村各户知识欠缺，不能接受此模式

10. 您认为应该采取怎样的措施发展"互联网 + 农业"的特色模式（　　）

［多选题］

    A. 监管部门要加强审核监督工作

    B. 政府部门应对此模式给予支持和帮助

    C. 乡村电商通力合作，开设农产品专栏或举办宣传活动

    D. 完善农产品的交易、物流、售后工作

    E. 不夸大宣传产品，追求诚信

    F. 其他

11. 您对互联网与农业相结合的模式有什么自己的独特建议呢【开放型问题】

答：

二、调查问卷抽样结果统计

（一）农户角度

单位：%

问题	选项	比例
性别	女	36
	男	64
年龄	25 岁以下	13.5
	25～35 岁	33.1
	36～50 岁	39.3
	50 岁以上	14.1
务农工作时间	5 年以下	15.8
	5～10 年	27.66
	11～15 年	34.2
	15 年以上	22.34

续表

问题	选项	比例
对互联网相关的一些农业创新模式的了解程度	非常了解	19.6
	比较了解	32.83
	了解一些	41.18
	不了解	6.39
认为采用一些新型农业模式对当地农业经济作用是否有用	非常有用	58.53
	一般有用	30.46
	没太大作用	7.8
	不清楚	3.21
对于与互联网相结合的新型农业模式持有怎样的态度	十分支持	76.35
	较为支持	22.62
	不太支持	1.03
	不清楚	0
了解关于互联网与农业相结合的信息的渠道	网络查询	21.69
	电视新闻	46.5
	村镇宣传	22.31
	报纸杂志	9.5
当今"互联网＋农业"的特色农业的发展对农业生产最大的有利影响	与互联网电商合作，有利于农产品售卖	34.24
	与现代科技结合，有利于提高生产效率	30.63
	与大数据结合，有利于对农产品的管理	13.8
	与现代科技结合，有利于提高对自然现象的应对能力	19.84
	其他	1.49
目前"互联网＋农业"模式过程您遇到的最大问题	个人专业性水平不够	48.2
	追加现代设备的资金不足	5.86
	农产品销路不畅	2.6
	日常中难以了解到新的"互联网＋农业"知识	9.5
	其他	33.84
您当今最期盼哪项措施改善上题中问题	有关政府部门定期开展培训活动	26.3
	有关政府部门加大对现代农业资金的扶持	45.7
	加强有关电商的交流、见面活动，拓宽销路	25.4
	其他	2.6

问题	选项	比例
对"互联网+农业"发展模式的发展前景预期如何	发展前景光明	86.24
	发展前景一般	13.76
	不看好其继续发展	0

（二）村委角度

单位：%

问题	选项	比例
性别	女	28.3
	男	71.7
年龄	30~40岁	40.51
	41~50岁	39.1
	51~60岁	12.03
	60岁以上	8.36
认为当地此时的农业模式怎样	较差	0
	一般	14.19
	较好	79.6
	非常好	6.21
对互联网相关的一些农业创新模式的了解程度	非常了解	18.5
	比较了解	57.38
	了解一些	22.46
	不了解	1.66
认为进行一些新型农业模式对当地农业经济作用是否有用	非常有用	92.6
	一般有用	5.38
	没太大作用	1.9
	不清楚	0.12
是否希望有专门的网站提供关于农产品的服务（包括产品销售、农用物资、农业信息、技术等）	很希望	93.11
	无所谓	6.89

续表

问题	选项	比例
对于与互联网相结合的新型农业模式持有怎样的态度	十分支持	93.2
	较为支持	6
	不太支持	0.8
	不清楚	0
您认为当地的农业经济模式是否能适应与互联网相结合的模式	可以完全适应	21.3
	应该可以适应	69
	适应不了	9.7
	不清楚	0
您认为当地发展"互联网＋农业"模式过程中存在哪些问题呢	自然资源的限制	13.7
	缺乏专业性人才，受教育水平低	36.42
	农户之间竞争压力大，出现经济不平衡	19.54
	部分商户会出现虚假宣传，故意夸大事实	1.36
	农户技术更新成为难题	16.79
	在村各户知识欠缺，不能接受此模式	12.19
您认为应该采取怎样的措施发展"互联网＋农业"的特色模式	监管部门要加强审核监督工作	20.32
	政府部门应对此模式给予支持和帮助	30.5
	乡村电商通力合作，开设农产品专栏或举办宣传活动	29
	完善农产品的交易、物流、售后工作	21.65
	不夸大宣传产品，追求诚信	25.81
	其他	1.72

山东省玫瑰产业助推乡村振兴

——以济南市平阴县为例

魏新刚　曹丽霞[*]

马晓辰[**]

曹若美　陈静怡　马雪晴　穆彩霞[***]

摘　要：为了贯彻落实习近平同志在十九大报告中提出的乡村振兴战略，解决好关系国计民生的根本性问题——"三农"问题，山东省平阴县大力推行玫瑰产业，并取得了显著成效。本文通过文献调查法、问卷调查法和实际调查法等多种方式，对平阴县玫瑰的发展背景、发展概况和发展前景进行了深入调研，了解了平阴县玫瑰的一二三产业发展情况和其对于解决"三农"问题的促进推动作用，并针对制约玫瑰产业发展的各项因素提出了具有针对性的、切实可行的建议，在助力平阴玫瑰发展、为其他乡镇总结经验教训的同时，丰富了山东省乡村振兴的实践与探索。

关键词：乡村振兴　产业振兴　平阴玫瑰　"三农"　实践调研

一、绪　　论

2017年10月18日至10月24日中国共产党第十九次全国代表大会在北京召开。大会期间，以习近平同志为核心的党中央提出"实施乡村振兴战略"这一部署。实施乡村振兴战略，是决战全面建成小康社会、全面建设社会主义现代化国家的重大历史任务，是新时代"三农"工作的总抓手，有其深刻的历史背景和现实依据，是从党和国家事业发展全局作出的一项重大战略决策。

---

　*　调研团队指导老师：魏新刚，山东财经大学燕山学院副院长、副教授；曹丽霞，后勤保障处。
　**　调研团队队长：马晓辰。
　***　调研团队成员：曹若美、陈静怡、马雪晴、穆彩霞。

（一）调研背景

实施乡村振兴战略，是新时代做好"三农"工作的总抓手。习近平总书记指出："要坚持乡村全面振兴，抓重点、补短板、强弱项，实现乡村产业振兴、人才振兴、文化振兴、生态振兴、组织振兴，推动农业全面升级、农村全面进步、农民全面发展。"① 其中产业振兴是实现乡村振兴的首要与关键，只有实现乡村产业振兴，才能推动乡村各项事业协调发展。

乡村振兴，产业兴旺是基础。为深入贯彻习近平新时代中国特色社会主义思想和党的十九大精神，认真落实《国务院关于促进乡村产业振兴的指导意见》要求，推动实施乡村产业振兴"六大行动"，确保到 2025 年，全省乡村产业振兴取得重大突破；到 2030 年，乡村产业体系更加完善，全省半数以上乡村基本实现农业现代化，山东省积极推动全省各地乡村产业振兴。我们团队选择了"济南市平阴县玫瑰产业推动其乡村振兴的发展历程"这一调研题目，以济南市平阴县为例，了解平阴玫瑰与第一、第二、第三产业结合发展的过程中对济南市平阴县产业振兴、乡村振兴的助力和推动作用。

平阴是著名的中国玫瑰之乡，是国内最大的玫瑰种植基地之一，其玫瑰种植历史可追溯至唐朝，至今已拥有 1300 多年的历史。"隙地生来千万枝，恰似红豆寄相思。玫瑰花放香如海，正是家家酒熟时。"出自清代《续修平阴县志》的这首《竹枝词》，是对平阴玫瑰种植、酿酒的描绘。而今穿越千年，经过多年的经营和发展，平阴玫瑰已形成从鲜花销售、花蕾烘干到深加工的完整产业链，玫瑰不止被用来酿造玫瑰酒、玫瑰酱，以玫瑰花加工而成的玫瑰鲜花饼、玫瑰花冠茶、玫瑰纯露、玫瑰精油等产品在市场上供不应求，两万多户花农也从一朵朵玫瑰花中获得越来越丰厚的回报，玫瑰花已经成为当地群众的致富花，成为济南市平阴县乡村振兴的主导产业。②

（二）调研方案

自从乡村振兴战略提出以来，全国各地包括山东省所有城镇乡村都在积极响应。我们团队在济南市平阴县政府的热情协助下，结合推动济南市乡村振兴的特色产业选择了"山东省平阴县玫瑰产业推动其乡村振兴的发展历程"这一调研题目，确定了调研方向。

---

① 习近平：《让乡村振兴成为全党全社会的共同行动》，载于《人民日报》2018 年 7 月 15 日。
② 《小小玫瑰花成了乡村振兴大产业》，光明网，https：//m. gmw. cn/baijia/2020 - 11/23/1301829606. html。

以文献调查和实地调研两种不同的调研方式相结合制定"四步走"的行动计划。第一步：通过各类文献了解济南市平阴县以玫瑰产业作为助推乡村振兴特色产业的发展基础和发展情况。第二步：实地走访当地知名玫瑰企业和玫瑰种植户，参观玫瑰种植园、产业园、产品文化展厅，了解玫瑰产业（第一、第二、第三产业）的发展历程以及玫瑰产业发展给当地带来的影响。第三步：援引当地玫瑰产业发展的现状进行分析，发现当地玫瑰产业发展过程中出现的问题，从而探究如何使平阴玫瑰产业推动当地乡村振兴可持续发展，给出有利的建议，这也是本次调研的重要环节。第四步：进行网上问卷调查，发放"玫瑰消费市场调查"的网络问卷，了解大众对玫瑰产业的了解和接受程度，以此为助推玫瑰产业振兴提出一些主观建议。

二、乡村振兴的发展综述

乡村是具有自然、社会、经济特征的地域综合体，兼具生产、生活、生态、文化等多重功能，与城镇互促互进、共生共存，共同构成人类活动的主要空间。乡村兴则国家兴，乡村衰则国家衰。我国人民日益增长的美好生活需要和不平衡不充分的发展之间的矛盾在乡村最为突出，我国处于社会主义初级阶段的特征很大程度上表现在乡村。全面建成小康社会和全面建设社会主义现代化强国，最艰巨最繁重的任务在农村，最广泛最深厚的基础在农村，最大的潜力和后劲也在农村。

实施乡村振兴战略，是党对"三农"工作一系列方针政策的继承和发展，是亿万农民的殷切期盼。必须抓住机遇，迎接挑战，发挥优势，顺势而为，努力开创农业农村发展新局面，推动农业全面升级、农村全面进步、农民全面发展，谱写新时代乡村全面振兴新篇章。①

（一）全国乡村振兴战略发展历程

乡村振兴战略是习近平同志 2017 年 10 月 18 日在党的十九大报告中提出的战略。党的十九大报告指出，农业农村农民问题是关系国计民生的根本性问题，必须始终把解决好"三农"问题作为全党工作的重中之重，实施乡村振兴战略。

① 《中共中央　国务院印发〈乡村振兴战略规划（2018—2022 年）〉》，农业农村部网，http：//www. moa. gov. cn/ztzl/xczx/xczxzlgh/201811/t20181129_6163953. htm。

2018 年 1 月 2 日，公布了 2018 年中央一号文件，即《中共中 央国务院关于实施乡村振兴战略的意见》。2018 年 3 月 29 日，留坝县政府同社员网达成合作共识，即将成为"乡村振兴社员网模式——互联网＋精准扶贫＋农产品上行"在陕西省汉中市重点践行县域之一。留坝县在推进乡村振兴方面拥有高度共识：实现乡村振兴，产业兴旺是基础，日前已达成合作意向。4 月初，社员网"互联网＋精准扶贫＋农产品上行"项目就将正式落地留坝，为留坝的农产品特别是即将出产的 1000 万棒香菇，开拓销路。2018 年 3 月 1 日，惠州市惠阳区政府、碧桂园集团、华侨城集团在惠州签署战略合作协议，共同推进乡村振兴战略项目在当地的落地实施。碧桂园分别与秋长街道茶园经济联合社、良井镇矮光经济联合社进行了签约，并向茶园村元山、老围、新围、禾场四个村民小组和良井镇矮光村东风、永新两个村民小组，分别发放了合作款，用于惠阳区良井镇、秋长街道两地美丽乡村项目。2018 年 3 月 5 日，国务院总理李克强在作政府工作报告时指出："大力实施乡村振兴战略。科学制定规划，健全城乡融合发展体制机制，依靠改革创新壮大乡村发展新动能。推进农业供给侧结构性改革。促进农林牧渔业和种业创新发展，加快建设现代农业产业园和特色农产品优势区，稳定和优化粮食生产。新增高标准农田 8000 万亩以上、高效节水灌溉面积 2000 万亩。培育新型经营主体，加强面向小农户的社会化服务。发展'互联网＋农业'，多渠道增加农民收入，促进农村一二三产业融合发展。全面深化农村改革。落实第二轮土地承包到期后再延长 30 年的政策。探索宅基地所有权、资格权、使用权分置改革。改进耕地占补平衡管理办法，建立新增耕地指标、城乡建设用地增减挂钩节余指标跨省域调剂机制，所得收益全部用于脱贫攻坚和支持乡村振兴。深化粮食收储、集体产权、集体林权、国有林区林场、农垦、供销社等改革，使农业农村充满生机活力。推动农村各项事业全面发展。改善供水、供电、信息等基础设施，新建改建农村公路 20 万公里。稳步开展农村人居环境整治三年行动，推进'厕所革命'。促进农村移风易俗。健全自治、法治、德治相结合的乡村治理体系。我们要坚持走中国特色社会主义乡村振兴道路，加快实现农业农村现代化。"[1] 2018 年 5 月 31 日，中共中央政治局召开会议，审议《乡村振兴战略规划（2018—2022 年）》。2018 年 9 月，中共中央、国务院印发了《乡村振兴战略规划（2018—2022 年）》，并发出通知，要求各地区各部门结合实际认真贯彻落实。

2021 年 2 月 21 日，《中共中央 国务院关于全面推进乡村振兴加快农业农村

---

① 李克强：《政府工作报告——2018 年 3 月 5 日在第十三届全国人民代表大会第一次会议上》，中国政府网，http://www.gov.cn/zhuanti/2018lh/2018zfgzbg/zfgzbg.htm。

现代化的意见》即 2021 年中央一号文件发布。这是 21 世纪以来第 18 个指导"三农"工作的中央一号文件。文件指出，民族要复兴，乡村必振兴。要坚持把解决好"三农"问题作为全党工作重中之重，把全面推进乡村振兴作为实现中华民族伟大复兴的一项重大任务，举全党全社会之力加快农业农村现代化，让广大农民过上更加美好的生活。2021 年 4 月 29 日，十三届全国人大常委会第二十八次会议表决通过《中华人民共和国乡村振兴促进法》，自 2021 年 6 月 1 日起施行。乡村振兴促进法包括 10 章，共 74 条。乡村振兴促进法规定：每年农历秋分日为中国农民丰收节；建立乡村振兴考核评价制度、工作年度报告制度和监督检查制度；实行永久基本农田保护制度；建立健全有利于农民收入稳定增长的机制；健全乡村人才工作体制机制；健全重要生态系统保护制度和生态保护补偿机制；建立健全农村住房建设质量安全管理制度；分类有序推进村庄建设，严格规范村庄撤并，严禁违背农民意愿、违反法定程序撤并村庄。

（二）济南市平阴县产业振兴历程

自乡村振兴战略提出以来，平阴玫瑰作为济南市力推的十大农业特色产业之首，得到了市、县两级政府的大力支持。近几年来通过强有力的引资得到迅速发展，在基础建设方面，以玫瑰产业为支撑、以健康养生为依托、以旅游休闲为切入点，建设了一批各具特色的产业项目；连续三年举办玫瑰文化节，引起了社会广泛关注，品牌效应明显，影响力逐步提高。

2016 年，平阴县成立中国玫瑰产业技术创新战略联盟，建设了中国云谷（平阴）玫瑰产业基地，年交易额达 10 亿元以上，规划内容涵盖玫瑰电商产业园、玫瑰大宗商品现货交易中心、金融资产交易中心、仓储物流中心、玫瑰风情古镇等（见图 1）。

2017 年 11 月，平阴县县政府为了解决环球经济危机给花农带来的巨大影响，投资 4.6 亿元建设了玫瑰高端产业园，完成了平阴县产业升级和新旧动能的转换，为助推平阴县产业振兴提供了巨大的基础条件。

2018 年 6 月，习近平总书记视察山东时，逐一点到 13 个地方名优农产品，作为山东"三朵金花"之一的平阴玫瑰位列其中。①

---

① 《济南平阴玫瑰强势逆袭，产业振兴成齐鲁金花》，界面新闻网，https：//www.jiemian.com/article/3292237.html。

图 1　平阴玫瑰产业基地与中国玫瑰小镇

2019 年 5 月 10 日，中国玫瑰产品博览会暨中国（平阴）玫瑰文化节在平阴开幕。中国林产工业协会授予平阴县"中国玫瑰之都"。当前，平阴正举全县之力，打造玫瑰种植、研发、生产、交易、博览、产业示范"六大高地"，促进玫瑰"产业智慧化、生产高端化、营销便捷化、品牌集成化"，使平阴玫瑰真正成为玫瑰质量标准的制定者、价格指数的发布者、行业潮流的引领者，成为名副其实的"世界玫瑰之都"。

2021 年 5 月 21 日晚，在"521"狂欢节上，乡村振兴产业带扶持计划正式启动，平阴玫瑰与陕西蓝田玉、安徽砀山梨、重庆小面一道跻身首批产业带扶持计划。在山东济南，平阴玫瑰在电商领域的发展实现了质的飞跃。谦寻公司凭借其在电商直播领域对消费者的深入了解，对平阴玫瑰产品包装、产品名称定位等方面提出了众多富有建设性的建议。在电商直播间 3 分钟时间卖出 5 万单的平阴玫瑰饼就是在专业"互联网＋"团队建议下专门推出的产品，充分体现了产品的错位化竞争。除了产品卖得好，更重要的是，通过网络直播带货，平阴玫瑰企业拓展线上的思路彻底打开了，线上销售占比越来越高，这些可以说是过去从未有过的。

2021 年 5 月 11 日召开的济南市委、市政府新闻发布会上，平阴县委副书记、县长王秀成发表平阴县产业建设工作要求：做好特色发展文章做强西部玫瑰、阿胶、泉水和文旅产业发展带，积极推进玫瑰产业一二三产业融合发展，完成玫瑰标准化示范种植 1000 亩，加快推进"玫瑰花乡""玫瑰谷"等田园综合体建设，擦亮"中国玫瑰之都"名片。利用阿胶文化传承和原产地优势，以福胶集团为龙头，加大招引力度，积极培育壮大阿胶产业集群。以打造国内首个女性友好型旅游目的地为目标，加快全域旅游规划的落地实施，加大文旅产业项目招引，推动文旅康养产业发展。以好的文旅产品凝聚人气、拉动内需，以特色产业带动乡村振兴，提升城乡一体发展水平，努力建设"生态、活力、精致、幸福"新平阴，在推进省会"西兴"中交出一份完美答卷。

三、调研地基本情况

（一）平阴县基本情况①

1. 土壤地貌

平阴县地处泰山山脉西延余脉与鲁西平原的过渡地带，属浅切割构造剥蚀低山丘陵区。区内山峦岗埠绵延起伏，纵横交错，遍布全县大部分地区。拥有以丘陵台地为主，平原、洼地为次的地形分布特征。土壤类型主要是褐土，土层厚度多数在 100 厘米以上，部分地块在 60 厘米以上，据测定有机质含量达 1.2% 以上，含氮 0.12%，含磷 0.3%，速效磷大于 80 毫克/千克，速效钾大于 120 毫克/千克，土层疏松深厚，保水保肥能力强，适合玫瑰花生长。

2. 气候情况

平阴属暖温带大陆性半湿润气候。其特点是四季分明，光照充足，降水集中，秋长于春，夏季来得早。降水分布不均，夏季较为集中，春秋季降水偏少，常发生干旱。全年日照时数累年平均为 2371.2 小时，日照率为 53%；5 月上旬平均气温在 15℃ ~23℃，相对湿度在 55% ~70%，有利于玫瑰绽蕾开放，生长

---

① 《走进平阴》，平阴县政府网，http://www.pingyin.gov.cn/col/col15490/index.html。

季节充足的光照和积温，有利于玫瑰养分积累，奠定了平阴玫瑰花大色艳，玫瑰精油含量高的基础。

3. 人口

2019年末至2020年初，全县常住人口为36.01万人，全县人口出生率为9.65‰，死亡率为7.60‰，人口自然增长率为2.05‰，人口机械增长率为－5.18‰。全县男女性别比为100.4：100。[1] 户籍总户数为13.56万户，户籍人口为37.38万人，男性有18.73万人，女性有18.66万人。

4. 经济

2019年，平阴县实现地区生产总值（GDP）223.17亿元，同比增长7.1%。

（1）固定资产投资。2018年，平阴县固定资产投资增长0.1%。其中，第一产业投资增长2.4%；第二产业投资下降9.3%；第三产业投资增长6.0%。三次产业投资比重分别为8.9：33.3：57.8。青兰高速、220国道和105国道升级改造三个投资项目完成投资达19.7亿元。

（2）财税收支。2018年，平阴县地域财政收入456422万元，同比增长29.7%。一般公共财政预算收入为218949万元，同比增长9.1%。一般公共预算支出为430987万元，同比增长34.3%。全年完成税收总额为294846万元，增收19881万元，同比增长7.2%。

（3）人民生活。2018年，平阴县住户存款人均余额为36142元，比年初增加1933元，增长5.7%。全体居民人均可支配收入为21633元，同比增长7.8%，其中，城镇居民人均可支配收入为28508元，同比增长7.4%；农村居民人均可支配收入为14787元，同比增长7.6%。

（二）平阴县玫瑰产业的发展

1. 产业概况

平阴县总面积为827平方公里，辖8个镇（办事处），346个行政村，总人口为37.1万人。平阴县境内玉带河流域四周环山，中间谷地狭长，气候温和。特殊的地形、气候，造就了浓郁芳香的平阴玫瑰，是全国著名的"玫瑰之乡"。

---

[1] 《2019年平阴县国民经济和社会发展统计公报》，平阴县人民政府网，http://www.pingyin.gov.cn/art/2020/5/11/art_15561_4467396.html。

平阴玫瑰，以其花色艳丽、香气浓郁、瓣多瓣厚、品质优异驰名中外。平阴玫瑰既是山区绿化、防风固沙、水土保持的优良品种，又是珍贵的中药材和食品工业、香料工业的重要原料，还是园林绿化的常用花卉品种。1982 年，轻工业部确定平阴玫瑰为中国玫瑰的代表。1983 年全国玫瑰花科研会议，把平阴玫瑰确定为全国推广的优良品种，平阴县为优良玫瑰繁育基地。

2000 年平阴县被国家林业局、中国花卉协会命名为"中国玫瑰之乡"（见图 2）。2003 年平阴县玫瑰花通过国家质检总局实施了"平阴玫瑰原产地域产品保护"，成为全国首家通过原产地域保护的花类农产品。2009 年"平阴玫瑰"地理标志证明商标通过了国家工商总局的批准。2010 年平阴玫瑰花申请到了国家卫生部的新资源食品生产经营许可。中华人民共和国农业部批准对"平阴玫瑰"实施农产品地理标志登记保护。欧盟理事会将平阴玫瑰列入第二批 175 个中国地理标志名单。

图 2　山东省平阴县玫瑰镇被誉为"中国玫瑰之乡"

2. 从第一、第二、第三产业角度概述平阴玫瑰的发展

（1）第一产业。中华人民共和国成立后，从中央到地方一直重视平阴玫瑰的生产，1959 年全国第一家玫瑰花研究所在平阴县成立。改革开放以来，平阴县林业部门及玫瑰花研究所，对玫瑰的生产栽培及加工技术进行了科学系统的研究，先后取得国家级科研成果 2 项，省级科研成果 6 项，市、县科研成果 20 余项。科学地管理使玫瑰花现在亩产量由过去的 100 公斤提高到 400 公斤，最高单产突破 500 公斤；太空育种也正在试验推广中。科技的不断开发利用为平阴玫瑰产业化提供了有力的技术支撑。

目前，平阴玫瑰栽培品种有 50 余个，现用于大田生产的品种主要有三个，

即平阴重瓣红玫瑰、丰花玫瑰和紫枝玫瑰。近年来，引进发展了格拉斯、大马士革等油用玫瑰新品种。平阴县以玉带河周围得天独厚的自然条件成为玫瑰花生长的优势区，也是平阴生产优质玫瑰的重要基地。平阴县委、县政府以"农业增效，农民增收，财政增长"为目的，把玫瑰产业作为我县的特色产业来抓，使平阴玫瑰生产进入了一个快速发展阶段。现玫瑰花已遍布到全县8个镇（办事处），总面积达5.4万亩，形成了以玫瑰镇为中心的玫瑰生产基地产业带。全县玫瑰年产鲜花达10000余吨，直接经济效益过亿元。

近日，平阴县委、县政府正式印发了《关于进一步加快玫瑰产业发展的实施意见》，即玫瑰产业发展"金十条"，提出了对"平阴玫瑰"基地建设扶持政策：鼓励规模化种植基地建设。鼓励和引导种植大户、企业规模化流转土地经营权，提高基地的规模经营和集约经营程度，支持建立玫瑰规模种植基地和订单基地，对新发展300亩以上并命名为"平阴玫瑰标准化种植基地"的，给予玫瑰种植主体银行贷款三年全额贴息，对不符合贷款条件或不需要贷款的玫瑰种植主体，按600元/亩·年的标准给予连续三年补贴；取得欧盟标准认证的玫瑰标准化种植基地，按照300元/亩的标准给予一次性奖励。鼓励开展"玫瑰种植专业村"创建活动，行政村成立玫瑰专业合作社、成方连片流转土地、玫瑰标准化种植面积达到200亩以上或占村居土地面积50%以上、与市级以上农业龙头企业签订合作经营合同的，命名为"平阴玫瑰种植专业村"的，按照200元/亩的标准对村委会给予一次性奖励，按照200元/亩·年的标准对玫瑰专业合作社给予连续三年补贴，按照200元/亩·年的标准对龙头企业给予连续三年补贴。间作玉米、小麦等高秆作物的基地不享受此政策。利用济南市振兴十大农业特色产业专项资金，打造集智能、精准、高效、绿色于一体的百亩精品园和千亩现代农业示范园，提升基础设施、拓展种植规模、提升科研水平、壮大龙头企业。

加强标准化种植技术管理。投入20万元，编制《平阴玫瑰标准化种植技术管理操作手册》，制定并推广平阴重瓣红玫瑰国家标准，强化对全县技术骨干和广大花农的技术培训，搞好无公害玫瑰产地和产品认定、认证，不断完善玫瑰种植技术规程、质量标准和质量检测体系，改善玫瑰种植基础设施条件，全面提升玫瑰种植水平和品质，稳定玫瑰花市场价格。积极推行玫瑰花灾害保险、目标价格保险，玫瑰花灾害保险按照保费的80%实施财政补贴，目标价格保险按照保费的70%实施财政补贴，增强市场价格的稳定性和合理性；对以保护价收购平阴玫瑰且量价突出的深加工企业给予一定奖励。

（2）第二产业。平阴县玫瑰花的粗加工主要以烘干花蕾为主，全县玫瑰花烘干炉达240台套，年生产玫瑰干花蕾2000吨。平阴县在鼓励农户上加工炉的同时，积极培植玫瑰深加工企业的发展，努力延伸玫瑰产业链条，全县玫瑰加工企业达23家。全县以玫瑰花的深加工为突破口，拓宽加工领域，改善加工工艺，先后开发了玫瑰茶、玫瑰酱、玫瑰膏、玫瑰汁、玫瑰酒、玫瑰化妆品、玫瑰精油、玫瑰家纺等130余个品种（见图3），初步形成了医药、化工、饮用、酿酒、香料等玫瑰系列产品，年产量达5000吨。近年又研制生产了玫瑰细胞液、玫瑰超微粉等新产品。玫瑰花已经成为平阴县农业增效、农民增收的支柱产业和特色品牌。

图3 玫瑰花深加工产品

为了进一步推动玫瑰产业发展，平阴县玫瑰产业基地应运而生。中国（平阴）玫瑰产业基地，是济南市2017年重点扶持项目。基于玫瑰特色产业，打造集"生产、集散、交易、流转、物流"为一体的玫瑰特色产业基地，构建政府扶持、人才培训、金融资本、平台服务、孵化培育、营销推广等服务生态，打造独具特色的"县域产业品牌"，为平阴县玫瑰产业发展提供了平台。

平阴县致力于培植发展龙头企业，拉长玫瑰产业发展链条，为玫瑰产业发展提供了许多政策、技术、经济扶持。一方面，加大资金扶持力度。县财政每年从预算内安排一定资金，重点对制作大型平阴玫瑰宣传牌，对在玫瑰产业发展中获国家级、省级荣誉的给予一定奖励；扶持重点加工企业，对与花农签订订单、实施保护价收购、带动能力大的，政府给予一定的资金扶持。对利用县外资金进行技术改造投产见效明显的玫瑰加工企业，给予投资者适当的奖励；对与科研机构、大专院校联合，研究推广玫瑰新技术、开发新产品的企事业单位进行资金扶持。另一方面，优化企业发展环境。简化玫瑰加工企业创办审批手续，对玫瑰加工重点龙头企业认真落实上级税收优惠政策，并在收费上最大限度地给予优惠。同时，积极指导企业采用国际和国内先进标准进行生产，建立和完善覆盖面宽、功能齐全的玫瑰检测体系，加强质量监督，逐步实施市场准入制度，提升玫瑰产品质量和档次。近年来，围绕玫瑰产业发展，平阴县先后扶持壮大了惠农、天源、九州、玫瑰开发公司、贸珍等10余家玫瑰加工企业，其中有3家省级林业龙头企业，9家市级农业重点龙头企业，带动全县种植户1万多户，有效促进了平阴县玫瑰产业的快速发展。

（3）第三产业。近年来，平阴县把玫瑰与洪范池泉水、圣母山教堂及现代生态农业观光区等旅游资源进行整合，打造"玫瑰之旅"这一旅游品牌。将观花、赏花与观赏泉水文化、宗教文化和农业观光有机融合在一起，极大地丰富了旅游内容，使"平阴玫瑰游"逐渐成为省会"泉城游"的重要组成部分。通过近几年的运作，大力宣传推介"胡庄天主教堂—圣母山农业观光园—玫瑰园—翠屏山—洪范池"等旅游线路，开发了"观玫瑰花、品玫瑰茶、喝玫瑰酒、吃玫瑰宴"等具有地方特色的玫瑰风情游，同时采取举办玫瑰文化艺术节、玫瑰产品展销会、玫瑰花产业研讨会等形式，将平阴玫瑰与文化、科技、城市、饮食、旅游等进行有机结合，多角度、多层次、多方位地宣传平阴玫瑰的特色、优势、使用价值及品牌，以提高平阴玫瑰的知名度及市场占有率。

以平阴县玫瑰小镇为例（见图4）。平阴玫瑰小镇位于平阴县城西南5公里处的玫瑰镇，区位优越，新老220国道、在建青兰高速、规划泰聊铁路贯穿全境。小镇计划总投资为30亿元，规划面积3平方公里，核心建设区1平方公里，以玫瑰产业为依托，以旅游产业为导向，以良好的生态环境和民俗宗教文化为资源基础，突出平阴"中国玫瑰之乡"的鲜明特点，通过玉带河玫瑰观光带连接南北两侧的翠屏山、圣母山，将玫瑰小镇打造成集生态观光、产业集聚、休闲度假、教育拓展、宗教文化、民俗体验于一体，吃、住、娱、乐、购功能齐备的旅游综合服务小镇。

图4 平阴县玫瑰小镇

玫瑰小镇以玫瑰之约——浪漫平阴为主题定位，以玫瑰产业为支撑，以玫瑰文化、当地文化、宗教文化、创意文化为底蕴，以"浪漫、休闲"为主题，依托现有山水资源，以玫瑰花海、浪漫婚庆、民俗游乐、精油养生、休闲餐饮、宗教文化、国际风情等为主题内容，打造一个以浪漫风情度假为特色，生态低碳环保等健康生活理念为依托，村民与游客的安居、乐业、休闲度假为主要功能，融浪漫、时尚、高端、艺术、人文于一体的最具文化特色与乡土情怀的国际化休闲度假玫瑰风情小镇。品读浪漫休闲、感悟美丽人生，以此增强平阴休闲度假吸引力，提升平阴玫瑰之乡新形象。

四、平阴县玫瑰产业对乡村振兴发展的带动作用

农业农村农民问题是关系国计民生的根本性问题。"把农村建设得更像农村"为原则的济南市平阴县玫瑰镇，以不断满足全镇农民对美好生活的需要为目标，以"连路、串水、开花、靓村、兴业"为路径，全力打造了具有玫瑰烙印的"玉带玫香"乡村振兴齐鲁样板示范区，五大振兴全面起势，走出了一条新时代

乡村振兴之路。乡村要振兴，产业是基石。玫瑰产业至今已历经了1300余年，它经过了时间的考验，从济南市平阴县中脱颖而出。近年来玫瑰产业以强势的发展优势带动了平阴县的经济发展，经初步核算，2020年平阴县全县的生产总值达233.30亿元，按可比价格计算，同比增长了2.4%。其中，第一产业增加值为34.20亿元，同比增长了3.5%，对经济增长贡献为22.1%，拉动GDP增长0.5个百分点；第二产业增加值为130.44亿元，同比增长了1.9%，对经济增长贡献率达48.4%，拉动GDP增长1.2个百分点；第三产业增加值为68.66亿元，同比增长2.8%，对经济增长贡献率达29.4%，拉动GDP增长0.7个百分点。三次产业比例由2019年的14.3∶57.4∶28.3调整为14.7∶55.9∶29.4（见图5）。

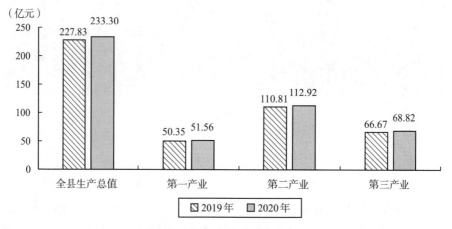

图5 平阴县经济产值柱状图

资料来源：《政府工作报告——2020年5月20日在平阴县第十八届人民代表大会第四次会议》，平阴县政府网，http：//www.pingyin.gov.cn。

玫瑰产业不仅带动了经济发展，玫瑰产业一二三产业的融合发展，也是实施乡村振兴战略、促进城乡融合发展、加快推进农业农村现代化的重要举措，还是推动农业增效、农村繁荣、农民增收的重要途径。平阴县玫瑰产业对乡村振兴发展起到了积极的带动作用，我们接下来从农业、农村、农民三个方面进行系统的概述，以便大家进行全方位的了解。

（一）农业

平阴玫瑰产品是药食同源的地理标志产品。玫瑰产业栽培品种50余个，面积6万余亩，年产玫瑰鲜花（蕾）20000余吨，玫瑰产品130余种，畅销海内外

10 多个国家和地区。2020 年，平阴玫瑰品牌价值达 27.92 亿元，支撑起平阴县的玫瑰特色产业。① 大力推广"公司 + 基地 + 合作社 + 农户"全产业链经营模式，小农户和现代农业发展实现了有机衔接。

平阴县有数百家围绕玫瑰花的加工开展生产经营的企业（见图 6），其中不乏省级、市级的农业龙头企业：天源玫瑰制品开发有限公司生产的玫瑰酱、玫瑰膏、玫瑰软糖等，"玫瑰食品"丰富多样；惠农玫瑰股份有限公司出产的玫瑰面膜、玫瑰精油、玫瑰香皂等"玫瑰护肤产品"远销海内外；翠河玫瑰制品有限责任公司集玫瑰苗木种植，生产和销售、产品研发于一体，实现了以玫瑰花为核心的一二三产业在企业内的融合。

图 6　平阴县玫瑰产业龙头企业

平阴县玫瑰产业的发展链条仍在继续拉长：规划建设玫瑰谷田园、玫瑰文化园综合体，发展乡村旅游业、康养业等第三产业。平阴县还举办中国玫瑰产品博览会、中国（平阴）玫瑰文化节等旅游资源宣传推介活动，着力塑造"平阴玫瑰"特色品牌。2021 年举办了第三届中国玫瑰产品博览会（见图 7）。2019 年，中国玫瑰产品博览会期间，达成项目协议 320 余项，项目价值达 4.5 亿元，吸引 2 万人次参会。2020 年，平阴玫瑰品牌价值达 27.92 亿元，平阴玫瑰优质产品基

① 《平阴县将扩大玫瑰种植面积，打造百亿产业》，齐鲁壹点，https：//baijiahao. baidu. com/s？id = 1697615173295931532&wfr = spider&for = pc。

地价值达 172 亿元。① 应当说，博览会的成功举办，为社会各界提供了一个了解平阴玫瑰的窗口，架起了一个让平阴玫瑰走出国门的桥梁。

图7　第三届中国玫瑰产品博览会

（二）农村

近年来，平阴县以玫瑰特色产业为着力点，按照"发展在花、潜力在花、致富在花"的思路，探索出了一二三产业相互依托、相互促进、融合发展新路子。使得玫瑰产业在平阴县取得了不错的成绩。在 2021 年 8 月 11 日召开的平阴县乡村振兴工作现场推进会上我们得知，2021 年上半年，平阴县农村居民人均可支配收入增幅为全市第一，这与平阴县走好"产业兴旺利好不断，玫瑰花成为致富花"的路径密不可分。

在平阴广大乡村，如果问 2021 年上半年种什么最赚钱，"玫瑰"绝对是回答最多的经济作物。2021 年 4 月至 5 月玫瑰花收购期间，玫瑰花冠的价格长时间维持在每公斤 4~5 元，品质最好的玫瑰花冠鲜花甚至能卖到 36 元/公斤。在收购期结束后测定的价格中，今年玫瑰花的价格指数达到 15.42 元/公斤，比玫瑰花价格保险确定的 9.6 元要高出不少。②

我们从平阴县玫瑰镇党委书记杨欣那里得知：今年玫瑰花收购价比上年高了1 倍，收购价从上年的 8 元/公斤到 2021 年的近 16 元，一亩玫瑰花的纯收益在五六千元，花农户均增收 1.2 万元。我们还了解到，平阴县全县种植玫瑰的花农有2 万多户，仅玫瑰花增收一项，增收额就达到了 2.4 亿元左右。由此可见，玫瑰花俨然已经成为平阴县农村的"致富花"，围绕玫瑰花推进一二三产业融合发展，

---

① 《2019 中国玫瑰产品博览会暨中国（平阴）玫瑰文化节开幕》，中国山东网，https：//baijiahao. baidu. com/s？id = 1633133692524638468&wfr = spider&for = pc。

② 《平阴群众鼓起"钱袋子"》，载于《济南日报》2021 年 8 月 16 日。

使平阴县成功入选全国农村一二三产业融合发展先导区；依托玫瑰花打造全产业链、塑造城市形象，平阴仍然在以建设玫瑰小镇、引进玫瑰产业研究机构等方式不懈探索。玫瑰花甚至成为平阴城市形象的重要组成部分："玫城"是这座小城最广为人知的别称，"玫苑宾馆"是接待外来访客的重要场所；城区中心不仅建设了玫城公园，还修建起玫瑰广场；县域内最大的生态湿地被命名为"玫瑰湖生态湿地"，"玫瑰路""玫苑路""玫瑰苑"等街道与住宅区，更是散布在城区各处，平阴玫瑰为平阴人民带来了很大的经济效益和社会效益，为平阴县知名度的提高起到了巨大的推动作用。依托此优势，平阴县将继续走好自己的玫瑰产业协调发展道路，未来将会走得更宽、更广、更有益于农村。

（三）农民

平阴玫瑰花，被列为山东"三朵金花"之一，是济南市重点发展的十大农业特色产业之一，是 3 万多户花农养家糊口、脱贫增收的重要经济来源，玫瑰花已然成为帮助村庄和居民增收致富的"富贵花"。制成玫瑰茶、做成玫瑰饼、酿成玫瑰酒等食用或饮用产品，加工成玫瑰面膜、玫瑰精油等护理产品，修建玫瑰园吸引游客前来参观。从 2021 年五一开始，位于平阴县玫瑰镇的芳蕾玫瑰育苗基地每天都会迎来十几辆旅行社的大巴车，游客都是奔着那地里开得正艳的玫瑰花而来，赏花、参观车间、体验玫瑰产品，一条龙的旅游产品线路已经约到了 5 月下旬，可见其玫瑰产业带动旅游业发展的成绩。

在村民收入构成中，种植玫瑰花的收入已经超过总收入的 50%。以玫瑰镇为中心建设的万亩玫瑰花标准化生产基地，覆盖了夏沟村、罗寨村、焦庄村、西胡庄村等多个村庄。种植与很多地方把一家一户分散的土地流转给大企业不同，此次北石硖村与芳蕾玫瑰合作的最大看点就是：由专业的人干好专业的事。花农只需要种好玫瑰花，产品销售、市场开拓等环节全都交给企业，农民成了生产环节中的产业工人，既保证了收益，又提高了抗风险能力。流转收入、打工收入、分红三块收入加起来，能比原来一家一户种花、卖花带来 1 万元的增收，并且有了更多工作岗位让农民实现就业增收。

近年来，平阴县政府将平阴玫瑰作为地区兴业致富的王牌产品，进行大力的推广，打造平阴县"玫瑰之乡"的品牌，带动整个地区的产业链发展，引领平阴县整体性致富。除政策性的引导之外，平阴县同样瞄准了网络红人与直播带货的力量，用新型经济形式带动传统产业的发展，激发平阴玫瑰产业更多的活力。2020 年，平阴玫瑰多次走进电商直播间，单次销售额均过 200 万元，平阴玫瑰每次均荣登当日天猫花茶类销售第一名。通过超级直播间的引流，平阴玫瑰进入了全国更多消费者的视野，"双十一"期间，玫瑰产品线上销售同比增长高达144%，全年玫瑰产品的线上销量占总销量的56%，并成功入选中欧地理标志协定保护名录，优质产品基地品牌价值达到172亿元，平阴玫瑰网络影响力问鼎全省区域公用品牌榜年度总冠军。

平阴县玫瑰种植产业链条齐全，可以充分消化互联网直播所带来的巨额销量。在这种模式下，平阴的玫瑰产业链不论是玫瑰种植基地，还是企业深加工都优先考虑当地群众就业，进一步提高当地居民的收入。截至2019年7月29日，玫瑰花种植遍布全县8个镇街，总面积达6万多亩，年产玫瑰鲜花（蕾）20000余吨，带动全县5万余户花农增收致富。[①]

五、玫瑰花生产发展存在的问题及建议

（一）玫瑰花生产发展存在的问题

1. 种植面积小，产量少，形不成规模效益

据调查，浙江、新疆等地区的玫瑰花产业的发展水平要比平阴县玫瑰发展快。[②] 相较之下，平阴县玫瑰花在种植规模和产品加工等方面都还存在很大的进步空间。目前，平阴县的玫瑰种植主要集中在玫瑰镇，而其他乡镇适宜发展玫瑰的区域也很大，但真正实施种植玫瑰的面积却很小，主要原因是多数群众对玫瑰生产认识不够充分，加之玫瑰苗木价格较高，真正实施生产时会产生较大的一次性投入。在没有建立起完整的玫瑰市场风险保护机制之前，农民在种植玫瑰花中首先遇到的问题是市场风险，这也是农民最主要担心的问题。玫瑰市场价格的波动和销路的不稳定使得农民在玫瑰市场面前踌躇不决，也使得平阴县玫瑰发展非常缓慢（见图8）。但周边地区发展玫瑰花的积极性很高，气势很大。平阴县如不加快发展，平阴玫瑰的特色和优势将很难保住。据有关部门调查预测，国际市场的玫瑰产品年需求量超过10000吨。玫瑰生产的小规模和日益扩大的需求市场之间已形成了一对尖锐矛盾，严重阻碍了玫瑰花的整体效益和长期发展。由于

---

① 《我县玫瑰产业迎来海口考察团》，平阴县人民政府网，http：//www. pingyin. gov. cn/art/2019/7/29/art_15525_3141987. html。

② 刘传珍、刘荣、张春英等：《平阴县玫瑰产业发展现状、问题及对策》，载于《山东农业科学》2005年增刊。

面积小，管理粗放，产量还比较低，形不成规模。产品档次不高，经济基础薄弱，宣传力度也不大，因此很难形成规模优势和经济效益。

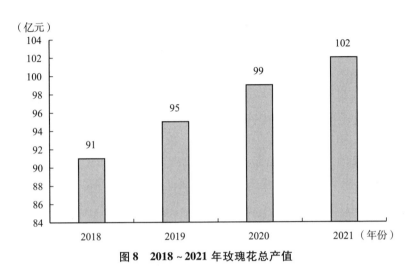

图8　2018～2021年玫瑰花总产值

2. 玫瑰采摘没有实现机械化、自动化

在平阴玫瑰采摘季节，我们了解到，绝大多数农户都实行的是手工劳动作业的方式。人们为了把握住玫瑰花冠最好的采摘时间，凌晨四五点来到玫瑰种植基地采摘玫瑰，这无疑确保了平阴玫瑰的质量，但却不能很好地保证玫瑰花的产量。对于那些采摘人员较少但玫瑰种植面积较大的农户来说，并不能保证在最佳时间将玫瑰全部采摘完成，这就使得一部分的玫瑰因错过最佳采摘时间而质量欠缺。长此以往，会使得玫瑰种植大户的完整利益受损，从而打击农户的种植积极性。

3. 玫瑰深加工产品少，附加值较低

平阴县玫瑰花加工仍处于初级加工阶段，全县约有3/5的产量供烘干花蕾，其余2/5供加工花冠、精油和其他加工产品使用。由于玫瑰干花蕾主要依靠中间商向外销售，常受人限制，价格极不稳定，致使近几年玫瑰干花蕾市场价格起伏不定，严重影响了鲜玫瑰花的收购价格。2020年干花蕾销售情况良好，加工的干花蕾基本已销售完毕。其他玫瑰系列产品如玫瑰茶、玫瑰酱、玫瑰酒、玫瑰膏等系列产品销售正常，但所占市场份额不大。所以目前来说，平阴玫瑰以初级加工为主，深加工、高科技、高附加值的玫瑰产品品种少、产量少、市场份额占比

小，使得平阴玫瑰发展没有质的突破。

4. 缺乏龙头企业的带动作用

由于玫瑰市场利益的引导，近年来平阴县全县又新上了十几家鲜花蕾加工企业，但这些新上的加工户基本属于一家一户小规模生产，加工设备落后，生产能力不足，难以形成合力，缺乏龙头企业的带动作用。平阴玫瑰开发有限公司、玫瑰花研究所、九州玫瑰、康宇玫瑰和天源玫瑰茶厂等加工销售企业，在各级政府及有关部门的大力支持下，在产品加工、包装和销售方面做了大量的工作，但由于资金、人员、场地和设备等方面的限制，还没有真正成为集生产、加工、包装、销售为一体的大型龙头企业。农户和企业之间不是一个完整的"经济共同体"，还只是一种没有利益约束力，生产、加工、销售各自为一体的松散型的链条产业。①

5. 有效措施欠乏，玫瑰产业健康发展动力不足

平阴县玫瑰的可持续发展是平阴经济发展的强大动力，然而法律规章制度的缺失以及管理措施的不到位、激励机制的匮乏，使玫瑰生产及销售市场处于混乱、无序的发展状态。另外，缺乏政府层面上的宏观管理，使玫瑰产业的计划安排、项目引进等处于盲目发展。相应市场技术监管人员的配备也极度匮乏，更没有制定相应的激励政策，难以调动工作人员的积极性，使农户处于无信心经营的困境。②

6. 玫瑰园的观赏性不强，接待能力不足

每年玫瑰花期，到平阴旅游的客人必去玫瑰园赏花。平阴玫瑰花研究所的玫瑰园可以说是平阴县对外开放、宣传的一个窗口，但参观后给人的感觉是，玫瑰园明显存在观赏面积太小、档次较低的问题；玫瑰品种老化严重，基本上都已到更新期，整个观赏园只是以丰花玫瑰为主，大部分玫瑰品种现存数量少，很多品种只有几株，甚至只有 1～2 株，以上这些都与玫瑰是平阴县的主导产业不相适应，制约了平阴县对玫瑰花进行大规模、高档次的宣传力度。

---

① 刘传珍、刘荣、张春英等：《平阴县玫瑰产业发展现状、问题及对策》，载于《山东农业科学》2005 年增刊。

② 陈肖南、李栋：《平阴玫瑰产业发展之探讨》，载于《山东经济战略研究》2018 年第 8 期。

7. 宣传力度不够，世界知名度不高

平阴县玫瑰发展潜力巨大。1996 年，平阴县玫瑰镇被国家林业部命名为"中国玫瑰之乡"。2019 年 5 月，"以玫瑰之名，向世界发声"2019 中国玫瑰产业博览会暨中国（平阴）玫瑰文化节在山东平阴县举办。在此次开幕式上，平阴县被中国林产工业协会授予"中国玫瑰之都"的荣誉称号。平阴县没有利用好此次活动大力宣传自己的独特优势，以此将"平阴玫瑰"的品牌之声打响到全世界，没有做到令世界一提到"中国玫瑰"便想到平阴县。如今，世界鲜花玫瑰市场需求量增多，如果平阴县抓住机遇，把握住世界鲜花市场，在世界鲜花市场上占据一席之地，便能够很大程度上促进平阴县玫瑰的发展，并整体带动平阴县的发展。

（二）对玫瑰花生产发展的建议

1. 制定扶持政策，加快规模发展

平阴县玫瑰经济是规模经济，要本着让利于民的原则，制定扶持政策，采取多种形式，鼓励、调动农民种花的积极性。根据玫瑰花适应性强、易管理、投资小、见效快的特点，坚持因地制宜，采取反租倒包、土地使用权参股入股等多种土地流转形式。搞好科学规划，实施规模化种植，降低市场风险。在发展区域上，以玉带河为主，沿 220 国道、105 国道两侧，由玫瑰向周边乡镇及全县山区拓展，努力扩大面积，增加总量，力争 3 年发展到 3300 公顷以上，建成 3～5 个玫瑰专业乡镇，60 个专业村，规划建设 60 公顷以上的玫瑰示范园 3～5 个。① 对在规划区域内种植的采取财政贴息或补偿苗木的办法鼓励发展，真正使"中国玫瑰之乡"的无形资产形成规模效益。

2. 加快农机研发步伐

尽早实现玫瑰采摘生产全程机械化、自动化，国家从政策上鼓励支持规模种植机械的研发，引导支持玫瑰育种单位尽快培育适于机械化作业的品种，大幅度减少规模种植的用工数量和用工投入，进而降低成本、增加收益，改变平阴玫瑰生产成本高、市场竞争力不强的被动局面。

---

① 史春彦、张前东、耿大伟、宋杰：《平阴县玫瑰种植气象条件分析》，载于《科技信息》2009 年第 31 期。

3. 大力推进玫瑰产业化经营，增加产品附加值

玫瑰产业化经营，是在坚持家庭承包经营基础上推进规模经营和玫瑰生产种植现代化的有效途径，也是加快平阴玫瑰结构战略性调整的重要带动力量。应提高平阴玫瑰加工水平和效益，目前，平阴玫瑰加工业水平还很低，通过运用高新技术，实行对初级玫瑰产品的深加工，可以为玫瑰产品增长提供极为广阔的市场空间。要加快玫瑰产品加工技术和设备的引进开发，积极促进初级玫瑰的转化和加工，不断开发名、优、特、新型玫瑰品种，搞好优良品种的繁育。

4. 做好玫瑰花加工增值的文章，逐步形成一业带多业的格局

促进玫瑰花的深度加工、综合利用、多次增值是实施农业产业结构调整、推动玫瑰花产业发展壮大的重大举措。要下大力气搞好玫瑰花的深加工，创造知名品牌，变玫瑰的特色优势为品牌优势，提高附加值和科技含量，扩大销售。要加强龙头企业建设，对现有的玫瑰花研究所、平阴玫瑰开发公司、玫瑰香料厂、平阴玫瑰酒业有限公司、山东福胶集团酒业有限公司等企业及加工大户，如九州玫瑰制品公司、康宇玫瑰制品公司、天源玫瑰茶厂等民营企业，只要经济效益好，能开拓市场，带动农户，增加农民收入，就给予扶持，采取利益驱动的办法，鼓励和扶持发展，促使它们尽快成为龙头企业，发挥龙头企业在产业化中的带动作用。就目前看，政府也可适当采取行政干预和经济手段把现有的加工户联合起来成立龙头企业，避免盲目竞争，这也符合玫瑰生产户的期望。政府可采取以奖带补的政策鼓励和发展加工企业和加工户，增加玫瑰加工和烘干设备，如一户上不起烘干炉，也可以联户购买，尽量增加烘炉，解决鲜花蕾产量大而烘干炉少的矛盾。要巧妙利用平阴县招商引资政策，加大招商引资力度，通过各种渠道吸引更多的外地客商来平阴县兴办玫瑰花加工龙头企业，通过签订长期供货合同，带动玫瑰花这一主导产业的发展。

5. 建立健全玫瑰花生产的有效机制，加强玫瑰花的生产管理

政府林业部门要不断教育和引导平阴群众增强科技意识与创新精神，加大科技投入，提高玫瑰生产的经济效益。各级林业部门要深入调查研究，制定玫瑰花标准化生产管理规程，加强具体指导，搞好咨询服务。为平阴玫瑰生产农户指明发展的正确途径，要采取多种形式强化对农民的技术培训、普及和推广标准化管理知识，实行标准化生产，不断提高农民的科技素质，增强农民发展玫瑰花生产的主动性和自觉性。加大平阴玫瑰市场监管力度，规范市场经济秩序，营造公平

公正公开的竞争和开放的市场环境，通过制度、机制的建设保障和道德规范的约束，维护市场交易的正常秩序，确保玫瑰花市场的公平、合理、有序竞争，营造玫瑰花生产的良好环境。同时加强协会的组织管理能力，使协会在正常运作的基础上，逐步深入广泛地开展各项工作，让协会真正成为联系政府与广大花农、玫瑰花加工企业的桥梁。协助政府贯彻落实有关玫瑰花产业方面的方针、政策，加强社会调查，搞好信息的收集与反馈，为政府制定政策提供依据；及时反映广大花农、加工企业需要解决的重大问题，在职责范围内协助解决；建章立制，订立行规，指导花农和加工户的生产，兼顾生产、加工、销售三者利益，及时搞好市场需求和行情预测，制定玫瑰花的收购、产品销售价格，实现生产、加工、销售一体化，切实保护好花农的利益。以此来激励更多的农户加入玫瑰生产种植中来，从而扩大玫瑰产业规模，为平阴玫瑰发展增强活力与创造力。

6. 建设高标准玫瑰观赏园，加快特色城市建设

平阴是全国最大的玫瑰种植区域，作为中国玫瑰之乡，必须做好玫瑰文章。首先，要建设一处高标准的玫瑰观赏园。在搞好园区总体规划和景点建设详规的基础上，扩大玫瑰观赏园面积，或选取更合适旅游开发的新园址。其次，要不断提高县城的建设与绿化美化水平，改善出入县城主要干道和城内主要道路的绿化配置，主要绿化苗木改栽玫瑰苗木，修建一处大型玫瑰建筑标志，充分打造特色玫瑰城。

7. 采取多种形式，加大对外宣传力度

通过各种新闻媒体，举办玫瑰艺术节、展销会等，多角度、全方位地宣传平阴玫瑰的特色、优势、使用价值及名牌，提高平阴玫瑰的知名度及市场占有率。大力实施名牌战略，加强出口创汇能力，要在全县范围内形成宣传玫瑰的浓厚氛围，国道两侧、县城交界处要有醒目的宣传标识，县城主要街道、乡镇驻地应设立宣传牌。各部门、各单位都要强化玫瑰的宣传意识，无论外出参观考察、招商引资，还是下基层开展调研、走访等活动，都要有意识地宣传玫瑰，进一步提高干部群众对发展玫瑰花产业重要意义的认识，促进玫瑰花产业的持续、快速、健康发展。

参考文献

[1] 习近平：《让乡村振兴成为全党全社会的共同行动》，载于《人民日报》2018 年 7 月 15 日。

［2］《小小玫瑰花成了乡村振兴大产业》，光明网，https：//m. gmw. cn/baijia/2020 – 11/23/1301829606. html。

［3］《中共中央　国务院印发〈乡村振兴战略规划（2018—2022 年）〉》，农业农村部网，http：//www. moa. gov. cn/ztzl/xczx/xczxzlgh/201811/t20181129_6163953. htm。

［4］《走进平阴》，平阴县政府网，http：//www. pingyin. gov. cn/col/col15490/index. html。

［5］《2019 年平阴县国民经济和社会发展统计公报》，平阴县人民政府网，http：//www. pingyin. gov. cn/art/2020/5/11/art_15561_4467396. html。

［6］刘传珍、刘荣、张春英等：《平阴县玫瑰产业发展现状、问题及对策》，载于《山东农业科学》2005 年增刊。

［7］陈肖南、李栋：《平阴玫瑰产业发展之探讨》，载于《山东经济战略研究》2018 年第 8 期。

［8］史春彦、张前东、耿大伟、宋杰：《平阴县玫瑰种植气象条件分析》，载于《科技信息》2009 年第 31 期。

［9］彭兴贞、孟宪水、赵秋月：《平阴县玫瑰产业发展问题研究》，载于《青岛农业大学学报》（社会科学版）2014 年第 1 期。

附录

一、关于消费市场对玫瑰产品认可度调查问卷

您好，我们是山东财经大学燕山学院在校大学生，此次调查，主要是想了解您对玫瑰产品的看法及建议，通过数据分析解读消费者对玫瑰产品的接受度进行调研，研究的结果将对以后平阴县玫瑰产业发展提供发展建议。因此，您的回答是本次研究的重要基础和依据。本次调查将充分保护您的隐私权，采取无记名形式，希望能得到您的支持与配合。对您的合作与支持，我们表示衷心的感谢！

1. 您的性别是（　　）［单选题］

A. 男　　　　　　　　　B. 女

2. 您的年龄是（　　）［单选题］

A. 18 岁以下　　　　　B. 18～25 岁　　　　　C. 26～30 岁

D. 31～40 岁　　　　　E. 41～50 岁　　　　　F. 51～60 岁

G. 60 岁以上

3. 您目前从事的职业［填空题］＿＿＿＿＿＿＿＿

4. 您的月平均收入是（　　　）[单选题]

A. 3000 元以下　　　　　　B. 3000～6000 元

C. 6001～10000 元　　　　D. 10000 元以上

5. 您了解并愿意购买玫瑰产品吗（　　　）[单选题]

A. 非常了解，热衷购买

B. 比较了解，需要时会主动购买

C. 略有耳闻，偶尔会购买

D. 并不关注，从不购买

6. 您感兴趣并愿意购买的玫瑰产品是（　　　）[多选题]

A. 鲜花、花蕾

B. 食用类（花茶、花酱、花饼等）

C. 日用类（精油、香薰、化妆品等）

D. 观光旅游

E. 其他

7. 您购买玫瑰产品的频率是（　　　）[单选题]

A. 每月几次　　　　　B. 每月一次　　　　　C. 半年一次

D. 一年一次　　　　　E. 一年以上

8. 您每季度购买玫瑰产品的花销是（　　　）[单选题]

A. 50～100 元　　　　B. 101～300 元　　　　C. 301～500 元

D. 501～1000 元　　　E. 1000 元以上

9. 您购买玫瑰产品的原因一般是（　　　）[多选题]

A. 生活习惯　　　　　B. 他人推荐

C. 馈赠亲朋好友　　　D. 其他

10. 您是否会将玫瑰产品推荐给身边的人（　　　）[单选题]

A. 愿意　　　　　　　B. 不愿意　　　　　　C. 不了解

11. 您是否愿意购买从未尝试过的玫瑰品种（　　　）[单选题]

A. 愿意　　　　　　　B. 不愿意　　　　　　C. 不清楚

12. 您对玫瑰产品的看法与建议 [填空题] ＿＿＿＿＿＿＿＿＿＿＿＿＿

（再次感谢您对我们的支持！祝您及您的家人身体健康，生活幸福！）

二、调查问卷抽样结果统计

单位：%

问题	选项	比例
1. 您的性别	男	35
	女	65
2. 您的年龄	18 岁以下	3
	18 ~ 30 岁	76
	31 ~ 50 岁	19
	50 岁以上	2
3. 您目前从事的职业	自由填写	
4. 您的月平均收入是	3000 元以下	72
	3000 ~ 6000 元	15
	6001 ~ 10000 元	5
	10000 元以上	8
5. 您了解并愿意购买玫瑰产品吗	非常了解，热衷购买	13
	比较了解，需要时会主动购买	24
	略有耳闻，偶尔会购买	43
	并不关注，从不购买	20
6. 您感兴趣并愿意购买的玫瑰产品是	鲜花、花蕾	61
	食用类（花茶、花酱、花饼等）	47
	日用类（精油、香薰、化妆品等）	43
	观光旅游	15
	其他	9
7. 您购买玫瑰产品的频率是	每月几次	15
	每月一次	9
	半年一次	25
	一年一次	19
	一年以上	32

问题	选项	比例
8. 您每季度购买玫瑰产品的花销是	50~100 元	66
	101~300 元	21
	301~500 元	7
	501~1000 元	2
	1000 元以上	4
9. 您购买玫瑰产品的原因一般是	生活习惯	41
	他人推荐	21
	馈赠亲朋好友	56
	其他	21
10. 您是否会将玫瑰产品推荐给身边的人	愿意	74
	不愿意	4
	不了解	22
11. 您是否愿意购买从未尝试过的玫瑰品种	愿意	67
	不愿意	10
	不清楚	23
12. 您对玫瑰产品的看法与建议		

三、问卷调查结果分析

由图 A 可以直接看出 43% 的消费者对玫瑰产品略有耳闻，并且偶尔会购买，24% 的消费者只在需要时会购买玫瑰产品，20% 的消费者不关注也不购买玫瑰产品，只有 13% 的消费者对玫瑰产品非常了解，并且热衷购买。这说明：其一，玫瑰产品的宣传力度不足，宣传效果不够好，需要进一步加大对玫瑰产品的宣传投入；其二，消费者没有对玫瑰产品形成依赖，玫瑰产品的消费者黏度不大，需要加大玫瑰产品对消费者的吸引力。

由图 B 可以清晰地看出：青睐鲜花、花蕾的消费者最多，占 61%，其次是喜爱购买食用类玫瑰产品的消费者，占总数的 47%，有 43% 的消费者喜爱购买日用类玫瑰产品，15% 的消费者喜欢玫瑰相关的观光旅游。一般来说，观光旅游带来的经济效益最高，且对当地经济发展具有直接的带动作用，日用类玫瑰产品价格较高，利润较厚，食用类次之，而鲜花、花蕾加工简单，带来的经济效益十分有限。由此可知，消费者对于玫瑰产品的消费还处于初级阶段，即大多倾向于购买粗加工产品，玫瑰消费市场还有待进一步开发。这需要政府、企业加强对玫瑰产品的研发与推广。

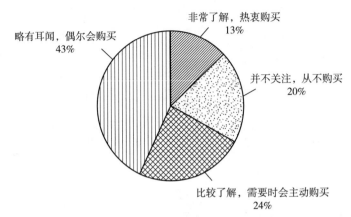

图 A　消费者对玫瑰产品的购买意向调查

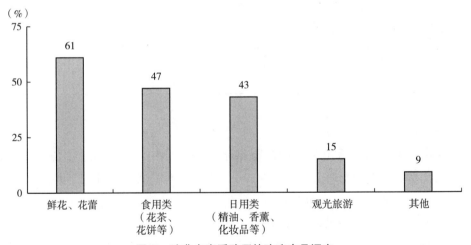

图 B　消费者喜爱购买的玫瑰产品调查

由图 C 可知，愿意尝试未接触过的玫瑰产品的消费者最多，占据总体的67%，23%的消费者态度较为模糊，不清楚自己是否会尝试新玫瑰产品。有10%的消费者对未尝试过的玫瑰产品表示抵触，不愿意进行购买尝试。这表明大部分消费者对玫瑰产品的信心是很强的，他们对新玫瑰产品持乐观态度，认为其值得消费，并且愿意购入支持。玫瑰产品拥有大多数消费者的喜爱，具有十分大的市场潜力。

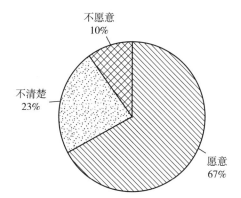

图 C　对消费者是否愿意购买未尝试过的玫瑰产品的调查

通过此次调查问卷分析可以得出以下结论：参与调查的女性居多，年龄主要集中于 18~25 岁且每月收入在 3000 元及以下。大多数人购买频率较低，且主要购买鲜花、食品及日用类用于馈赠亲朋好友或是满足生活习惯，此类消费金额大多处于 50~100 元。尽管如此，大部分的人还是对玫瑰衍生品有较大的购买欲望，如果有新的玫瑰产品的上市，也会尝试购买。由此看来，玫瑰产品在将来也会拥有比较大的消费市场，能够带动乡村经济的发展。

山东省乡村振兴实践问题及对策研究

——以烟台市福山区吴阳泉村为例

刘金炜*

李雯霞**

宋玉洁 翟思莹 冯华莹 魏欣宇***

摘　要："乡村振兴"问题一直是党和政府高度关注的问题，而推动农业转型升级，实现一二三产业融合发展是实现乡村振兴问题的核心之一。当前，为了保障广大农民的合法权益，实现乡村振兴，政府正在着力推进农业产业转型升级，推动一二三产业融合发展。推动农业转型升级是一项意义重大的工作，它关乎着农村的振兴与发展。同时，这也是一项难度系数极高的工作。如何做好这项工作，是一个值得学术界、理论界认真探讨并研究的课题。

关键词：农业转型升级　乡村振兴产业融合发展

一、绪　论

（一）调研背景

从某种意义上来说，乡村的发展历史就是近现代中国发展历程的缩影。随着社会生产力的迅猛发展，特别是科技革命的突飞猛进以及社会结构的急剧转型，造成了人口迁移与集聚、城市的兴起与乡村的衰落，乡村振兴势在必行。乡村振兴战略是以习近平同志为核心的中央领导集体加快破解"三农"问题、加速推动我国由农业大国向农业强国迈进的重大战略举措，被庄严写入党章，为我国做好

---

　*　调研团队指导老师：刘金炜。

　**　调研团队队长：李雯霞。

　***　调研团队成员：宋玉洁、翟思莹、冯华莹、魏欣宇。

新时代背景下的"三农"工作提供了根本遵循。习近平总书记指出："民族要复兴，乡村必振兴。……脱贫攻坚取得胜利后，要全面推进乡村振兴，这是'三农'工作重心的历史性转移。"[①] 脱贫攻坚之后是乡村振兴，有五年过渡期。乡村振兴包括"五个振兴"，即产业振兴、人才振兴、文化振兴、生态振兴、组织振兴。其中，关键是产业振兴。产业发展必须要有经营概念。经营就是要策划、谋划、规划、计划，就是既要讲社会效益，又必须讲经济效益，并且主要讲盈利和收益。经营比管理更具有创造性和挑战性，比治理更具有趋利性和市场性，经营之道的核心是实现投入产出效益最大化。要研究消费心理、市场需求、世界变革、商业模式、业态走向、文化创新、金融支持等问题。

实施乡村振兴战略，是实现"两个一百年"奋斗目标的必然要求。党的十九大报告清晰擘画全面建成社会主义现代化强国的时间表、路线图。实施乡村振兴战略，正是以习近平同志为核心的党中央在深刻把握我国现实国情农情、深刻认识我国城乡关系变化特征和现代化建设规律的基础上，着眼于党和国家事业全局，着眼于实现"两个一百年"的伟大目标和补齐农业农村短板的问题导向，对"三农"工作作出的重大战略部署、提出的新目标要求，必将在我国农业农村发展乃至现代化进程中写下划时代的一笔。实施乡村振兴战略，是实现全体人民共同富裕的必然要求。在新的历史时期，必须坚持以人民为中心的发展思想，不断促进人的全面发展、全体人民共同富裕。乡村振兴战略强调坚持农业农村优先发展，是对乡村地位和作用的充分肯定，是实现中华民族伟大复兴的中国梦的历史使命。乡村振兴是建设社会主义现代化国家的必然要求。我国城镇化水平不高、农村人口总量庞大的现实国情决定了没有农业农村现代化，就不会有国家的现代化，也不可能实现全体人民共同富裕的社会主义本质目标。

政府对刚脱贫的一些村庄投入了大量的人财物和经营性、公共性基础设施，如果只建设、不经营，只投入、不收益，就会导致巨大浪费，村庄已有的建设和发展成果也难以巩固。村庄的价值是多元的、多重的、客观的，只不过不同时期村庄价值的显现不同。在过去很长一段时期内，我们的村庄价值只体现在农产品生产、农民居住和生活价值上。随着时代的发展，越来越体现出生态价值、景观价值、文化价值、社会价值、康养价值、民宿价值等多元价值。如果只站在农村内部或者城乡分割的角度看待村庄价值，可能仅是农产品生产和农民居住和生活价值，但如果站在城乡开放、城乡融合的角度看待村庄，其价值不可估量。乡村

---

① 《习近平出席中央农村工作会议并发表重要讲话》，中国政府网，http://www.gov.cn/xinwen/2020 - 12/29/content_5574955.htm。

振兴的"接二连三进五"战略，就是本着全面贯彻"五个振兴"要求，把"乡村振兴"作为一个大项目，把乡村当企业，按照工业理念办农业，进行系统策划、谋划、规划、计划，研究"乡村振兴"的产业、产品、市场、营销、收益，要让农业标准化、市场化，农村美景化、艺术化，农民股民化、职业化，从而使乡镇村落更美，农民收入更高。

（二）调研方案

在政府正在着力推进实现乡村振兴工作、关注"农业转型升级问题"的背景下，我们团队选择了"推动农业产业升级，助力乡村振兴"这一调研题目，以烟台市福山区吴阳泉村为依托，通过对这三个典型村的主要村委会干部进行入户访谈、与当地村民交流、随机发放调查问卷，深入了解实现农村振兴开展方式和农业转型升级以及与其他产业融合发展的进展程度，积极听取村民们对农业转型升级问题的看法和意见，从中发现并总结要改进的问题。深入分析了当前福山区吴阳泉村实现乡村振兴工作面临的形势和存在的突出问题，并结合理论知识、农村调查问卷，对农业转型升级以及与其他产业融合发展工作的具体问题提出有针对性的建议和对策。

本次调研实地走访吴阳泉村的村委会干部、村民等共计 30 户，收集了大量的一手资料。结合调查问卷对村民进行个案调查，进一步了解张坊乡村民的收入情况、受教育情况，对乡村振兴政策的认可程度、满意程度以及存在的问题和建议。本次调研所用的调查问卷采取的是随机发放的形式，共发放 115 份，其中有效问卷 113 份，问卷有效率为 98%。

二、乡村振兴发展历程综述

（一）全国实行乡村振兴，推动一二三产业优化升级进程概况

2018 年以来，各地各部门坚持将实施乡村振兴战略作为做好新时代"三农"工作的总抓手，围绕到 2020 年推动乡村振兴取得重要进展、制度框架和政策体系基本形成的阶段性目标，下功夫推动解决城乡二元结构问题。

1. 坚持党管农村，加强乡村振兴组织领导

各地各级党委、政府高度重视，结合本地实际情况，制定推动乡村振兴的具

体意见和阶段性规划，成立党政一把手牵头的推进实施乡村振兴战略领导小组，省市县乡村五级书记抓乡村振兴的工作格局初步形成。农村基层党组织的领导核心和战斗堡垒作用进一步加强，实现农村重大问题由农民自己决定，推动完善现代乡村治理体制。

2. 坚持因地制宜，培育乡村产业发展动能

坚持将深化农业供给侧结构性改革作为乡村产业振兴的主线，因地制宜、有序推进特色农业产业发展。例如，海南省、浙江省以推动一二三产业融合发展为切入点，积极发展乡村新产业新业态。海南省依托热带农业资源和农耕文化，推进"共享农庄"试点建设；浙江省建成示范性农业全产业链。

3. 坚持汇集力量，强化乡村振兴人才支撑

各地坚持将人力资本开发放在乡村振兴的重要位置，积极推动乡村人才振兴。实施乡村本土人才培育计划，着力培养有一技之长的农村实用技能人才，积极培育新型农业经营主体和职业农民，推动实施以市民下乡、能人回乡、企业兴乡为主要内容的"三乡工程"。例如，江西省实施"一村一名大学生"工程，2018 年以来已带动 3.1 万名各类人才回乡创业。

4. 坚持文化引领，推动乡村文化发展繁荣

各地在推动乡村振兴中坚持既要塑形，又要铸魂，着力提升农民精神风貌和乡村社会文明程度。例如，贵州省推动构建乡村文化网络体系，新建改建市县文化场馆，建设乡村基层文化广场，不断推动文化设施向基层延伸；广东省探索社会力量参与乡村文化新模式，有效增强了乡村公共文化服务供给，大力开展乡村移风易俗运动，有效改善农村大操大办、厚葬薄养、人情攀比等陈规陋习。

5. 坚持绿色发展，建设生态宜居美丽乡村

各地正确处理农业农村发展与生态环境保护的关系，推动构建人与自然和谐共生新格局。例如，海南省实施生态环境六大专项整治行动，建立起覆盖全省的垃圾清扫保洁体系、收集转运体系和无害化处理体系；贵州省启动重点生态区位人工商品林赎买改革试点，推动解决了生态功能区内的现实问题，实现了"社会得绿、林农得利"双赢；浙江省推进"千村示范万村整治"工程，积极发展乡村旅游、休闲农业等新产业，真正实现了生态美和百姓富的统一。

6. 坚持以人为本，提升乡村民生保障水平

各地紧紧围绕农民群众最关心最直接最现实的利益问题，不断提升农村基础设施建设和基本公共服务水平。例如，河南省开展农村饮水安全巩固提升工程，并且实现行政村通宽带互联网百分之百全覆盖；广东省投入教育经费百亿元，提高农村基础教育普及度，提高农村子女参加义务教育、入读高中（含中职）和大专院校的生活补助；浙江省已全面消除年收入4000元以下的绝对贫困现象，城乡居民收入差距为全国省区最小。

7. 坚持融合发展，完善乡村振兴扶持政策

各地着眼于推动城乡融合发展，不断推动农村产权制度改革，优化要素市场配置。例如，河南省把乡村振兴作为财政支出的优先保障领域；海南省在加大财政投入保障的同时，统筹整合涉农资金用于乡村振兴；广东省推动完善用地保障政策，将农村建设用地拆旧复垦指标、耕地占补平衡指标交易资金全部用于乡村振兴，支持村级组织和农民工匠实施乡村小型工程，推动实现农民"自选、自建、自管、自用"。

（二）济宁市实现乡村振兴，推动产业优化升级进程概况①

以任城区为例，其乡村振兴发展概况如图1所示。

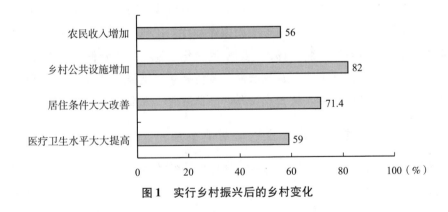

图1　实行乡村振兴后的乡村变化

---

① 《济宁：加快"两全两高"农机化发展　推进农业农村现代化》，农机网，http://www.nongjx.com/news/detail/79142.html。

济宁市任城区地理位置优越，地处鲁西南大平原，京杭大运河流经于此，农田面积大，地理位置具有渔业养殖优势。任城区从 2013 年就已经开始发展新型农业，发展当年农业增值高达 22.76 亿元，其农业用地占耕地总面积比重为56%。相当于一个区的吴阳泉村耕地总面积为 1257 亩，其中农业用地占耕地的67%。以发展新农业成功的任城区为样板，类比分析山东省乡村振兴的推动产业优化升级进程概况。

近年来，任城区按照"立足大农业，面向现代化，发展新农机"的工作思路，补齐全程机械化短板，突破全面机械化瓶颈，不断提升农业机械化质量效益，促进了任城区农业现代化发展。2021 年，全区农机总动力 74.6 万千瓦，农机资产总值 7.3 亿元。其中大中型拖拉机 4734 台，配套农机具 12061 台（套），稻麦联合收割机 2730 台，秸秆粉碎还田机 1226 台，秸秆捡拾打捆机 302 台，谷物烘干机械总吨位 1002 吨，机动植保机械 1431 台，水稻插秧机 348 台，畜牧饲养机械 1069 台（套），农产品初加工动力机械 2722 台（套）。以机械化武装的铁军，为发展高效现代农业插上腾飞的翅膀，给任城这片充满生机和希望的热土注入了新的活力。先后荣获"全国农机监理'为民服务创先争优'示范窗口""全国平安农机示范县""全国主要农作物生产全程机械化示范县""'两全两高'农业机械化示范县（市、区）"等荣誉称号。

1. 政府重视，部门协作，高效推动"两全两高"农业机械化

多年来，区委、区政府高度重视农业机械化工作，多次召开专题会议，研究农机化发展工作，先后出台了鼓励发展都市型现代农业、助推乡村振兴的各类文件。成立了创建全省"两全两高"农业机械化示范县工作领导小组。抽调由财政、农业、农机、畜牧等相关部门专家组成的技术指导小组，尽其所能地把人力、物力集中到一起，形成合力，共同发力，把推进"两全两高"机械化发展作为当前重点工作来抓，推动农业机械化全程、全面、高质、高效发展。

2. 政策引导，资金扶持，助推农业机械化转型升级、提质增效

以政府扶持为引导，发挥市场在资源配置中的作用，以农机社会化服务组织、农业生产规模经营者为主体，创新工作机制，协同配合，形成推进"两全两高"农业机械化发展新合力。济宁市任城区第 24 次常务会议研究决定区财政列支 200 万元，用于支持水稻全程机械化生产、高效机械化植保、粮食机械化烘干、畜牧饲料生产加工、自动供给、粪污处理等机械化发展，为"两全两高"创建做好资金保障。2018 年以来，区政府每年设立 5000 万元农业发展专项资金，

全力打造都市型现代农业，提升农村一二三产业融合发展水平。农业机械化快速发展，畜牧业养殖、食用菌等特色优势产业逐渐壮大。

一是实施农机购置区级补贴。在国家补贴的基础上，区财政列支专项资金，对秸秆捡拾打捆机、水稻插秧机、半喂入式水稻收割机，每台再给予3万元补贴；对大型植保机械、无人植保机按照机械购置价格的20%给予一次性奖励；对烘干设备按照国补标准再次给予同等补贴。2018年、2019年分别发放区级农机购置补贴资金899余万元、930余万元。二是持续开展农机作业补贴。对稻麦两作区实行小麦低留茬联合收获作业每亩补助10元，对小麦秸秆捡拾打捆或实施小麦秸秆全量还田的，每亩补助35元；对水稻秸秆实行清运收储，每亩补助30元。支持水稻生产全程机械化，对开展水稻机械化插秧、集中连片面积300亩以上的，每亩补助100元；大力推进机械化植保，一喷三防免费供药，每亩补助作业费5元。植保作业采取"合作社＋"模式，合作社＋无人机经销企业、合作社＋农药经销点、合作社＋无人机散户，统一作业，有效整合无人机资源，提高了作业效率和作业质量。三是鼓励开展各级示范社、示范场建设。对年内被新认定为国家和省、市级农业产业化重点的龙头企业，分别给予一次性奖励10万元、5万元、3万元；对新认定的国家和省、市级示范合作社，分别给予一次性奖励5万元、3万元、2万元。四是扶持农业生产基地建设。对当年新建扩建农业基础设施投资达到100万元以上的新建扩建利用畜禽粪污生产有机肥企业、新建绿色生态规模养殖场，给予新增投资额度10%的奖励扶持。五是鼓励知名农产品品牌创建，支持农产品"三品一标"认证。对年内新获得有机、绿色、无公害认证农产品的主体，分别给予3万元、2万元、1万元的一次性奖励；年内新获得国家农产品地理保护标志的，给予一次性奖励10万元；对农业重大项目、投资过亿元的农业招商引资项目及科技含量高、示范带动强、影响范围大的现代农业项目，实行"一事一议"，给予重点扶持。通过出台一系列扶持政策，全区规模以上农产品加工企业发展到39家，绿色食品认证25个，无公害农产品认证42个。全区农机专业合作社发展到68家，其中国家级示范社2家、省级示范社1家、市级示范社8家。合作社固定资产为1.7亿元，农机经营服务收入达3357.2万元。农业新型经营主体经济实力、发展活力和带动能力显著增强。

3. 凝心聚力，全面推进"两全两高"农业机械化示范县创建

围绕创建全省"两全两高"农业机械化示范县工作，区农机中心干部职工深入农机合作社、农机大户、田间地头调查研究，倾听一线声音。多次召开专题会

议，研究"两全两高"农业机械化发展模式，制定农机化发展规划。采取"推广机构＋服务组织＋示范主体"服务模式，建立了 12 处农机化示范基地，加强对"两全两高"农业机械化技术进行示范推广。

一是规范建设水稻生产全程机械化示范基地 4 处；发挥示范引领、辐射带动作用，进一步提升水稻生产机械化水平。二是建设高效植保机械化示范基地 1 处，增强高效植保机械化服务能力，重点推广植保无人机等先进适用的植保机械，不断提升植保机械化、智能化和精准化作业水平。三是扶持建设粮食机械化烘干示范基地 2 处，进一步提升粮食机械化烘干能力。四是按照服务基础条件好、全程农机作业服务能力强和综合农事服务成效显著的标准，建设 1 处"全程机械化＋综合农事"服务中心，提高农机经营服务能力，拉长农机合作社服务链条。五是扶持 2 处畜牧养殖机械化示范基地和 2 处农产品初加工示范基地，提升畜牧业、农产品初加工机械化水平。通过建立"两全两高"农业机械化示范基地，培育典型，打造样板，探索总结"两全两高"农业机械化发展的技术路径、技术模式、配套机具、操作规程及服务方式，形成可复制推广的典型，引领推动全区"两全两高"农业机械化加速发展。

4. 科技引领，人才振兴，助力农业机械化高速发展

任城区大力推进农业科技创新平台建设，积极引进高校、科研院所设立分支机构，促进人才、项目、资金、技术对接，建立了山东省新型职业农民乡村振兴示范站、济宁市农业专家服务站、山东省 12396 科技信息服务站、山东省水稻产业技术体系试验示范基地、山东农业大学动物科技学院校外教学科研基地等站点、基地。以新型职业农民培育为基础，积极开展农业经理人培训、现代青年农场主培训和新型经营主体带头人轮训等多种培训活动，强化农业专业人才和农业科技人才的支撑引领作用，加强实用人才培养。农业、农机、畜牧等部门结合本地实际，先后编辑出版了《农业全程机械化培训教程》《水稻机械化生产技术指导手册》《农业全程机械化优秀论文选编》《现代农业实用技术》等一大批实用教材。围绕农业现代化发展和"两全两高"农业机械化技术，举办农业机械化技术培训班 8 个班次，培训人数 600 余人次。培训水稻机械化育插秧、农机操作、畜牧养殖等技术人员 350 人，乡村机械化水平显著提高，如图 2 所示。

图 2　乡村机械化水平变化

三、调研地点的基本情况

（一）吴阳泉村概况

1. 区位位置

吴阳泉村，位于烟台市福山区东厅街道。烟台市地处山东半岛中部，东临威海，西接潍坊，西南与青岛毗邻，北濒渤海、黄海，和大连共同形成拱卫首都北京的海上门户。凭借着与日本和朝鲜半岛隔海相望的地理优势，成为我国首批沿海开放城市之一，是环渤海经济圈内以及东亚地区国际性的港城、商城和旅游城。

2. 气候条件

吴阳泉村所处位置是暖温带大陆性季风气候。该气候雨水适中，空气湿润，气候温和，可谓冬无严寒，夏无酷暑，气候宜人，四季分明。全年平均气温在12℃左右，成为游客首选的旅游避暑和休闲度假胜地。

3. 人口情况

全村共有420户，980人。人口出生率为10.75‰，人口死亡率为6.42‰，人口自然增长率为4.33‰。村两委班子工作运转良好，平均年龄43岁，党员平均年龄45岁，学历初中，党员人数为39人。

4. 历史文化情况

据村碑记载，元末明初，吴姓始祖国良，由"云南"迁此建村，因村西向阳处有一泉，清澈味甘，名曰"扳倒井"，故取名阳泉村。[①] 清道光十二年（1832年）以后，吴姓繁衍成大户，更名吴阳泉（见图3）。民国年间，孙姓由西宋洲、王姓由山北头、崔姓由某阳先后迁入，各姓氏和睦相处。村西有眼"扳倒井"泉，形圆如缸，水从石缝中出。相传唐太宗东征路过此处时，为了便于饮马，将一水井扳倒，呈西南向。至今井台石头上，还留有马蹄印。现村中有古槐1株，干高5米，树围3.2米，树高8米，呈弱势，树龄400年。村委院南有紫藤1棵，高2.15米，树围1.3米，冠幅东西长5米，南北宽2米，春开紫花，浓香四溢（见图4）。

图3　吴阳泉

图4　古槐

---

① 选自水母网——东厅丁家夼和吴阳泉荣获年度"省级文明社区"荣誉称号。

（二）吴阳泉村经济概况

吴阳泉是"山东省旅游特色村""市级生态文明村居""市级文明社区""烟台市美丽乡村"。

第一产业：耕地面积 3000 余亩。大樱桃是其主要经济作物，樱桃产业是农业方面的支柱型产业。

第二产业：福东产业园在此发展。

第三产业：完善基础设施，推动特色旅游业发展。为大力发展本村旅游业，目前，已投资 50 万元硬化村内主要道路，建设基层办公场所，绿化村内道路达 70%；投资 20 万元，整修河床、浆砌河道；投资 60 万元，建设"花溪公园""扳倒井公园"两处河滨公园，使村容村貌焕然一新，为居民提供良好生活环境的同时也吸引了更多的游客群体。[①] 吴阳泉居委会以"山、泉、大樱桃"为特色，推出民俗游、农家乐等项目。以干农家活、吃农家饭、住农家屋为核心，推出明月塘垂钓、大樱桃采摘等一系列亲近自然的旅游活动。组建了秧歌队、锣鼓队等群众文化队伍，为游客献上农家特色的三句半、歌舞表演。兴建了花园、凉亭等配套设施，可满足各个年龄层次游客的需要，形成了集休闲、娱乐于一体的生态旅游项目。

美化人居环境，推进环卫一体化进程。为使本村旅游环境更加优越，村居出资修建了宽阔的停车场，农户家中进行改厨改厕，农家乐环境干净整洁，村口农家饭店与农家菜园比邻而建，使游客可以在欣赏田园风光的同时体会到采摘的乐趣与绿色食材的原汁原味，为游客提供了吃住一条龙的服务。为推动环境卫生综合整治，村居设立保洁员 13 名，实行保洁员包街道制度，具体分区，专人负责，为了引导居民养成良好的卫生习惯，村居在原有基础上新设垃圾箱两处，有效避免了垃圾的乱丢乱放。

促进乡风和谐，加强精神文明建设。为使居民形成良好的道德风尚，村居响应政府号召建立了"善行义举四德榜"，评选出的孝子、好媳妇、乐于助人道德模范等典型人物为村民树立了新风；为丰富居民精神生活，每天晚上在村内广场上有组织地跳广场舞成为村内一道亮丽的风景线；在村委会内设的农家书屋内，一排排整齐的书籍，给闲暇的村民带来了精神的食粮；为了形成遵纪守法的良好氛围，促进村居和谐发展，村居颁布《吴阳泉村规民约》并严格监督村民依约规

---

① 《东厅丁家夼和吴阳泉荣获年度"省级文明社区"荣誉称号》，水母网，http：//www.shm.com.cn/special/2017 – 11/02/content_4665983.htm。

范自己的行为，在加强村民自治意识的同时，促进乡风和谐（见图5、图6）。

图5　村头一角

图6　广场活动

（三）吴阳泉村构建新型农业产业体系发展方向

1. 推进吴阳泉村农业深入发展，助力农业产业转型升级

乡村产业兴旺，不仅是农业兴旺，而是要实现百业兴旺。因此要以农业为基础、完善产业链、价值链、利益链。通过培育新产业、新业态、新模式，进而促进一二三产业的融合发展。

坚持质量第一，实施品牌兴农战略。吴阳泉村山清水秀，依托樱桃产业，创建特有的樱桃品牌。进行樱桃品牌认证，做到"两品一标"。创建有机樱桃，绿色樱桃产品。对樱桃品牌进行保护，做到产品溯源保护。通过品牌营销，扩大知名度，坚持效益优先，提升农业竞争力，促进农民增收。

增加效益，降低成本，上规模，拓功能。吴阳泉村农业效益不高主要表现在农业方面，如农业产业链条短，农产品附加值不高；农业多种功能开发不够，生态文化价值挖掘不充分。针对吴阳泉村存在问题的解决措施：降低成本，在不同领域、不同环节，采用机器换人；针对吴阳泉村处于山地丘陵地区的情况，发展节约农业，产量高，占地少、节地、节水、节能、节电。

发展适度规模经营。通过土地流转、互换、租赁入股的方式，发展土地的规模经营；开展社会化服务，拓展代耕代种，联耕联种，统防统治，通过服务的规模经营来提高效益。

开发农业的多种功能。在村内开展生态保护，发展休闲观光农业，传承传统文化。

绿色发展，投入品减量，废弃物利用，资源养护。推进农业投入品减量化使用；推进农业废弃物的利用，如秸秆经过处理用作肥料；加强农业资源的养护，耕地休耕；以市场为导向，调结构、进园区、建市场。

推进吴阳泉村农业结构调整，不因一时的供求变化放弃长远的方针。依托福东产业园区平台，加快推进产业向园区集中。推动三区（粮食生产功能区、重要农产品生产保护区、特色农产品优势区）三园（现代农业产业园、科技园、创业创新园）建设。加强农产品市场体系建设，推动实现樱桃产品与消费者的直接对接。

2. 推进吴阳泉村农业接二连三进四，实现农业产业高质量发展

完善发展思路，完善"三链"（产业链、价值链、利益链），培育"三新"（新产业、新业态、新模式），融合"三产"（一产、二产、三产）。针对吴阳泉村农村产业融合发展存在的问题，如农业有了较大的发展，但是一二三产业发展水平不高、农业多种功能开发不够，新业态发育不足、产业融合发展平台和机制缺乏，农业一二三产业融合程度不深，产业带动能力不足。实施的解决措施包括：以农业为基础，完善三链、延长产业链、拓展价值链、完善利益链；以乡村为基础发展农业之新，新产业、新业态、新模式；以培育宜居宜业，特色农镇为平台，打造特色农业，农业村田园结合，产业融合发展示范园等试点示范。

推动休闲旅游和电子商务的融合发展，推动食品加工业的发展，推动特色村镇的发展。大力发展乡村休闲旅游产业；推进农产品电商和农村电商发展；加快发展农业产品加工业和现代食品产业；培育宜居宜业特色村镇。丰富和打造乡村旅游的业态，产品和业态要多样性，满足各层次的需求。通过产业链的延长拓展价值链，要把大粮仓变成大厨房。推进传统食品工业化规模化生产，发展乡村的特色乡土产业，从而形成完善的农业产业链（见图7）。支持各地加强特色村镇

的基础设施建设，公共服务、生态环境建设，打造一批特色村镇。打造特色专业村、山东农民画专业村、调料专业村；打造田园综合体，以农民专业合作社为主要载体，要让农民充分参与和共享，集创意农业、循环农业、农事体验于一体；支持产业融合示范园的发展，通过建设示范园进行试点来示范发展。

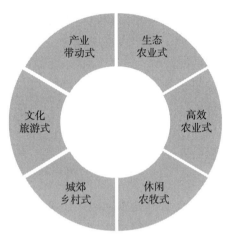

图 7 "乡村振兴"农业产业链

四、吴阳泉村实现乡村振兴工作中存在的问题

（一）劳动力问题

吴阳泉村劳动力向城市群集中的同时，年轻人选择外出打工，吴阳泉村劳动力老龄化、农村空心化问题显现。生产领域一线劳动力、基层农技人员和经济管理人员严重短缺。导致吴阳泉村一线劳动力的现实短缺与未来断代。在田地劳作的农民，以 60 岁以上的中老年人居多，四五十岁的中年人较少，三四十岁的青年人极为罕见，根本看不到二三十岁年轻人劳作的身影。吴阳泉村留守人员吸收农业科学技术能力差，难以发展现代农业，更难以保障农业。在农户和子女种田意愿上，不会种田的农户子女和表示不会继续种田的农户子女众多。高校农业相关专业毕业生很少流向乡村基层。无论是博士生、研究生还是本科生，就业流向以高校科研等事业单位、企业和出国为主，少数知识人才选择返村，这是吴阳泉村难以得到发展的重要因素。

（二）土地资源充分利用的问题

改革开放后，发展的是资源型经济模式，靠的是开山采石，拥有的技艺是石雕。由于长期发展重物污染的资源型经济，前期经济增长极为迅速，但这种高速发展的同时带来的是巨大的环境污染隐患，原来的山丘直接被开采成了巨坑，建厂地方的土地直接被工厂排放的废水、废渣污染，只有杂草这种植被能在上面生存，轻污染的地方能养殖果树，但因为土地污染，果树的产量受到了极大的影响，用于土地养护的费用远远超出了作物所能带来的经济效益。大片没有被污染的丘陵地区一直处于荒芜的状态，但荒山上有松树，会结出野生的松子，松果会被当地村民捡回去当作柴火，山上有野兔，山脚地区有池塘，有一部分村民在山脚平缓地区开垦了一些小型菜圃，但山上松树地区并没有被使用，有的荒山上有野生的栗子树。村里的很多土地种植的还是传统作物，在土地少的情况下依旧存在部分土地荒芜的情况；村中有两片林场，但两片林场只是为了卖木材而种植，会有野生的蝉幼崽在林中。

（三）环境污染和耕作落后的问题

吴阳泉村产业在类型、规模等方面发展不全面、不平衡。产业较为单一，仍以传统种植业为主，其他产业基础薄弱。并且耕作方法陈旧、种植技术落后、机械化程度较低等问题；在经营方式上依然较为粗放，集约化生产程度和水平较低，化肥、农药用量大，造成环境污染与土地质量退化。

（四）乡村宣传不全面的问题

在信息时代，产品宣传十分重要，产品没有进行很好的宣传，无法使产品真正"走出去"。吴阳泉村如今仍保持传统的售卖方式，此方式宣传力度小，售卖范围小，销售量低，吴阳泉村民收入增长缓慢。

五、吴阳泉村实现乡村振兴工作相关建议

（一）培育新型职业农民

提高农民的综合素质与能力，充分尊重农民意愿，使农民在乡村振兴中发挥主体作用。首先，通过新型职业农民培训工程的快速实施，赋能乡土人才快速成

长，让更多更好的"田秀才""土专家""乡创客"涌现。其次，要贯彻落实相关政策，吸引新时代青年返乡、下乡创业，政府要给予他们在资金、税收、设施等方面的支持，吸引创业者扎根农村，成为推动乡村产业振兴的中坚力量。最后，要加强思想教育，不断增强返乡青年的精神力量，培养其为村做贡献的意识。

（二）进行土地外包

可以将未使用的土地进行外包，土地资源不仅可以通过此方式得到充分利用，还可以提高村民的经济收入。进行大批量统一种植，由村里带领村民种植，对农产品进行多产品的大规模种植，便于管理。

（三）大力发展绿色农业

更新村民落后、守旧、短视的农业发展思维，继承传统，推陈出新，树立发展绿色农业的新理念，打造一支高质量新型职业农民队伍，加强对绿色农业发展的研发，推广绿色高效技术，创新发展绿色农业，发展生态循环农业，逐步实现农业现代化、产业化发展。

（四）实施"全媒体 + 乡村旅游"的新商业模式

推出新的商业模式连接线上与线下对农服务，将农业产品、乡村旅游、精准扶贫与媒体时代紧密相连，关注"三农"经济元素使其融入传播内容、服务、产品等各要素中，努力打造并大力宣传乡村新业态、新模式。深度挖掘网络视听新媒体对乡村振兴战略的作用，为了收集全方位的信息、更新相关民生服务，可在省市县乡镇村开设专栏、专题项目，利用直播对农副产品的种植、售卖过程进行展示，推广多种线上线下交易方式等。巧妙地将全媒体模式与乡村旅游相结合，充分发挥出全媒体在信息传播方面巨大的影响力、公信力与引导力。

六、结 束 语

推进农业产业转型升级，促使一二三产业融合发展，加强第三产业所占比重，促进我国社会主义新农业建设，是当前我国农村工作建设的一个重要方面。我国长期以来乡村发展相比城市处于较落后阶段，农村产业发展大多以一二产业为主，且一二三产业融合度不高，党的十八大之后，才有了较快的发展。因此，推动一二三产业融合发展不仅可以增加农民收益、推动农村农业交相发展，还有助于我国实现乡村振兴，推动农村向城市化迈进，早日实现中华民族伟大复兴！

通过此次深入烟台市福山区吴阳泉村调研，我们团队通过走访村民和村干部，对当地农村一二三产业的具体发展与大体脉络有了一个较深入的认识，对于农村产业发展过程中存在的问题通过村民叙述有了一个潜在认知。我们认为推动一二三产业融合发展可以从提高土地利用质量效率、合理利用土地资源、培育新型职业农民、结合线上线下农业等方面入手。当然，一定要坚持在党的领导下，通过政府的鼓励和扶持，努力解决发展过程中遇到的问题，助力乡村振兴，推动农村一二三产业融合发展，实现共同富裕。

通过此次调研的开展，我们团队有收获也有遗憾，由于时间、地域、疫情等因素的限制，本次调研只选取了最具代表性的村庄，未能将福山区的大部分村庄走访一遍，调查力度与样本不够大，且此次调研在调查问卷中的设计与应用方面也存在不足之处，在日后的调研中我们一定会注意本次调研所暴露的问题，总结反思并加以改进。

参 考 文 献

［1］魏玉栋：《乡村振兴战略与美丽乡村建设》，载于《中共党史研究》2018 年第 3 期。

［2］何成军、李晓琴、曾诚：《乡村振兴战略下美丽乡村建设与乡村旅游耦合发展机制研究》，载于《四川师范大学学报》（社会科学版）2019 年第 2 期。

［3］陈润羊：《美丽乡村建设研究文献综述》，载于《云南农业大学学报》（社会科学版）2018 年第 2 期。

［4］王茜：《习近平关于美丽乡村建设的重要论述研究》，兰州理工大学硕士学位论文，2019 年。

［5］矫旭东、杜欢政：《中国生态宜居和美丽乡村建设路径研究》，载于《中国农学通报》2019 年第 28 期。

附录

一、山东省烟台市福山区吴阳泉村实现乡村振兴进程调研调查问卷

您好，我们是山东财经大学燕山学院在校大学生，此次调查，主要是想了解农业转型升级进展及效果的评价，通过理论分析和相关政策解读乡村振兴问题并对其进行调研，研究的结果将为以后制度改革提供部分政策建议，因此您的回答是本次研究的重要基础和依据。本次调查将充分保护您的隐私权，采取无记名形式，希望能得到您的支持与配合。我们也会将了解到的情况尽量向有关部门反映，希望对您的生活有所帮助。对您的合作与支持，我们表示衷心的感谢！（请将选项写在题号前面，谢谢合作！）

（一）被调查者基本信息

1. 您的年龄（　　）［单选题］

A. 18～30 岁　　　　　B. 31～40 岁　　　　　C. 41～50 岁

D. 51～60 岁　　　　　E. 60 岁以上

2. 您的受教育程度（　　）［单选题］

A. 小学及以下　　　　　B. 初中

C. 高中及中专　　　　　D. 大专及以上

3. 您的工作类型是（　　）［单选题］

A. 在家务农　　　　　B. 附近打工　　　　　C. 从事非农经营

D. 长期在外打工　　　　　E. 其他

4. 您的家庭年收入大约多少（　　）［单选题］

A. 5000 元以下　　　　　B. 5000～10000 元　　　　　C. 10001～30000 元

D. 30001～50000 元　　　　　E. 50001～100000 元　　　　　F. 100000 元以上

5. 种植业收入占总收入比重（　　）［单选题］

A. 10% 以下　　　　　B. 10%～30%　　　　　C. 31%～50%

D. 51%～70%　　　　　E. 71%～90%　　　　　F. 90% 以上

（二）有关实现乡村振兴的问题

1. 对国家乡村振兴战略的了解情况（　　）

A. 非常了解　　　　　B. 了解

C. 了解较少　　　　　D. 一点都不了解

2. 您认为乡村振兴的关键是什么_____

3. 您觉得乡村振兴的重点应该放在哪个方面_____

4. 您觉得现在村里还有哪些问题需要改善（　　）

A. 医疗保障　　　　　B. 文化教育　　　　　C. 乡村道路

D. 公共卫生　　　　　E. 基础设施

5. 您家在外务工人员是否愿意回村就业或创业（　　）

A. 是　　　　　B. 否　　　　　C. 不明确

6. 您认为在外务工人员不愿意回村就业或创业的重要原因是_____

7. 您认为达到生活幸福的月收入水平应达到（　　）

A. 1000～2000 元　　　　　B. 2001～4000 元　　　　　C. 4001～6000 元

D. 6001～8000 元　　　　E. 8001～10000 元　　　　F. 10000 元以上

8. 您对村中公共设施的满意程度（　　　）［单选题］

A. 非常满意　　　　　　　B. 比较满意　　　　　　　C. 一般

D. 不太满意　　　　　　　E. 不满意

9. 您认为乡村存在的最大的问题是＿＿＿＿＿＿

10. 您对乡村振兴的好的意见或建议＿＿＿＿＿＿

（再次感谢您对我们的支持！祝您及您的家人身体健康，生活幸福！）

二、调查问卷抽样结果统计

1. 调查基本情况

本次网上调查共 16 道问题。共 115 人参加调查，68 位男性，47 位女性；18～40 岁有 23 人，41～60 岁有 47 人，60 岁以上有 45 人。

2. 调查结果与分析

调查结果显示，参与投票的人中文化程度主要集中在专科及以下，其中初中、高中及中专的人数较多，有 73 人，总体体现文化水平较低的形式。家庭目前年平均收入集中在 10001～30000 元，收入有待提高。村民的主要收入来源为在家务农（27%）和外出打工（35%），青年劳动力大多数为外出打工。

随着乡村振兴战略实施，针对村民对国家乡村振兴战略的了解情况，有 82% 的村民处于了解较少，有 12% 的村民为了解，仅 2% 的村民为非常了解，甚至 4% 的村民一点都不了解，所以应积极宣传和推动乡村振兴战略的发展，做到每位村民都切实了解该政策，从而推动全村集体振兴。

村民认为本市乡村振兴战略需要改造的地方主要集中在医疗保障（38.3%）、文化教育（26.9%）、乡村道路（12.6%）、基础设施（18.4%）等方面。

在关于在外务工人员是否愿意回村就业或创业的问题中，愿意回村就业的村民为 78%，选择在外劳务的村民 22%，这体现了大部分村民是有回乡就业意愿的。然而村民选择不愿意回乡就业的原因主要为收入过低、就业岗位机会较少以及村民的发展空间狭小等。

在关于达到生活幸福的月收入水平的问题中，有 69.2% 的村民认为 2001～4000 元可以满足其需求，有 21.2% 的村民认为 4001～6000 元可以让他达到生活幸福。可见目前的经济收入与村民的满意收入存在一定差距。

在关于乡村存在的最大的问题中，认为缺少人才以及青年劳动力的村民占 24.4%，认为缺少建设经费的村民占 13.3%，认为基础设施不完善的村民占 6.45%，认为产业结构单一的村民占 33.9%，认为人口老龄化的村民占 12.3%。从中可以看出产业结构单一是目前最突出的问题，也是影响农村发展的关键点，应努力推动农业转型升级，倡导一二三产业融合发展，从而留住人才，实现乡村振兴。

在关于对村中公共设施的满意程度问题中，有53%的村民认为比较满意。27%的村民认为一般。可见村中的公共设施处于基础建设的阶段，可以继续优化建设升级。

村民未提出关于乡村振兴及人才振兴战略的建议和意见，这与村民的知识水平及受教育程度有一定关系。我们应加大对乡村振兴的宣传力度，推动农业转型升级，解决"三农"问题，推动农业升级、农村进步、农民发展，加快推动我国社会主义现代化强国建设。

新旧动能转换视阈下乡村振兴分析与建议

——以济南起步区太平街道为例

刘　浩*

崔　瑱**

杨月晨　钟　雯***

摘　要：随着乡村振兴战略的提出，新农村振兴战略进入了一个新的发展阶段。2021 年是建党 100 周年，也是开启基本实现社会主义现代化建设目标的关键之年，做好乡村振兴工作尤为重要。而且新旧动能转换重大工程是中央提出的乡村振兴新模式，建立济南市新旧动能转换起步区是山东省目前高度重视的乡村振兴政策。因此，以济南起步区太平街道为例，通过实地走访、发放问卷和访谈等调研方法，研究其新旧动能转换策略实施、乡村振兴体系模式、乡村网格化治理新机制等，对发展全域覆盖的乡村振兴产业，全面推进乡村振兴工作的开展具有重大的理论与实践意义。期望通过对其乡村振兴现状进行总结归纳，结合回收的调查问卷结果，对乡村振兴现状进行探究，进而提出合理的乡村振兴建议，为山东省的乡村振兴工作贡献青年力量。

关键词：乡村振兴　新旧动能转换　特色产业

一、绪　　论

（一）调研背景

党的十九大提出了乡村振兴战略，坚持乡村全面振兴，努力实现乡村产业振

---

*　调研团队指导老师：刘浩，助教。
**　调研团队队长：崔瑱。
***　调研团队成员：杨月晨、钟雯。

兴、人才振兴、文化振兴、生态振兴、组织振兴。2021年是建党100周年，也是开启基本实现社会主义现代化建设目标的关键之年，做好乡村振兴工作尤为重要。同时，全国扶贫开发工作会议指出，2021年要把巩固拓展脱贫攻坚成果摆在头等重要的位置，坚决守住脱贫攻坚胜利果实。

新旧动能转换重大工程是中央提出的乡村振兴新模式，新旧动能转换是通过新模式代替旧模式、新业态代替旧业态、新技术代替旧技术、新材料新能源代替旧材料旧能源，实现产业升级，实现数量增长型向质量增长型、外延增长型向内涵增长型、劳动密集型向知识密集型经济增长方式转变。在我国全面推行乡村振兴战略的背景下，山东省实施新旧动能转换工程具有重大战略意义。为加快山东新旧动能转换综合试验区建设，济南市制定济南新旧动能转换起步区建设实施方案积极探索新旧动能转换模式，提出高标准高质量建设济南新旧动能转换起步区①，因此我们选择新旧动能转换起步区的乡村振兴现状作为调研对象。

太平街道作为济南新旧动能转换起步区之一，积极探索乡村网格化治理新机制，发展全域覆盖的绿建产业，全面推进乡村振兴工作。太平街道主要发展"太平宝"西瓜、蔬菜等农副产品、周村烧饼和工业绿建，目前太平街道的乡村振兴工作取得了不错的成果，街道面貌焕然一新，所以我们以济南起步区太平街道为例，进行新旧动能转换视阈下乡村振兴现状的调查。

（二）调研目的

1. 收集济南市新旧动能转换起步区乡村振兴数据

通过问卷调查、实地走访、座谈会、查找资料等形式，深入济南市起步区太平街道，充分获取太平街道乡村振兴数据。

2. 深入探究济南市起步区乡村振兴现状

主要从党建引领、地方政策、居民收入、医疗保障、乡村环境、特色产业等方面分析太平街道乡村振兴道路的优点和不足，以及实施过程中的难点、重点，深入对太平街道乡村振兴进行分析。

3. 分析济南市起步区乡村振兴经验及不足，建立体系化模式

通过实地调研以及收集问卷的方式对太平街道乡村振兴工作进行深入分析，

---

① 李晓雨、杨钊：《济南市新旧动能转换先行区规划设计研究——以崔寨安置一区安置项目修建性详细规划为例》，载于《城市建筑》2021年第5期。

从中总结经验及不足，形成体系化模式，为国家乡村振兴工作略尽绵薄之力。

4. 提出合理有效的乡村振兴建议

根据山东省济南市新旧动能转换起步区太平街道乡村振兴现状以及有效措施，总结出一条适用于山东省各地乡村振兴工作的程序化决策思路，未来推广到全国，结合地方特色因地制宜，形成具有地方特色的乡村振兴道路。

（三）调研方法

1. 实地调查法

本次调研通过走访太平街道部分社区以及主要工厂，并进行相关信息记录，以访谈形式了解当地乡村振兴历程。

2. 文献研究法

国家目前颁布了关于乡村振兴的各种政策，查阅国家对乡村振兴的方针政策，研读已有的文献资料，从中归纳总结合理的方案结论。

3. 问卷调查法

通过向当地居民发放调查问卷，进而了解太平街道乡村振兴的方法以及实施成果，收集相关数据。

4. 访问调查法

调研团队与村干部以及企业负责人面对面进行标准式访谈会议，通过问答了解太平街道的乡村振兴现状以及政府的相关政策。

5. 统计分析法

利用数学方法结合调查中对当地的医疗保障、各项产业发展情况、居民就业及收入情况等的统计，以此来分析当地致富的途径和水平，得出相关对策建议。

（四）调研意义

开展乡村振兴工作对于解决新时代我国社会的主要矛盾、实现"两个一百年"奋斗目标和中华民族伟大复兴中国梦都有着深远的理论意义。乡村振兴是实现先富带动后富的必由之路，是走向共同富裕的必要条件；乡村振兴有利于传承中华文明，使中国传统文化得以延续和发展；乡村振兴有利于完善和发展中国特色社会主义制度，构建"美丽乡村""美丽中国"。

太平街道作为山东新旧动能转换起步区，走好乡村振兴道路不仅能为未来产业结构调整、转型升级打下基础，也为全面建设社会主义现代化的国家做好充足准备，通过深入了解太平街道的乡村振兴模式，从中汲取经验，改善不足，形成程序化决策方法，对于全面实现乡村振兴具有实践意义。

二、调研地基本情况

（一）太平街道基本情况

济南新旧动能转换起步区位于京沪经济走廊中心，济南市区北部，辖区范围横跨黄河两岸，包含泺口、崔寨、孙耿、太平、大桥，总面积约 1030 平方公里。现有交通网络成熟，青银高速、济南绕城高速、京沪高速、东吕高速 4 条高速公路穿境而过；高速铁路两条——京沪高铁、石济客专。[①] 东临济南遥墙国际机场，西邻济南西站，南侧邻近石济客专新东站、济南站，未来还将打造齐鲁大桥、凤凰大桥、黄河大桥、泺口穿黄隧道连通黄河南北两岸，规划地铁 RI、M 线贯穿先行区全境，打造立体式交通网。山东计划举全省之力建设济南新旧动能转换起步区，打造黄河流域璀璨明珠。

太平街道位于济南新旧动能转换起步区北部，与济阳、齐河、临邑搭界，104 国道纵贯南北，济太路横穿东西，京沪、东吕两条高速在太平交汇，并设有出入口（济阳西），区位交通优势十分明显。全域面积 126 平方公里，在目前起步区所辖街办中面积最大，耕地面积近 12 万亩，辖 91 个行政村，总人口 6.5 万人。太平街道（原太平镇）是中国地区促进会命名的"中国优质西瓜第一镇"，现有瓜菜大棚 2 万余个，种植面积近 4 万亩，是山东省内黄河以北最大的早春西瓜种植基地，太平特产"太平宝"瓜菜获山东省著名商标和国家地理标志证明商标，产品通过国家绿色食品认证。国家级非物质文化遗产周村烧饼也在太平街道拥有分公司，济南绿建产业园正在建设中。太平街道先后获得"中国美丽乡村建设示范镇"、"全国科普惠农先进集体"、"山东省文明镇"、济南市首批"现代农

---

① 《济南新旧动能转换先行区——规划范围》，济南起步区网，http：//jnxxq.jinan.gov.cn/art/2019/3/26/art_32647_2877984.html。

业示范镇"、"济南市美丽乡村建设先进镇"（2014 年、2015 年连续两年）、"省级文明单位"（2020 年 12 月）等多项荣誉称号。①

（二）新农村建设

1. 孔家坊

孔坊村位于"中国优质西瓜第一镇"——太平街道以北，东靠齐济河，西邻国道 104 线，交通便利，风景优美（见图 1）。全村 85 户，共 324 人，现有朱、于、阎、陈、孔、王、张等姓氏，均为汉族。土地总面积 656 亩，耕地面积 510 亩，农业主导产业是大棚西瓜和秋延迟蔬菜，水系绿化 1.5 公里，村内林地面积 106.2 亩，森林覆盖率为 35%。

图 1　孔家坊村史馆

1949 年农村经济总收入为 3.84 万元，1978 年为 12.4 万元，2000 年为 24.8 万元，2019 年为 1530 万元，人均纯收入为 23600 元。全村经济纯收入为 785 万元，20 世纪 90 年代已被授予"五好村党支部""双文明建设标兵""小康文明先进村""经济强村"等荣誉称号。2018 年被评为"全国文明村"。

孔家坊近年来提出了"数字赋能农业、精准跨越未来"，以"传统种植数字化改造升级与集成示范"为目标，并继续响应"太平接待田园化"的布局规划，

---

① 《最美太平欢迎您》，济南起步区网，http://jnxxq.jinan.gov.cn/art/2021/4/20/art_39756_4761630.html。

按照绿色生态，高效农业的发展思路，大力发展大棚瓜菜产业，并积极面对国内甜西瓜产业的结构性调整，将其向小型化、口味好、品质高转变，并主动迎合网络化、电商化的现代消费方式，同时也大力发展休闲旅游业，来提高居民收入。

2. 白家堰

白家堰村位于太平街道驻地以北6公里处，北邻徒骇河，东靠齐河，现全村共63户，耕地面积405亩。全村60岁以上的老人占了2/3，青壮年村民都外出打工，空心化问题严重；2019年以前主要以种植玉米、小麦等粮食作物为主，产业结构较为单一，集体收入几乎为零。

针对这一情况，2019年7月11日，山东省再派10477名干部奔赴乡村振兴最前线、新旧动能转换主战场。济南市乡村振兴服务队新旧动能转换起步区队入驻太平街道，将白家堰村列入乡村振兴重点帮扶村之一。协调资金80余万元，引进山东康花科技有限公司的中药材金银花种植项目，种植金银花203亩（见图2、图3）。目前，种植药材长势良好。下一步，服务队还将在村内建设加工车间一处，购进烘干机，逐步形成金银花"种植—加工—销售"的产业链，夯实产业。①

图2　白家堰金银花田

---

① 王学芹：《济南新先行区太平街道白家堰村乡村振兴项目初见成果》，党政理论网，http://shandong. zgdzllw. com/zonghe/2020 – 11 – 16/66814. html。

图3　白家堰金银花茶

3. 羊栏口

羊栏口村是太平街道下辖的行政村（见图4）。2020年4月，济南起步区太平街道对羊栏口等第一批完成整改并申报验收的45个村全面开展"拉网式"验收工作。社区现有社区居民委员会以及公共活动场所，并且落实垃圾分类工作。居委会监控遍布整个社区，以保障居民的安全。

图4　羊栏口村入口

4. 西太平

西太平村位于太平街道罗梁路，耕地2826亩，盛产西瓜、蔬菜、玉米、小麦等农产品。村民委员会内设有齐全的摄影录像设备，可开展远程会议，具备现代化办公条件，有网格员入驻。

5. 东侯市

东侯市村位于太平镇孔坊江太路玉龙湾垂钓园附近。村内设有幸福院（见图5），以及老年洗浴理发更衣室，可短期代为照顾老人。2020年4月，为加快推进美丽宜居乡村建设，根据太平街道党工委关于"人居环境提升、三资清理"等相关工作的部署与要求，做到了"四个全部"，起到了模范带头作用。

图5　东侯市村幸福院

（三）现代化企业

1. 济南绿色建设国际产业园

济南绿色建设国际产业园项目一期位于济南起步区太平街道谢胡路。项目占地总面积20万平方米，总建筑面积约18万平方米。产业园以生产绿色环保建筑为主，逐渐吸引绿色建筑龙头企业的加入，通过"一个联盟+三个中心"——绿色建筑全产业链创新联盟、绿色建筑研发中心、绿色产品生产中心、绿色产业服务中心的架构①，切实做大做强绿色建筑产业，努力打造起步区重要的产业地标。此外，新旧动能转换最重要的就是用新模式代替旧模式、新业态代替旧业态、新技术代替旧技术、新材料新能源代替旧材料旧能源，所以绿建产业园十分符合新

---

① 时金：《先行区将建全国最大绿色建筑产业示范区》，载于《济南日报》2019年11月8日。

旧动能转换的趋势。

2. 周村烧饼

周村烧饼有限公司济南分公司成立于 2007 年 10 月 30 日，主要经营范围为糕点（烘烤类糕点）生产等。自 2006 年起，周村烧饼连续获得了中国驰名商标、中华老字号、国家级非物质文化遗产一系列荣誉和称号后，企业进入发展快车道，产品经常脱销。"六统一"——员工培训、原料配送、工艺流程、检验标准、生产调度、工薪福利确保了济阳区基地的产品质量。济南分公司稳定的生产队伍，科学的生产布局，完善的管理体系，依托济南的市场辐射力，对整个公司的健康发展发挥了越来越重要的作用。①

三、调研地乡村振兴现状

（一）党建引领

新冠肺炎疫情防控期间，济南起步区太平街道党工委认真贯彻落实上级决策部署，严格按照"坚定信心、同舟共济、科学防治、精准施策"的疫情防控要求，始终把群众安危放在心里，把防控责任扛在肩上。济南先行区太平街道党工委聚焦"四个强化"，全力以赴打好疫情防控阻击战。强化组织领导，太平街道第一时间成立了街道新型冠状病毒感染肺炎疫情防控工作领导小组，并且明确各个工作小组及部门的职能职责。强化宣传引导，党工委组织各村党支部、各部门单位对疫情防控工作进行宣传，做到全天候、全覆盖，坚定街道党工委战胜疫情的信心。强化精准发力，发动党员群众协查等方式，精准发力，全面排查，做到无盲点、无漏点。强化督导检查，街道纪工委和党群办公室组成联合督导组，结合太平街道实际情况对疫情防控措施进行分析、研究，制定专项监督工作方案，确保各项防控措施落地落实。②

2020 年以来，济南起步区太平街道党群办公室党支部紧紧围绕街道党工委决策部署，紧扣街道发展总体思路，坚持把党建工作作为第一引领，不断助推街

① 王玮：《周村烧饼济南分公司迎来"特邀观察团"》，淄博文明网，http：//zb.wenming.cn/wmcj/201204/t20120419_211225.htm。
② 《济南先行区太平街道党工委：聚焦"四个强化"，全力打赢疫情防控阻击战》，灯塔－党建在线，http：//www.dtdjzx.gov.cn/staticPage/zhuanti/fyzdbl/20200316/2675609.html。

道基层党建工作质量提升，为实现街道经济社会高质量发展提供了强有力的组织保证。党工委严格规范党内生活，落实党内责任，扎实开展党建基础工作和党史学习教育。严格落实意识形态工作责任制，加强宣传舆论阵地建设管理。稳步推进基层党建工作高标准、规范化，全力助推各村基层党建提档升级。

（二）地方政策

1. 街道政策

2019 年太平街道出台"九大政策"助推乡村振兴。太平街道紧抓市派乡村振兴服务队入驻的机会，积极对接配合服务队工作，按照起步区长远发展规划，结合街村实际，科学谋划，积极推进乡村振兴战略实施。

太平街道安排网格员定期走访村庄。为贯彻落实党中央决策部署的"最后一公里"，达到大事不出"网"，小事不出"格"的基层治理目标。网格员定期走访村庄，实时了解村里情况以及乡村振兴政策的落实情况，更好地服务群众，完善网格化服务管理工作。

按照不同发展背景中济南先行区对太平街道的功能定位和部署要求，先后确定了"继往开来，抢先发展，为尽快跨入全县第一方阵而努力奋斗"的目标，坚持打造"太平宝"品牌升级版、打造产城融合启动点、打造乡村振兴样板区、打造党建工作新高地"四个打造"。

2. 村委政策

据白家堰村委会书记介绍，白家堰村委会为鼓励大学生回乡创业，给予大学生升学奖励：考上清华北大的学生补助 10000 元；考上普通本科的学生补助 1000 元。

据东升村村干部介绍，东升村村委会为提升村民清洁家园的意识，建设美丽乡村，提出"积分兑换"管理办法。村民可以通过清理卫生、温饱奔小康、诚实守信三个方面获取积分，通过积分可以兑换相应的物品。

（三）居民收入

1. 白家堰

起步区乡村振兴服务队帮助白家堰村流转 500 亩土地和整理 120 亩闲散地之后，积极对接山东康花科技有限公司，通过引进技术、承租、合营等方式全面种植开发金银花产业，形成对当地经济发展的辐射带动作用。白家堰等村探索尝试金银花、救心菜等新产业培育，并建成金银花加工厂，拉长产业链条，为每户居民每年额外增加 10000 余元的年收入。

2. 孔家坊

"太平宝"西瓜是太平街道的特色产业，在农科院乡村振兴服务队的帮助下，孔家坊新发展高温大棚试验种植的精品小西瓜喜获丰收，一上市就被抢购一空。以"太平宝"西瓜品质为突破点，通过当地农科院改良西瓜品种，改变传统种植模式以及销售渠道，聚焦打造"太平宝"精品西瓜，西瓜虽然变小了，但每亩收入提高了近 3 倍，让村集体和村民实现双增收。

3. 周村烧饼

周村烧饼济南太平分店的员工大部分都是太平街道附近的居民，分公司的设立是附近农民工的福音。周村烧饼在职员工收入稳定，定期缴纳五险一金，为工人提供事业的基础保障；实行多劳多得的模式，一般员工每人月收入稳定在 4000～5000 元，经验丰富、效率高的员工每月工资可达 6000 元左右，为居民增加了稳定的家庭收入。

（四）医疗保障

经调研，太平街道所有村庄已全面加入新型农村合作医疗保险，实行个人缴费、集体扶持和政府资助相结合的筹资机制。新农合制度避免了农民"因病返贫""因病致贫"的现象，解决了农民就医困难、就医开销大等问题，真正保障农民身体健康，使农村医疗服务真正做到便民、利民、取信于民，促进农村医疗工作的健康发展。

太平街道卫生院可以为村民提供 80% 的医疗费用报销，为贫困户报销 100% 的医疗费用（见图 6）。同时，对重病、慢性病患者提供专门医疗补助。此外，部分村委会还会发放额外的就医补贴。例如，白家堰村因金银花产业促使村民走上了共同富裕的道路，所以村委会集体商议在国家规定报销金额之外，由村委会出资为村民额外提供就医补贴。

图6 太平街道卫生院

（五）乡村环境

1. 太平街道建立大型水库

太平水库规划选址位于起步区北部，紧邻南水北调东线第二期工程过济南推荐线路。水库以调蓄南水北调长江水为主要水源，并可通过邢家渡引黄灌区调引黄河水，还可以汇集、蓄存徒骇河雨洪水资源。水库主要为起步区供水，并作为城区应急备用水源，同时兼顾济阳区、商河县生产生活用水，建成后将为起步区发展提供坚实的水资源保障。[①]

2. 垃圾定点回收

孔家坊、王炉村、东升村、羊栏口、姜家村是太平街道定点回收处理试点村。太平街道安排专员在规定时间分类回收有害垃圾、可回收物，不仅降低农村垃圾治理工作难度，还改善了村民的生活环境（见图7）。

3. 文化下乡

调研团队到达羊栏口社区实地考察时，恰好村民正在观看文化下乡会演（见图8），我们经村委会了解到，太平街道每个村一个月至少会有两次文化下乡会

---

① 王颖军：《济南将建设太平水库为起步区提供水资源保障》，载于《济南时报》2021年7月8日。

演，这项举措不仅丰富了老年人的精神生活，也可以体现出街道对村民的精神生活的重视。

图7 垃圾回收

图8 羊栏口文化下乡会演

除此之外，村委会还成立了老年日间照料中心，用于帮助白天外出打工的村民照料家中行动不便的老人，为村民减少对家中的牵挂，提高家庭收入，同时日间照料中心还可以指导老年人如何使用智能设备，如智能手机等。

太平街道制定并实施文明典范创建十大行动方案，多渠道开展志愿服务活动，凝聚起乡风文明正能量。

4. 生活污水问题

（1）在农村方面：太平街道在农村实行厕所改造，结合当地实际来解决居民生活"方便"问题，太平街道实施组合式生态卫生旱厕的厕所改造方式。

在改造工程前期，人工挖坑及开挖墙洞因每家每户安装方式及厕所类型不同而略有差异，但总的工程量一般均在一个工作日左右，费用约150元。其设备包括盖板及支撑架、粪筐及取出装置、粉末喷洒系统、信息化装置等部分，这些设备的所有部件均已实现工业化生产，可大规模使用。排气管一般用直径100毫米的PVC管道，排尿管采用塑料软管或PVC塑料管，尿桶可用塑料桶，价格都较亲民，解决了厕所改革经费开销大的问题。安装费用按照改厕实地安装进度，一般技术工人两个人每天能安装三套，所以农村厕所改革进行速度较快。

除安装基础设备之外，还有后期的厕所运行管理，主要任务是后期的粪便清洁。粪便有专门的村内管理员负责收集，并将粪便运送至村内垃圾堆肥场，这样既可以解决生活污水治理问题，也符合资源回收利用的绿色健康理念。①

（2）在社区方面：因羊栏口已经成为社区，所以没有进行农村的厕所改造，导致污水问题较为严重，部分村民意见较大，村民平时的生活废水都会排到羊栏口村民居住地附近的水沟里，所以村民居住环境污染现象较为严峻，夏日蚊虫较多，气味比较刺鼻，太平街道针对这一问题还有待改进（见图9）。

（六）特色产业

1. "太平宝"西瓜

孔家坊致力于推动"太平宝"西瓜品牌发展，坚持打造"太平宝"品牌升级版，不断夯实乡村振兴产业根基。按照绿色生态，高效农业的发展思路，大力发展大棚瓜菜产业，并积极面对国内甜西瓜产业的结构性调整，将其向小型化、口味好、品质高转变，并主动迎合网络化、电商化的现代消费方式，同时也大力

---

① 高素坤：《农村厕所低成本改造技术与应用研究》，山东农业大学硕士学位论文，2017年。

发展休闲旅游业，来提高居民收入。

图9　羊栏口河道

自 2012 年省农科院综合试验示范基地落户以来，为太平农业发展提供了有力的科技支撑（见图 10）。为适应西瓜消费升级的新形势，太平街道借力省农科院的科技优势，开始试种农科院研发的具有上市早、瓜型小、瓜味浓等特点的西瓜新品种，推动"太平宝"西瓜在高端引领、品牌提升等方面取得新进展。自2017 年以来，连续举办五届泉城"太平宝"西瓜文化旅游节，打响了"太平宝"西瓜的招牌，进一步提升了知名度。

图10　山东省农科院

2. 金银花产业

在乡村振兴服务队帮助下，白家堰村委会协调资金 80 余万元，引进山东康花科技有限公司的中药材金银花种植项目，整理出 140 亩村内闲散地，连同村民主动流转的承包地 80 亩，全部种植金银花，所植药材长势良好。

村民每年不仅能得到每亩 900 元的土地租金，还有额外的管理土地的工资。在白家堰等村探索尝试金银花、救心菜等新产业培育，并建成金银花加工厂（见图 11），拉长了产业链条，预计白家堰村等 30 余个村集体 2021 年收入将超过 15 万元。下一步，服务队还将在村内建设加工车间，购进烘干机，逐步形成金银花种植—加工—销售的产业链，夯实特色产业发展基础。

图 11　金银花加工厂样本

通过积极争取，闫桥、来佛寺、东梁、张潘四个村被市农业农村局列为 2021～2022 年重点打造的乡村振兴样板村。

3. 周村烧饼

周村烧饼属于太平街道上的特色产业。团队经访谈得知，周村烧饼集团给员工发放薪酬时有一个特色，也是为员工着想的一项举措，该厂给每一位员工强制入保，为每一位员工的事业、养老等提供保障，虽然员工的实发工资减少，但实际上，每一位员工都能拥有未来的保障。而且我们还了解到，员工缴纳的"五险一金"中，有一半是由企业来报销的，这是全国大部分企业无法做到的。

4. 济南绿色建设国际产业园

新旧动能转换背景下，大力促进城区绿色低碳发展，实现新材料新能源代替旧材料旧能源尤为重要，济南绿建产业园的成长也因"绿色"二字与起步区的建设同频共振。

绿建产业园第一期的总建筑面积约 19 万平方米（见图 12）。在加快推进标准厂房建设的同时，园区配套基础设施的建设也在进行。园区内正配套建设加速打造国内一流智慧道路。

图 12　济南绿色建设国际产业园

随着第一期施工的完成，园区正式进入运营阶段。园区由济南先行投资有限公司建设运营，已建立起完整的园区招商运营体系，不断完善生产生活和商务服务功能，打造功能复合、职住平衡、服务配套、生态宜居的绿色特色产业社区。绿色建材、绿色建设、绿色建筑的理念渗透在园区的各个角落。园区建设符合国际标准和超低能耗的园区厂房，瞄准四大产业方向，全面覆盖绿色建设全产业链，助力打造产城融合、宜居宜业的未来产业社区。已建成的 13 号车间是利用被动式技术的低资源消耗厂房，是园区有代表性的厂房之一。此类建筑不使用传统供暖系统，而是利用太阳能、室内热源及房屋保暖性实现供暖、供电，达到"冬暖夏凉"的效果。后期项目建设中，定制厂房建设成为新亮点。园区部分项目将采用定制化厂房的建设模式，根据进驻企业对于不同产品研发、生产、加工等方面的特殊需求，为企业打造"量体裁衣"的定制化厂房。未来，济南绿色建设国际产业园将构建"主导产业鲜明、龙头企业带动、上下游配套拉动"的绿色建设产业生态圈，同时搭建生产性和生活性服务平台，打造成为"绿色技术＋绿色产业"的全域应用场景，树立黄河流域绿色生态城市典范。[①]

在工业项目落地难的情况下，太平街道超前谋划，利用土地修编机会，在京沪高速出入口调整土地利用规划，规划建设了太平机械装备产业园，为太平工业发展及现在的国际标准地招商产业园建设争取到了发展空间。同时，太平街道不断加大"双招双引"产业发展和民生保障等工作力度，经济社会发展持续呈现良好态势。聚焦乡村振兴和国际标准地招商产业园建设，协调服务，全力以赴抓贯彻、抓落实、抓推进、抓成效，经济社会发展取得新突破。

聚焦聚力打造产业发展"新板块"，积极做好绿建产业园建设协调服务。据统计，2021年1~6月共完成固定资产投资6.3亿元，同比增长15.7%；规模以上工业增加值完成4758万元，同比增长44.9%；一般公共预算收入同比增长127.7%；其他经济指标总量和增幅均比往年同期显著提高。

四、调研地相关数据分析及总结

（一）问卷数据分析

1. 济南新旧动能转换起步区太平街道乡村振兴主体的现状

根据图13年龄学历构成可知，太平街道从前教育水平落后，30岁以上的村民拥有大学本科及以上学历的占比较低，而本科学历人群集中在19~30岁，由此可见太平街道近年重视乡村教育工作，并取得了初步成果。如图14所示，村民收入水平高低不一，34.48%的受访者家庭人均月收入在4001~7000元之间，且72.41%的受访者认为自己的生活水平达到小康水平（见图15），因此太平街道的乡村振兴工作效果良好。

---

① 张浩：《一期项目10月完工，济南绿色建设国际产业园将树立山东绿建标杆》，齐鲁壹点，http：//baijiahao. baidu. com/s？ id=1679252797921158111/&wfr=spider&for=pc。

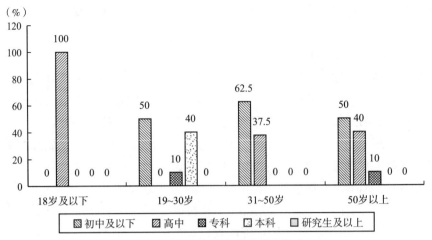

图 13　接受调查者年龄及学历构成

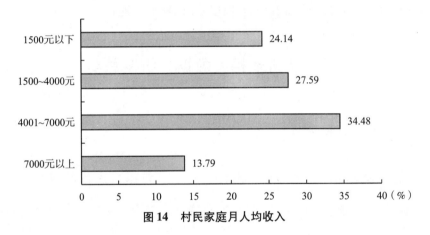

图 14　村民家庭月人均收入

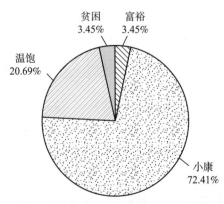

图 15　受访者对自己家庭生活水平的看法

2. 太平街道乡村振兴战略实施后村民的感受

据调查，乡村振兴战略实施后太平街道的发展发生改变，44.83%的受访者认为乡村变化非常大，认为乡村变化较大的村民占31.03%，其中认为变化非常大的人群中50岁以上的老年人占80%（见图16）。图17也体现了医疗保险不同程度地减轻了人们的经济负担，为村民的生活带来了便利。问卷回收结果中也有小部分老人希望提高医保报销比例，减轻子女的养老负担。

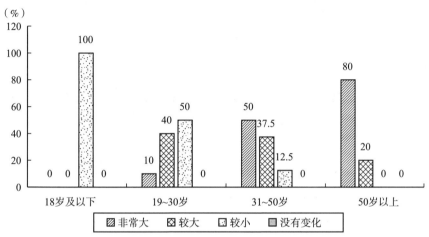

图16　不同年龄段村民认为近年乡村的发展变化

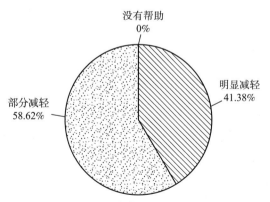

图17　医保对问卷填写者经济负担的影响

3. 受访者对太平街道乡村振兴的看法

大多受访村民认为医疗保障和乡村建设仍需改造（见图18），文化教育宣传力度不够，部分道路修建工作并不完善，同时需要增加农村就业岗位。在询问大家对乡村振兴战略的期望时，问卷设置的提高农民生活水平、缩小城乡差距、改善农村环境、增强建设过程中政务的透明度以及大力发展乡村产业都得到了受访者的认同（见图19），部分受访者还提出增加就业岗位、救助空巢老人的期望，团队通过图20也了解到太平街道"空心村"现象严重，即农村居民以留守儿童和空巢老人为主，缺少劳动适龄人口和高学历人才。据统计，村民普遍认为加快促进乡村经济发展建设为大学生提供良好发展环境并给予返乡大学生优厚的薪资待遇能够吸引大学生返乡创业，进而为农村留住人才（见图21）。

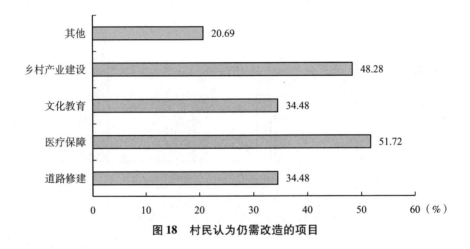

图18　村民认为仍需改造的项目

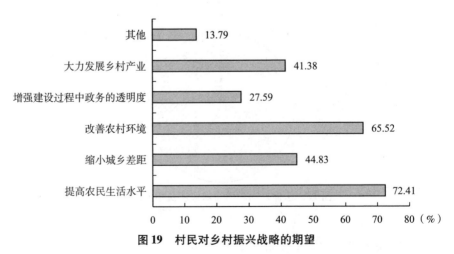

图19　村民对乡村振兴战略的期望

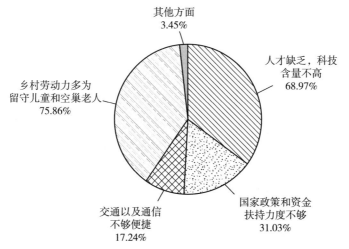

图20　受访者认为实施乡村振兴战略的障碍

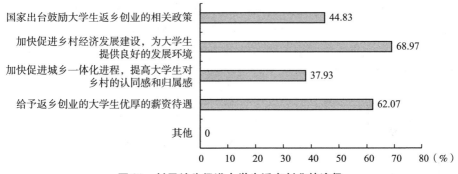

图21　村民认为促进大学生返乡创业的途径

（二）访谈数据分析

1. 街道办公室主任访谈

据太平街道办公室窦主任介绍，街道所有村庄均已脱贫，村庄大部分的道路已经由土路变成水泥路，交通以及通信较为便捷，近年来村民的受教育水平也逐步提高。太平街道的特色品牌"太平宝"在山东省内享有盛誉，每年都为村民增加收入。政府出资为各个村庄建设养老院，目前建好的养老院中的老人每天提供二两油、一个鸡蛋、一包奶，保证老人吃得健康、营养均衡，每个村庄定期举办文化下乡活动丰富村民精神生活。街道推出"放权不放责"政策，让管理者放开手脚大胆决策，后果由政府承担，激励管理者提出新的乡村振兴思路。

2. 村干部访谈

调研团队抵达各个村庄后与各村干部进行了乡村振兴访谈，调研团队得知太平街道大力发展特色品牌"太平宝"瓜菜以及白家堰村的金银花茶，集体种植统一销售的模式也提高了农村的收入，白家堰村也借助金银花茶产业为村民在医疗和教育等方面提供更多福利，提高村民获得感、幸福感、安全感。村里设有养老院以及老年人日间照料中心，保证老年人老有所依，还会定期安排文艺会演丰富老人精神生活。太平街道村庄落实了从产业、生态、乡风、治理以及收入五个方面实施乡村振兴。

3. 企业负责人访谈

据周村烧饼济阳店厂长介绍，为保证烧饼的口感、质量，除和面与包装工序外，其余工序均采用手工制作。在调研团队去生产车间参观时，进入车间的工序十分严格，我们见证了周村烧饼从面团到成品的整个过程，体会到周村烧饼为传承传统技艺所作出的努力。新旧动能转换区着力打造国际绿建产业园，在解决附近居民就业问题的基础上，顺应了新旧动能转化区发展高新技术产业的趋势。同时因绿建产业园靠近水源地，太平街道利用土地修编机会，结合当地实际情况对土地进行总体规划，为太平街道经济水平争取到了发展空间。由此看来，太平街道在企业方面所做的改革与创新是十分符合起步区新旧动能转换趋势和乡村振兴发展方向的。

4. 街道卫生院院长访谈

在调研团队与太平街道卫生院马院长交谈时，了解到街道为解决村民看病难的问题，在医疗保险方面为村民提供不同程度的报销，在街道卫生院为村民报销80%医疗费用，贫困户百分百报销；在市级医院为村民报销60%的医疗费用；在省级医院为村民报销40%的医疗费用。这样做不仅可以缓解大城市的医疗压力，还可以促进乡镇医院的发展，让医疗资源可以合理利用与配置。

（三）调研情况总结

经过调研团队两天的实地调研与访谈，我们了解到随着乡村振兴战略的实施，太平街道的乡村振兴工作落实情况良好，村民获得感、幸福感、安全感上升，主要体现在以下几个方面。

（1）为了保证教育公平，太平街道只设立幼儿园和小学，在市区设立初高中。白家堰社区用村民集体收入为大学生提供生活费补贴，提高村民文化水平。

（2）村委会将农副产品集中售卖，打造"太平宝"特色产业品牌增加村民的收入。

（3）参加新型农村合作医疗为村民健康提供保障。

（4）在社区医院治疗支出的医药费医保可报销60%以上。

（5）村民（特别是老年人）切实感受到生活水平提高、家乡村貌改善。

（6）建立老年人日间照料中心用于照料空巢老人，安排专员定时定量为患有长期慢性病且不识字的老人送药，定期举办文化下乡活动丰富村民精神生活。

（7）街道聘用网格员实施网格化管理，每天走访村民住所，切实为村民解决问题。

综上所述，太平街道作为济南新旧动能转换起步区为山东省其他地区树立了一个优秀的标杆，通过总结归纳太平街道的乡村振兴思路，有利于山东省其他地区乡村振兴的发展。

然而，太平街道的乡村振兴工作也有不足之处，主要包括以下几点。

（1）由于当地就业岗位供不应求，适龄劳动力外出打工，因此太平街道存在较为严重的"空心村"现象，空巢老人较多。

（2）太平街道农村生态资源环境管理机制体制不够健全，仍有部分村落的水湾长满绿藻。

（3）部分产业未形成品牌，不能充分带动当地产业区域化发展。

（4）村民与政府信息不对等，政府的政策不能考虑到所有村民。

乡村振兴的目标是产业兴旺、生态宜居、乡风文明、治理有效、生活富裕，因此这些问题也是当下乡村振兴工作的难点，及时解决就业岗位不足以及环境污染问题，提升村民获得感、安全感、幸福感是乡村振兴工作成功的必由之路。

五、乡村振兴对策建议

（一）政府适当放权，激励管理者实施新策略

部分管理者因害怕承担责任，不敢放开手脚去进行改革与创新，正因如此，政府应该学习先行区实行的"放权不放责"制度，才可以更好地推动乡村振兴事业的发展。

首先，可以建立健全党政干部容错纠错的制度规范。只有健全党政干部容错纠错的制度规范，才能保证容错纠错机制为激励干部干事创业服务。一是要明晰容错纠错机制的边界；二是要完善制度执行建设内容。

其次，优化完善容错纠错机制程序和实施细则。只有规范合理地构建容错纠错机制程序和实施细则，才能有效发挥容错机制的制度效能。

最后，严格规范容错纠错机制的运行程序。[1] 在具备规范的制度和实施细则的基础上，要切实保障容错纠错机制的运行程序的规范性。如坚持依法施政、构建多元民主评价体系、注重干部的后期跟踪和持续培养。

（二）加强基层治理，深入了解村民所需

乡村基层治理可以从"党建＋""互联网＋""基层监督＋""网格化管理"四个方面入手，提出对策和分析。

首先，聚焦聚力发挥党建引领作用，聚集服务发展正能量。在认真执行党内生活制度的前提下，还需要严格落实意识形态工作责任制，加强宣传舆论阵地建设管理。与此同时，要选优配强村级领导班子，提高女性干部、35周岁以下年轻干部进村"两委"班子比例，同时提升党员干部知识水平，避免出现"本领恐慌"问题。

其次，要大力加强基层治理能力建设，调动群众参与基层治理积极性，增强公共服务供给针对性，提升"我为群众办实事"实践活动实效性。要不断健全网格化管理服务体系，整合网格力量资源，推动"双网格化治理"，切实把矛盾化解在基层、解决在当地。要扎实推进基层治理改革创新，更加注重平台统筹、机制创新、先行先试，构建权责清晰、运行顺畅、充满活力的基层治理工作体系。同时加快建设数字乡村，更好解决基层群众操心事、烦心事、揪心事。可以利用第三方公司不定期开展明察暗访，列出问题台账，落实整改措施，扎实开展集中整治。[2] 同时积极开展农村生活垃圾分类试点工作，做好宣传引导。从而能够更真实地反映居民生活中存在的问题，更好地推动基层干部工作的落实与改进，减少"信息不对称"问题带来的弊端。或者设立"村民体验岗"，让居民体验村委的日常工作，可以更好地理解村委的难处。

再次，聚焦聚力持续强化民生保障，着力解决群众急难愁盼问题。积极回应群众合理诉求，认真做好12345市民热线日常办理工作，着力解决生产生活中的

① 吕荣苹：《云南省X市乡村义务教育均衡发展问题及对策研究》，云南师范大学硕士学位论文，2021年。
② 景萌：《济南市章丘区网格化管理研究》，山东大学硕士学位论文，2021年。

急难愁盼问题，提高热线办理综合满意率。

最后，在网格化管理推进过程中，网格员通过日常巡查、走访调查，采集并录入网格人、物、财等基础信息并及时跟进本格各类人员和动态跟踪管理。网格员及时将发现的问题向街镇网格中心汇报，可以迅速有效地解决困扰基层多年的问题。深入推进农村网格化管理、提升精细服务水平、倾听群众诉求、实现疫情精准防控，让"有问题找网格员"思想成为村民解决问题的新方式。网格员"日走访、周分析、月汇总"的工作制度也可以为村中老人提供很多便利。

（三）因地制宜拓展就业，扩大居民收入来源

首先，街道完善就业服务体系、失业登记制度、职业介绍机构等体制，建立健全公共就业服务信息网络系统，实现精准对接，从而解决村民就业问题。鼓励街道设立一批劳务市场或零工市场，培育规范诚实守信的人力资源和劳务派遣企业。鼓励人力资源企业、公共就业人才服务机构为村民提高就业服务。

其次，因地制宜带动产业发展。街道根据当地特色产业以招商引资为途径，打造地区品牌，发挥品牌效应。将特色产业着力对接企业，带动当地特色产业的发展，扩大经营规模，扩大农民工就地就近就业。[①]

（四）鼓励大学生返乡，改变"空心村"现状

乡村要构建人才激励体系，留住人才。乡村想要留住人才，必须考虑人才的需求，一味谈情怀难以建成大规模的人才队伍。政府要完善鼓励各类人才到乡村工作的长期保障制度，例如教师、医生等职业评聘职称必须有基层锻炼经历的制度，提高人员待遇，增加晋升机会。在不影响乡村环境的情况下，吸引企业在街道建立分公司或加工厂，提供更多的就业机会。鼓励大学生应聘网格员以及村委会相关岗位实习，尽量将人才留在乡村为家乡做贡献。把乡村人力资源开发放在首要位置，制定合理的收益分配政策，完善激励机制，加大对农村人才的补偿和关怀力度，提高高端人才薪资待遇。

完善科技支撑体系，输送高端人才。要完善农业科技支撑体系，推动产学研合作。政府可以鼓励农业大学依托本地资源进行科研，推动具有地方特色的农业科技发展。

发挥高等学校资源，引流专业人才。农业大学在乡村振兴战略实施中具有独

---

① 朋措尼玛：《乡村振兴战略背景下的乡村特色产业发展探究》，载于《农家参谋》2021 年第15 期。

特的优势，是国家农业现代化建设的人才库、科技库。① 因此，挖掘和发挥好农业大学在乡村振兴中的作用和功能显得尤为重要。

（五）加强环境保护机制，持续改善乡村环境

有针对性地对街道、靠近街道或工业园区的村庄或社区生活污水接入街道污水管网，由街道污水处理厂统一进行处理。对规模较大、人口较多、经济条件较好的村庄，建设人工湿地（或生态涝池）处理设施。对规模较小、污水不易集中收集的村庄，大多采用结合卫生改厕，实施污水资源化利用的方式。

（六）完善医疗制度，保障人民"三感"

政府完善医疗保障制度，增强村民的幸福感。加强对新型农村合作医疗基金的监管，并落实到村里的每户人家。适当为家庭生活不理想或者有重大疾病的村民增加医疗补贴。

加强乡村医生队伍的建设，提高乡村医生待遇，吸引更多的人才加入乡村医生队伍。为乡村医生提供更多与城市医生交流学习的机会，从而提高乡村医生的能力。

不断完善乡村医疗基础设施，增强村民的安全感。改善医疗条件，增强优质医疗资源供给。提升乡村卫生所的外部形象，为患者创造更加美好的就医环境，进一步提高医院的诊疗水平和综合服务能力。街道卫生室安排专员，定时定量地为老人送药，避免老人忘记吃药或者吃错药的情况，保障村民最基本的生活。

扩大医疗保障范围，增强村民的获得感。鼓励街道实行国家基本保险与商业补充保险相结合的模式，例如"新农合 + 齐鲁保"。村委支付一部分费用积极调动村民的积极性。该模式村民可以在正常国家医疗保险报销后报销剩余部分，进一步减轻村民医疗经济负担。

（七）推广职业教育，提高职业技能水平

经过实地调研以及问卷数据分析，针对农村文化水平不高的现象，提出以下几点建议：

首先，街道政府起带头作用，积极推进职业教育均衡发展。注重政策宣传，采用多种宣传手段，使职业教育观念深入人心，让广大群众正确了解政策的目的以及意义。

---

① 蔡子文、彭力：《基于农村居民视角的乡村人才振兴探索》，载于《山西农经》2021年第14期。

其次，增加公用教育经费或通过社会资助，缩小城乡之间教育资金的差距①，从而改善乡村学校的教育教学环境。

最后，提高市区教师队伍的水平，优化教师资源配置。提高县城教师的待遇，为县城教师提供更多的学习机会，以提高教师的资历和见识。此外，拓展市区教育资源，更新数字化教育技术。

六、结　束　语

实施乡村振兴战略是以习近平同志为核心的党中央对"三农"工作作出的重大决策部署，是实现共同富裕的必然要求。通过对太平街道乡村振兴现状的访谈和实地考察，总结了太平街道在党建引领、地方政策、居民收入、医疗保障、乡村环境和特色产业的美丽乡村模式，发现其中存在的"空心村"现象、环境问题、品牌化程度低以及信息不对等四点问题，结合太平街道乡村振兴模式的优势，从乡村治理、就业、环境、医疗、教育层面，面向山东省各个农村提出七大对策与建议，从而对太平街道进行调研反馈，为整个济南起步区推广改善乡村振兴问题新思路，希望将本报告所得结论推广到全省各个农村，为乡村振兴工作贡献青年力量。

纸上得来终觉浅，绝知此事要躬行。通过本次社会实践调研，团队成员深入农村内部，深入村民中间，全方位地了解了济南起步区太平街道的乡村振兴现状，对乡村振兴战略有了新的了解与认识，并加深了对乡村振兴战略的理解，路漫漫其修远兮，我们将更加珍惜现在来之不易的幸福生活！

附录

一、太平街道乡村振兴调查问卷

为了更好地了解乡村的发展状况以及党的十九大提出的乡村振兴战略对农村发展的助推作用，特此进行问卷调查，您的每一个选择都对我们非常重要，感谢您能够在百忙之中配合我们填写这份问卷！

---

① 吕荣苹：《云南省 X 市乡村义务教育均衡发展问题及对策研究》，云南师范大学硕士学位论文，2021 年。

1. 您的性别是（　　）［单选题］

A. 男 　　　　　　　　　B. 女

2. 您的年龄是（　　）［单选题］

A. 18 岁及以下 　　　　　B. 19～30 岁

C. 31～50 岁 　　　　　　D. 50 岁以上

3. 您的文化程度是（　　）［单选题］

A. 初中及以下 　　　　B. 高中 　　　　　　C. 专科

D. 本科 　　　　　　　E. 研究生及以上

4. 您的家庭目前人均月收入是（　　）［单选题］

A. 1500 元以下 　　　　　B. 1500～4000 元

C. 4001～7000 元 　　　　D. 7000 元以上

5. 随着乡村振兴战略的实施，您觉得村里近年发展变化如何（　　）［单选题］

A. 非常大 　　　　　　　B. 较大

C. 较小 　　　　　　　　D. 没有变化

6. 参加农村合作医疗保障体系在看病方面有没有减轻您的经济负担（　　）［单选题］

A. 明显减轻 　　　　　B. 部分减轻 　　　　　C. 没有帮助

7. 您认为乡村振兴战略在哪些方面需要进行改造（　　）［多选题］

A. 道路修建 　　　　　B. 医疗保障 　　　　　C. 文化教育

D. 乡村产业建设 　　　E. 其他＿＿＿＿＿＿＿＿＿＿＿＿

8. 您对乡村振兴战略的期望有哪些（　　）［多选题］

A. 提高农民生活水平

B. 缩小城乡差距

C. 改善农村环境

D. 增强建设过程中政务的透明度

E. 大力发展乡村产业

F. 其他＿＿＿＿＿＿＿＿＿＿＿＿

9. 您认为乡村振兴战略实施的障碍是（　　）［多选题］

A. 人才缺乏，科技含量不高

B. 国家政策和资金扶持力度不够

C. 交通以及通信不够便捷

D. 乡村劳动力多为留守儿童和空巢老人

E. 其他方面＿＿＿＿＿＿＿＿＿＿＿＿＿

10. 您认为如何促进大学生返乡创业（　　　）［多选题］

A. 国家出台鼓励大学生返乡创业的相关政策

B. 加快促进乡村经济发展建设，为大学生提供良好的发展环境

C. 加快促进城乡一体化进程，提高大学生对乡村的认同感和归属感

D. 给予返乡创业的大学生优厚的薪资待遇

E. 其他＿＿＿＿＿＿＿＿＿＿＿＿

11. 您认为您家庭的生活水平是（　　　）

A. 富裕　　　　　　　　B. 小康

C. 温饱　　　　　　　　D. 贫困

12. 您对乡村振兴及人才振兴战略有何实质性的建议和意见＿＿＿＿＿＿＿＿［填空题］

二、调查问卷结果统计

第 1 题　您的性别是（　　　）［单选题］

选项	小计	比例（%）
A. 男	90	51.72
B. 女	84	48.28
本题有效填写人次	174	100

第 2 题　您的年龄是（　　　）［单选题］

选项	小计	比例（%）
A. 18 岁及以下	6	3.45
B. 19~30 岁	60	34.48
C. 31~50 岁	48	27.59
D. 50 岁以上	60	34.48
本题有效填写人次	174	100

第 3 题　您的文化程度是（　　　）［单选题］

选项	小计	比例（%）
A. 初中及以下	90	51.72
B. 高中	48	27.59
C. 专科	12	6.9
D. 本科	24	13.79
E. 研究生及以上	0	0
本题有效填写人次	174	100

第 4 题　您的家庭目前人均月收入是（　　　）〔单选题〕

选项	小计	比例（%）
A. 1500 元以下	42	24.14
B. 1500~4000 元	48	27.59
C. 4001~7000 元	60	34.48
D. 7000 元以上	24	13.79
本题有效填写人次	174	100

第 5 题　随着乡村振兴战略的实施，您觉得村里近年发展变化如何（　　　）〔单选题〕

选项	小计	比例（%）
A. 非常大	78	44.83
B. 较大	54	31.03
C. 较小	42	24.14
D. 没有变化	0	0
本题有效填写人次	174	100

第 6 题　参加农村合作医疗保障体系在看病方面有没有减轻您的经济负担（　　　）〔单选题〕

选项	小计	比例（%）
A. 明显减轻	72	41.38
B. 部分减轻	102	58.62
C. 没有帮助	0	0
本题有效填写人次	174	100

第7题　您认为乡村振兴战略在哪些方面需要进行改造（　　　）［多选题］

选项	小计	比例（%）
A. 道路修建	60	34.48
B. 医疗保障	90	51.72
C. 文化教育	60	34.48
D. 乡村产业建设	84	48.28
E. 其他	36	20.69
本题有效填写人次	174	100

其他：

希望村民收入提高；部分老人生活无法自理，希望得到国家帮助
补贴较少
增加医疗补贴
工作机会少

第8题　您对乡村振兴战略的期望有哪些（　　　）［多选题］

选项	小计	比例（%）
A. 提高农民生活水平	126	72.41
B. 缩小城乡差距	78	44.83
C. 改善农村环境	114	65.52
D. 增强建设过程中政务的透明度	48	27.59

续表

选项	小计	比例（%）
E. 大力发展乡村产业	72	41.38
F. 其他	24	13.79
本题有效填写人次	174	100

其他：

增加收入

增加补贴

增加就业岗位

救助生病的空巢老人

第9题　您认为乡村振兴战略实施的障碍是（　　　　）［多选题］

选项	小计	比例（%）
A. 人才缺乏，科技含量不高	120	68.97
B. 国家政策和资金扶持力度不够	54	31.03
C. 交通以及通信不够便捷	30	17.24
D. 乡村劳动力多为留守儿童和空巢老人	132	75.86
E. 其他方面	6	3.45
本题有效填写人次	174	100

其他方面：

靠近水源，工业发展难

大企业少

第 10 题　您认为如何促进大学生返乡创业（　　　）[多选题]

选项	小计	比例（%）
A. 国家出台鼓励大学生返乡创业的相关政策	78	44.83
B. 加快促进乡村经济发展建设，为大学生提供良好的发展环境	120	68.97
C. 加快促进城乡一体化进程，提高大学生对乡村的认同感和归属感	66	37.93
D. 给予返乡创业的大学生优厚的薪资待遇	108	62.07
E. 其他	0	0
本题有效填写人次	174	100

第 11 题　您认为您家庭的生活水平是（　　　）[单选题]

选项	小计	比例（%）
A. 富裕	6	3.45
B. 小康	126	72.41
C. 温饱	36	20.69
D. 贫困	6	3.45
本题有效填写人次	174	100

第 12 题　您对乡村振兴及人才振兴战略有何实质性的建议和意见_____
[填空题]

增加农村收入

污水治理

增加农村就业机会

希望政府可以更加深入了解村民所需

改善卫生条件

下水道建设、道路建设

提高医保报销比例

农民增收

增加老人的医疗补贴

新旧动能转换背景下山东乡村治理模式的探索
——以新旧动能转换起步区崔寨、太平街道为例

张红旗[*]

孟倩倩[**]

王厚森[***] 宋 蕊 张宛莹 张宇轩[****]

摘 要：乡村治理现代化是围绕乡村公共服务、公共事务和公共问题等内容，解决"谁来治理、如何治理"的问题。新旧动能转换政策的提出，是加速推进乡村治理现代化的重要抓手，落实新旧动能转换为推进山东乡村治理体系现代化实现提供了重要契机。在调研中，采取了相互补充的线上线下相结合的调研方式，归纳目前山东省乡村治理现代化存在的重要问题，选取新旧动能转换起步区的崔寨、太平街道为线下重点调研区域，梳理起步区的典型先进做法。起步区治理模式从四个维度着手，分别为：加强基层党组织建设、实现农村基层组织架构现代化；培育"土字号"品牌，夯实乡村治理的物质基石；破除"信息不对称"阻碍，构建村务公开的双向沟通渠道；推进农民的现代信息教育普及，引入现代化乡村治理数字平台。该模式的提出为山东省进一步实现乡村治理现代化提供了参考和建议。

关键词：新旧动能转换 现代化乡村治理 山东省发展模式

一、绪　　论

"山东新旧动能转换综合试验区自 2018 年初获得批复以来，山东省按照'一

---

[*] 调研团队指导老师：张红旗，山东财经大学燕山学院党委副书记、副教授。
[**] 调研团队指导老师：孟倩倩，山东财经大学燕山学院教师、讲师。
[***] 调研团队队长：王厚森。
[****] 调研团队成员：宋蕊、张宛莹、张宇轩。

年全面起势、三年初见成效、五年取得突破、十年塑成优势'的发展规划逐步落实。"① 2021 年 5 月 8 日，国家发改委正式印发国务院批复的《济南新旧动能转换起步区建设实施方案》。结合以上内容，本调研团队深入山东省济南市新旧动能转换起步区，探索起步区内新旧动能转换对乡村治理的重大影响及探索新时代新旧动能转换背景下现代化乡村治理的有效路径（见图 1、图 2）。

图 1　济南新旧动能转换起步区入口

图 2　调研代表抵达起步区

---

① 《山东省新旧动能转换重大工程实施规划》，山东省人民政府网，https：//www.cpbb.gov.cn/Display_content.asp？Articleid = 10146。

（一）调研背景——新旧动能转换背景下的乡村治理

1. 新旧动能转换背景的介绍

"新旧动能转换主要是通过形成促进经济高质量增长的新技术、新产业、新业态、新模式去替代经济发展过程中的落后技术形成的低效率、低质量、高耗能、高污染的传统产业和传统发展模式，从而实现产业的发展升级，实现从数量增长型向质量增长型变化、从外延增长型向内涵增长型变化、从劳动密集型向知识密集型经济增长方式变化。"① 党中央提出新旧动能转换是落实乡村振兴新模式的重大工程，农村经济新旧动能转换，是指农业产业、生产要素的结构调整和升级，以及补齐农业机械化和农业设施建设的短板，从而实现信息、知识及生态环境等新要素投入的市场价值与推动农村经济增长质量的提升。

2. 新旧动能转换背景下乡村治理现代化的重要性

乡村治理现代化是围绕乡村公共服务、公共事务和公共问题等内容，解决"谁来治理、如何治理"的问题。其中，"谁来治理"涉及的问题是治理主体、治理体系、治理体制机制等方面；"如何治理"则涉及治理方式，例如自治、民治、法治、德治等。落实新旧动能转换可作为推进我国乡村治理体系现代化的重要契机，加快我国乡村治理现代化步伐。加快农村经济新旧动能转换有利于缓解农村经济不平衡不充分发展，并且可以作为推动供给侧结构性改革取得全面成效的重要抓手。党中央、国务院提出实施乡村振兴战略，在《中共中央 国务院关于实施乡村振兴战略的意见》对乡村治理体系以及乡村治理能力的建设都提出了相应的新要求，"要求我们不断完善乡村治理机制，切实加强以党组织为核心的农村基层组织建设，从而推进数字化乡村的治理与建设，达到提升乡村的治理效能的效果"②。

3. 新旧动能转换背景下乡村治理的新目标

（1）高水平，新要求。新旧动能转换背景下要求改善乡村基础设施建设，促

---

① 《山东省新旧动能转换重大工程实施规划》，山东省人民政府网，https：//www.cpbb.gov.cn/Display_content.asp？Articleid＝10146。

② 《中共中央、国务院关于实施乡村振兴战略的意见》，中国政府网，http：//www.gov.cn/zhengce/2018－02/04/content_5263807.htm。

进农业产业升级，提高乡村治理能力与治理体系现代化，实现系统化、智能化、现代化的乡村治理目标；要求在传统产业领域内转旧为新，新经济等层面上聚心聚力，探索出行之有效的乡村治理道路，搭建乡村振兴"迅速发展车道"，实现乡村从产业、经济振兴到社会、文化的全面振兴，让乡村真正成为产业兴旺、生态宜居、乡风文明、治理有效、生活富裕的良好社群生态体；要求通过新动能聚焦新技术、新产业、新业态、新模式，激活乡村治理的发展活力，盘活各类相关资源，推进乡村治理向现代化发展。

（2）治理覆盖面拓宽。伴随新旧动能转换的深入推进，大力实施乡村振兴战略，加速乡村治理现代化。推进产业振兴，坚持以项目带动农业调结构、优品质、促增收，加快"互联网＋治理"现代项目建设，打造乡村治理的新模式新面貌；推进人才振兴，积极鼓励引导大学生返乡；推进文化振兴，深入挖掘乡村历史文化遗产，发展特色乡村；推进生态振兴，深入推进农村人居环境整治行动，主攻垃圾污水治理、村容村貌提升、农村"七改"等工作，打造美丽乡村、改造提升农村公路等基础设施建设；推进组织振兴，各种新的社会组织如村民理事会、红白喜事理事会、日间照料中心等，也因乡村治理需要而产生。

（3）治理思路更加明确。明确乡村治理的目标是"产业兴旺、生态宜居、乡风文明、治理有效、生活富裕"，不再是将上级的通知粘贴在公告栏里就"完成任务"，要确保每一个村民都知道、了解通知，且拥有发表意见的权力，维护自己的合法权益。基层领导致力乡村治理，创新治理方法，保证治理有效，跟紧现代化治理方式，敢于尝试新鲜事物，引进发展"一村一品"，创立自己的"土字号"品牌，带领村民走向富裕，同时根据国家政策要求配备垃圾桶、收运和处理垃圾，完成"厕所革命"，完善乡村基层建设，实现生态宜居，创建文明乡村，实现乡村治理目标。

（4）治理队伍精英化。乡村治理队伍的年龄层次逐渐年轻化、学历逐渐提升，不再单一从村民中选取基层党员干部，大学生村官占比增加，基层领导干部也经过系统培训上岗，村两委干部加强对现代化治理理念的学习，提升农村干部的综合素质和学历层次。治理人员逐渐趋近专业化，大量技术性人才加入乡村治理，运用自己的专业知识，科学有效地带领乡村走向现代化。国家政策不断向乡村治理方面倾斜，吸引了更多的创新型人才投身于乡村治理，发掘商机，助力乡村治理。

（5）治理机制网格化。乡村有效治理是一个多维度的系统性目标，既要尊重村民意见，响应国家政策号召，又要保持积极向上的劳动热情，在发现传统乡村治理的弊端后，国家将治理重点放在实现权力均衡、功能完善、多元参与，不再是村委会"独大"，并设立相关的监督机构对村务实行监督，相互制约，尊重村民意见，实现民主决策，提倡村民自治，合理听取村民建议并积极采纳落实的乡村治理方式。切实发挥好党支部和党员在领导、行动、示范、整合等各个方面的作用，以满足村民多元需求。

（二）调研目的及调研对象

1. 调研目的

（1）根本目的。通过实地走访调研，试图了解新旧动能转换起步区内乡村治理思路、治理方案及治理现代化过程中遇到的诸多问题，并结合有关资料，探索发现起步区内现代化乡村建设成果背后的价值规律，为现代农村总结出一条行之有效、可供复制的新时代乡村治理现代化数字化的治理道路。

（2）直接目的。通过本次调研获取调研报告所需的基础数据，丰富调研报告内容，增强调研结果的真实性、可靠性。并在调研过程中丰富同学们的自身经历，增长见识，并且增强团队合作能力，取得有益调研成果。

（3）间接目的。一方面，通过调研向大学生广泛宣传山东省新旧动能转换起步区内乡村现代化建设取得的良好效果，使其充分了解社会主义制度的优越性，增强新时代大学生群体的自豪感和爱国情怀；另一方面，希望通过本次调研成果宣传，号召更多新时代大学生投身中国现代化乡村建设，为传统乡村注入更多新时代血液，增强乡村发展的活力。

2. 调研对象

调研小组选定的调研地为新旧动能转换起步区，具体为山东省济南市济阳区太平街道和崔寨街道。济南新旧动能转换起步区，是贯彻落实黄河流域生态保护和高质量发展战略、加快山东新旧动能转换综合试验区建设，积极探索新旧动能转换模式而设立的新型战略新区，其中太平街道和崔寨街道紧跟发展潮流，成为乡村改革的引领者。

调研人员分别走访了太平街道和崔寨街道，在征得各村负责人同意后，主要对年龄为 20～45 岁、46～65 岁、65 岁以上三个阶段的村民展开村况询问与问卷调查。选取的村民男女比例均衡，在家务农、在外工作、村委工作、个体经营者等均有涉及，人员全面且广泛。调研主题内容包括太平街道和崔寨街道的农村结构、村务公开、村务监督委员会、治理评价、村规民约等乡村治理模式和乡村治理现代化等内容。

（三）调研思路框架

本文采用多种调研方法对新旧动能转换背景下乡村存在的问题进行探索，整体思路如图 3 所示。

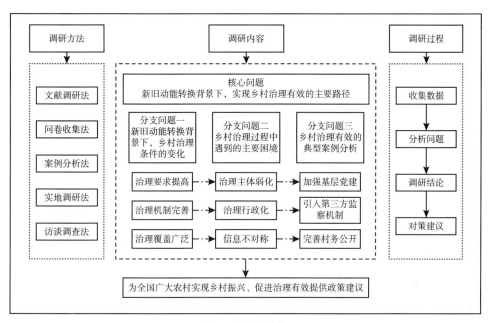

图 3 调研思路

（四）调研意义

1. 理论意义

通过本次调研，总结新旧动能转换起步区内乡村治理的先进经验，为推进乡村治理提供理论依据。为助力推进中国特色社会主义新农村建设，推进乡村振兴提供可行性建议；根据调研情况分析我们提出对策和建议，努力为打造"共建共治共享"的社会治理格局贡献力量；对于助力解决新时代我国社会主要矛盾、增进村民福祉、实现"两个一百年"奋斗目标和中华民族伟大复兴中国梦具有理论意义。

2. 现实意义

本次调研对于推进乡村优先发展、建立健全多元参与的乡村治理机制、加快推进乡村治理现代化具有现实意义。有利于推进乡村治理顺应时代潮流、提升乡村治理能力、优化治理体系、推动乡村治理体系和治理能力现代化；有利于巩固乡村治理的"根基"，更好地发挥乡村治理在国家治理中的基础性作用；有利于更好地构建科学有效的乡村治理体系，有效破解乡村治理能力不平衡、社会治理机制不协调的问题。

3. 实践意义

根据本次调研提出可行性具体建议，用现代化思维有效地解决传统乡村治理中面对的村民政治参与意识薄弱、治理主体弱化、行政化现象明显等问题，提高乡村问题解决的能力和治理效率，促使基层组织管理从"走形"到"走心"、治理主体参与机制从"一元"到"多元"、关系定位从"唯上"到"合作"转型；引入第三方监督，有利于村委会以村民为中心，把村民利益放在首位，对于增强乡村人民群众的获得感、幸福感、安全感、参与感、满足乡村人民日益增长的美好生活需要的时代诉求具有实践意义。

二、乡村治理相关研究综述

新旧动能转换政策的提出，是加速推进乡村治理现代化的重要抓手。着力运用现代化的治理理论和治理方法替代传统的治理理论和治理方法，运用现代信息技术、互联网平台充分统筹调动与合理配置农村资源，实现乡村治理现代化转型。通过梳理近年来与新旧动能转换相关文献资料发现，我国学者李德荃认为新旧动能转换旨在淘汰落后产能，技术改造升级传统基础产能，培育新产能，"腾笼换鸟"尽快确立起推动经济增长的新动力，以谋求国民经济的可持续发展。[①]余东华认为新旧动能转换就是要以淘汰落后动能、改造提升传统动能、培育壮大

---

① 李德荃：《应把新旧动能转换视作推动经济可持续增长的长期战略》，载于《山东国资》2021年第6期。

新动能为重点，推动新旧动能转换和经济转型升级，促进经济的持续健康发展。[①] 费广胜提出农业新旧动能转换与乡村治理现代化具有明确的正相关性，二者互为因果、相互依赖。[②] 农业农村的新旧动能转换可以作为调动乡村治理现代化行之有效的重要突破口之一。

纵观学者们对乡村治理概念的界定，虽形式多样，但都体现出通过一定的手段进行自主管理的过程。自乡村振兴概念提出以来，农业农村部农村合作经济指导司司长张天佐建议："乡村治理是国家治理的基石，也是国家治理的短板。要尽力加快补齐乡村治理短板，加速同步推进乡村治理现代化，努力实现国家治理体系和国家治理能力现代化的宏伟目标。"[③] 学者董德利提出以农民、基层政权、国家为关键治理主体，以效率、平等、稳定为基本治理目标，将法治、自治、德治相结合，不断优化治理结构、增强治理成效的过程。要实现乡村治理现代化转型，就要适应新形势新挑战，坚持问题导向，加强制度创新，特别是要在城乡一体化和协同治理原则下，破解阻碍我国乡村经济社会可持续发展的难题。[④] 刘文佳通过对 R 村的实践考察，认为先进性和有效性建设增强基层党组织的组织力、以重振集体经济构筑共同体意识、以党建引领协作治理的基本路径，不仅能够有效化解乡村治理面临的困境，也推动了党领导下乡村"三治"体系的融合，实现乡村治理的高质量发展。[⑤] 雷浩伟等则通过梳理中央和国家层面与乡村振兴有关近 990 件法律法规制度和 37 件立法草案得出在制度建设上，当前乡村振兴制度体系的完善和制度网络的联动使得制度优势转化为治理效能成为可能，其未来发展则应在夯实法治保障、健全执行网络、有效嵌入治理等方面系统布局。[⑥]

---

① 余东华、李云汉：《数字经济时代的产业组织创新——以数字技术驱动的产业链群生态体系为例》，载于《改革》2021 年第 7 期。

② 费广胜：《农业新旧动能转换助力乡村治理现代化作用机制探析》，载于《行政论坛》2021 年第 2 期。

③ 《农业农村部农村合作经济指导司司长张天佐介绍有关情况》，农业农村部网，http：//www. moa. gov. cn/hd/zbft_news/xczlqk/zbtp/201906/t20190605_6316239. htm。

④ 董德利：《我国乡村治理变迁与现代化转型路径研究》，载于《地方治理研究》2021 年第 3 期。

⑤ 刘文佳：《新时代党建引领乡村治理的基本路径——基于 R 村的实践考察》，载于《黄冈职业技术学院学报》2021 年第 3 期。

⑥ 雷浩伟、廖秀健：《基层治理现代化视阈下乡村振兴战略的蓝图擘画：制度梳理与研究综述》，载于《江苏农业科学》2021 年第 11 期。

三、调查过程

（一）线上调研

1. 调研时间

2021 年 8 月 24 日至 2021 年 9 月 10 日。

2. 调研情况

调研团队利用暑期，先行开展线上调研，通过梳理文献、设计调查问卷，面向社会开展数据收集工作，本次调研线上线下共发放问卷 300 份，共计收回问卷 300 份，有效问卷 291 份，问卷有效率达 97%。最终结合问卷分析发现长期以来山东省乡村治理过程中出现的典型、突出问题。于是我们结合新旧动能转换的政策背景，探索新时代此背景下乡村治理模式的发展路径，希望可以为现代传统农村探索出一条行之有效的符合新时代发展的治理道路。

3. 调研数据

通过对 300 份有效问卷以及文献等的整理分析得出，传统乡村中普遍存在信息不对称、治理"行政化"现象明显、村民参政意识薄弱以及治理主体弱化的问题（见图 4）。

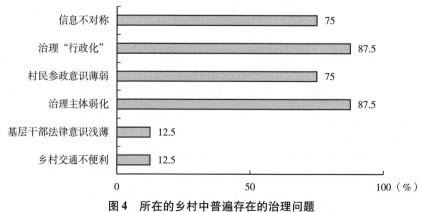

图 4　所在的乡村中普遍存在的治理问题

（二）线下调研

1. 调研时间

2021年9月2日至2021年9月5日。图5为崔寨街道改造前后对比，发生变化的不仅是村子的样貌，更是治理模式、治理队伍的变化。

图5　崔寨街道改造对比

2. 调查统计

（1）村务公开与阳光村务监督机制。通过实地调研和问卷调研得知，崔寨街道和太平街道都会定期进行村务公开（见图6），时间大约为每一个月到三个月进行一次（见图7），通过多种方式通知到每家每户，最后对回收的300份问卷进行数据分析。

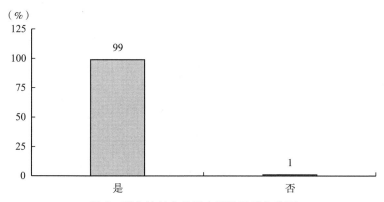

图6　所在的村庄是否定期进行村务公开

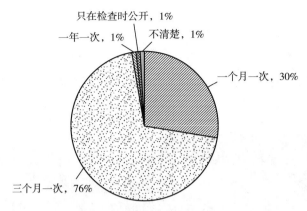

图7 所在的村庄多久进行一次村务公开

村务公开的方式：村务公开栏、村民公开网站、为村民家中发村务信函或定期邀请村民召开村务报告会议等方式。村务公开栏设于村委会门口，通过粘贴村务文件的方式实时公开"三务"（见图8）。村务内容公开：公开本村最近的概况、领导人员信息、本村获得的荣誉等一系列本村的基本情况，通过实时反映村部的动态，借助平台更好地对外展示本村情况，以及国家惠农、社会救助等相关政策或优惠措施。党务公开：记录本村内党员基本情况，如入党积极分子名单公布、党员好人好事等情况。财务公开：村财务是村务的内容之一，通过本村网站等信息手段进行村财公开，使村财公开将更加快捷、透明，可信度也大大提高，也使得村民对本村财务监管的信任程度大大提高。

（2）构建基层网格化治理体系。太平街道和崔寨街道引入第三方机制，以乡村规模配备网格员人数，依托统一的乡村管理以及数字化平台构建了较为完善的网格化管理体系，将村民的需求放在第一位，以解决服务群众"最后一公里"为目标，建立集村民诉求服务、治安管理、便民利民服务、应急情形管理等需求为一体的信息化社会治理服务平台，实现全天候、全覆盖收集并解决群众反映的问题，做到了"横、纵全覆盖"的网格化管理。网格员通过每日的巡察、走访调查，了解网格内的人、地、物、事等相关组织信息，对村民的诉求制订解决方案再进行处理，形成乡村网格全覆盖，村民配合，村委负责的良好局面，形成"日走访、周分析、月汇总"的工作制度，有力促进了乡村治理现代化的进程。

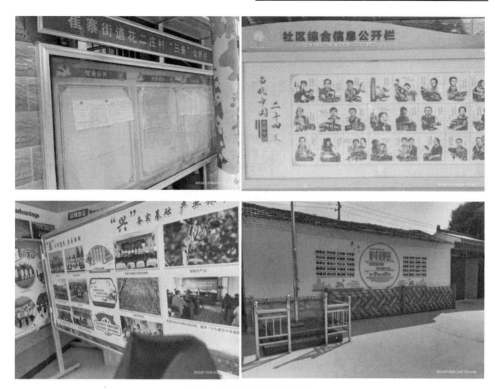

图 8　村务公开内容展示

（3）建立"1234 民主议事"。太平街道以"主题党日 + 阳光议事"为载体，选举村民代表，进一步拓宽党员群众参与村级事务平台（见图 9），积极探索"民主协商、阳光议事"的群众议事参与制度，率先推出"1234 民主议事"活动，包含"一提、二晒、三议、四公开"四项活动板块，助推村级事务管理规范化，全力打造村级议事新格局（见图 10）。"一提"即提出"1234 民主议事"的具体事项；"二晒"即晾晒本村当月财务收支情况；"三议"即对决策事项、公共事务、群众需求三类需商议的事项征求参会人员意见；"四公开"即向全体村民公开各事项商议结果。同时，街道每月组织党群办及农财办分别对议事会议材料及会议中通过的各类账单凭证进行审核检查，确保参会人员、会议流程符合程序，报账时间有效，各类票据规范标准，通过进一步明确标准，严格检查，确保"1234 民主议事"形成常态化制度，以村级协商民主工作助推其他各项工作长期稳定高效发展。①

---

① 《太平党群之声》，https：//www.meipian8.cn/38b55gi6？um_tc = 8a96da65cde963ade68cd4094ce144df。

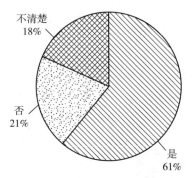

图 9　所在的村庄是否设有村民代表

图 10　村民议事会议

资料来源："太平之窗"公众号。

在我们调研过程中，我们发现崔寨和太平街道均配有村民代表，并对村民代表定期进行培训，提高其参与乡村议事能力，在选取的调研样本中（见图 11），我们发现两个街道共有 58 名村民参与过全村性的议事协商活动，约占线下调研人数的 29%。

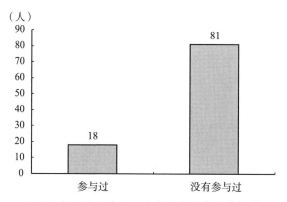

图 11　是否曾经参与过全村性的议事协商活动

四、乡村治理典型问题

（一）村民政治参与意识及参与素质薄弱

第一，目前居住在乡村的村民政治参与意识淡薄、参与能力不足。本村人员外流、"空心村"、老龄化等，是参与能力不足的原因。村民平均年龄较大，随着农村人口外流、城镇化进程推进，"空心村"现象也成了乡村治理中的一大难题，大量的年轻劳动力转移到城镇，留下村里年龄较大的老人，受传统旧观念影响，部分村民认为乡村治理仅依靠政府就能解决，目前乡村中的部分村民仍存在"等、靠"心理，处于一种"要我参与"而不是"我要参与"的状态，缺乏自主参与治理的积极性。

第二，村民受教育层次较低，文化素质不高。据统计显示，2019 年农村居民家庭户主文化程度超过 50% 在初中水平，超过 30% 在小学水平，仅有 1.7% 在大学专科水平，大学本科及以上更是寥寥无几，仅占 0.3%。村民在乡村治理和发展过程中居于被动地位，观念上相对保守，以上原因也导致了村民政治参与素质薄弱。

第三，乡村地区经济发展缓慢，村民负担较重，缺乏组织性。近年来乡村收入增幅趋于平缓，且农村的劳作环境并不宽松等原因，降低了村民主动参与乡村治理的积极性；村民受到自身限制不能熟练使用互联网等信息化的治理工具，了解乡村治理有关信息的途径较少，也导致了村民政治参与能力不高、参与意识薄弱。

（二）治理主体弱化

我国传统乡村治理主要依靠村民委员会，乡村社会治理主体的多元化参与机制尚未健全。

第一，目前我国的村委会工作人员年龄主要集中在 40～45 岁，缺乏创新能力，习惯用传统的乡村理念和治理方式来治理现在的乡村，较为落后，对于现代化的治理模式接受相对较慢，使得治理主体力量薄弱。

第二，村民自治能力有待提高，目前乡村老龄化严重。基本仅剩老人和幼童，乡村治理参与层次不高，且我国大部分乡村地区收入较低，工作机会较少，大部分年轻劳动力选择前往外地工作，且大学生毕业后选择留在城市工作，人才流失严重，自治缺乏活力。乡村治理主体的缺失和弱化会直接导致乡村治理进程减缓，也显示出乡村整体自治力量和管理组织的弱化，使得乡村治理现代化进程遇到"无人治理"的挑战。

（三）治理"行政化"现象明显

第一，在乡村治理中，大多数村民即使了解村民自治制度，但依旧会认为基层管理人员才拥有话语权，习惯性听从管理人员的指令，把自己当作下属去执行命令，主人翁意识薄弱，缺少独立自主性、自觉性，在心理上、行为上形成了"下意识行政化"现象，不仅缺乏村民自治色彩，也在一定程度上加重了乡村治理的难度。

第二，多元化的乡村治理参与机制尚未建立。一方面为使业绩达标，乡村干部更多忙于上级政府分配的任务，而缺少对自己管理的乡村负责；另一方面村委会的工资和福利由上级政府发放。这也造成了乡村干部的服务对象由"向下"对村民负责转变为"向上"对上级政府负责倾斜，乡村治理行政化现象愈发明显。

第三，乡村治理面临着形式主义色彩浓重这一严峻的挑战。个别乡村干部可能为了应对上级政府要求，不把村民利益放到首位，他们可能会利用自己拥有的权力，打着上级政府的幌子，对本该属于村里的财产进行侵占，以满足自身欲望（见图 12）。

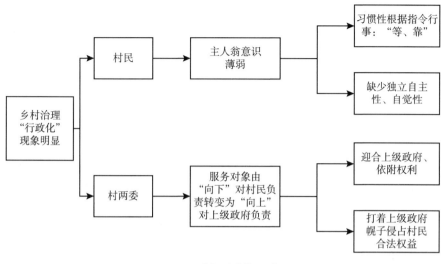

图12 "行政化"现象

(四) 信息不对等

第一，由于大部分村民年龄较大，受教育程度较低，不能熟练运用互联网等数字化信息工具，他们对于国家政策的颁布和实施了解较少，仅通过村务公开栏和乡村广播了解到一小部分的政策信息，然而在这个信息化数字化的时代，大量的信息接踵而至，且具有一定的时效性，那么村民原有的了解信息的途径显得较为狭窄，致使信息传递失真。信息不对称会引起村民政治参与素质低，目前由于基层干部与村民之间没有建立起双向沟通的信息交流平台，存在着较为严重的信息不对称问题，还在信息的获取和了解上出现了难以跨越的鸿沟。村干部自身了解的政策信息不能及时公开或者事后公开，村民又受到自身限制了解相关政策信息的途径较少，这就造成了信息不对等。

第二，乡镇政府政策宣传不到位，仅仅通过村务公开栏进行政策通知的张贴，但是对于受教育程度较低的村民来说毫无实用价值，也可能造成一些政策没有及时公开或者事后公开，这也就导致了村民对于上级政策和乡村治理现阶段的情况，不是一无所知就是了解甚少，造成信息差。信息不对称直接导致了乡村地区信息滞后缺失，使得乡村治理进程缓慢。

第三，信息不对称会滋生腐败行为。根据经济学中"理性的经济人"的结论，基层干部作为一个个体同样会具有追求私利的私心。目前由于我国乡村治理中法治化薄弱，对基层干部的行为约束十分有限。在信息不对称的情况下，基层群众对乡村治理的相关信息了解得不够充分，从而不能对村干部进行有效的监督。"上、下行沟通"顺利、信息双向流动，村民能够全面了解乡村治理信息，并且乡村治理情况能够完整、准确、真实地被上级掌握，可以大大提高乡村治理有关决策的科学性、精准性和合理性。

五、太平、崔寨典型做法与初步成效

济南新旧动能转换起步区内崔寨街道和太平街道对现代化乡村治理模式进行了有益探索。调研团队利用暑期时间展开实地调研，根据走访和调研结果发现，传统乡村治理模式存在的很多问题和弊端现在都得到了有效解决，崔寨、太平的一些治理方法对其他同类型乡镇地区极具借鉴意义。

（一）"互联网＋大平台"——大综合平台治理

通过调查发现，以前的太平街道存在治理涣散、村民参政意识薄弱问题，针对这个问题，太平镇抢抓行政管理体制改革试点机遇，勇于尝试，积极探索，实行创新，持续推进社会治安综合问题的治理工作。

1. 村务公开

太平街道成立了由党委书记任组长，主要领导参与的专项小组，在全镇构建起大综合治理工作格局，做到了充足的三务公开（村务公开、党务公开、财务公开）。

2. 建立大综治平台

太平街道利用互联网平台技术搭建集司法、信访、安监、食药卫生等 13 项功能于一体的全新信息化治理平台，在 11 个办事处设立综治服务中心，村级设立 95 个网格工作室为民服务，为 92 个村配备了村级监控平台。借助现代化治理理念和治理技术逐步替代传统的经验治理方式，太平街道工作相关工作人员主动反映群众的各种诉求，做到及时处理落实。

3. 搭建"线上线下"数字化治理快车道

太平街道开启并深化了"互联网＋政务"服务，推进"线上＋线下"数字化乡村治理，加快了"互联网＋监管"工作，积极推进了数字化建设。网上申请、在线办理等，打造了"智慧化"政务，积极推进省政府关于"一个平台监管"的决策部署，有效实现数字全覆盖和数据共享模式，同时投资引进数字化设备。在产品服务、采购定位、运营管理等方面，稳定的云应用与互联网的结合大大提高了工作效率。

（二）构建基层网格服务体系

实行"网格化"管理，把党的建设、人民服务、综合治理、人员控制、应急工作、社会保障等工作都纳入基础网格体系中进行系统化管理，通过借鉴他村经验，建立完善的网格体系系统地解决村子现存的问题（见图13）。整合服务管理，健全覆盖地域。建立健全网格任务日常巡查和走访、网格事项流转处置等工作机制，将基层网格的作用充分发挥，我们在做好提高群众对网格化服务管理认识的同时，更要做好相应的村民服务管理工作，解决一些老年干部解决不了的问题。太平街道和崔寨街道网格员整合各种资源，分析各种数据，积极投入村民治理大环境中。

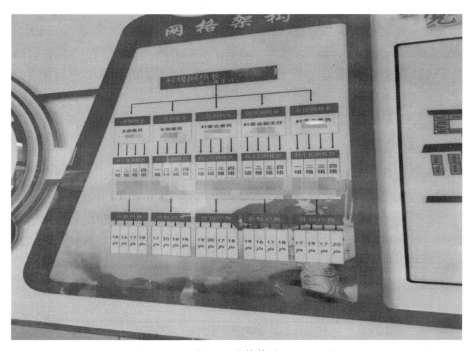

图13　网格体系

（三）"信访+X"闭环机制

基于网络和社会、村务重点话题，领导干部会以"大接访""会客厅"的形式倾听群众心声，了解群众需求，并对村务相关信息进行解说。每天至少3名科级干部到信访大厅值班接访，听取群众反馈意见，为民服务，落实村民村务沟通的双向反馈机制。深入实施民意"5"来听。"民情书记负责人"选派100名同志组成20支"民情书记"团队，每月5日、15日、25日走进村庄一线，帮助村民解决各种问题。

总体来说，根据本次调研成果得出结论，崔寨街道和太平街道都在乡村治理问题上进行了不断的尝试与优化，在巩固脱贫成果的同时，更有效地实行乡村振兴。改变原有的、传统的治理模式，转变为新型的、发展的治理体系，进而切实改善村民生活。两个街道在乡村治理方面作出了自己的贡献，以上经典案例都值得推广和学习。

六、对策与建议

（一）加强农村基层党组织建设，实现农村基层组织架构现代化转型

1. 扩大基层党员队伍建设，加强党员的教育和管理

农村基层党员人才队伍老龄化现象日益严重，同时治理思想及治理能力也随之呈现落后趋势。加快实现农村新旧动能转换，推进治理能力、治理理论和治理队伍的现代化就要求农村基层党组织不断注入新鲜血液，与时俱进，融入新的发展理念，顺应时代要求。这也要求各基层党委、党支部提高思想认识，积极落实"流动党员"培养工作，加强基层党员教育管理，特别是流动党员教育管理，对于提高党员队伍建设质量，保持党员队伍的先进性，夯实党长期执政基础。探索推进"纸鸢计划"，让广大流动党员"离乡不离党，流动不流失"，激发党员队伍生机和活力，为推动乡村治理凝聚强大力量，推动乡村治理各项任务的发展进程（见图14）。

加强农村基层党组织建设，需要加强农村党员的教育和管理，强化基层党组织的战斗堡垒作用，各基层党委、党支部要制订党员培训计划，不断强化党员的思想觉悟，为乡村治理提供充足的、持续的智力支持和人才保障，以便更好地发

挥党员的先锋模范作用，提升基层党组织的治理思想和治理能力。

图14　党建工作流程

2. 设置"治理体验岗"

积极引导党员践行新思想、适应新时代、展现新作为，同时积极配合或参与村两委工作，提高基层村两委的工作效率，服务群众凝聚群众，一切以人民为中心，为了村民依靠村民，协助政策的推行、发展与实施，发挥党员的模范作用。

设立党员先锋岗、治理体验岗等特殊岗位，邀请普通村民体验，参与到村民矛盾纠纷调解、垃圾分类检查、便民服务等乡村治理工作中，通过"换位思考""换位体验"，从"小、繁"的治理工作中，亲身体验基层组织工作的难点、痛点。一方面密切了党群、干群关系，增强村民对基层工作的认同、理解和支持，激发村民参与乡村治理的积极主动性；另一方面可以锻炼广大村民的乡村治理能力，使得一部分村民中优秀的人才得以显现，有利于发现合适的管理人才，同时加强基层治理组织的"廉政"教育，促使他们不断进取，努力改进适应于现阶段乡村治理的工作方法，创新管理思维。要实现乡村治理，就要勇于拓宽用人视野，坚持在实践中发现人才，在实践中培养干部，把"党员先锋岗""治理体验岗"作为培养锻炼干部的基础阵地，有利于增进村民与村干部之间的理解度、支持度，形成"心往一处想、劲往一处使"的乡村治理新局面。

3. 促进农村基层组织架构的现代化转型

目前农村基层组织管理层人员的思维方式较为传统，学历普遍较低，使得乡村治理工作缺乏生机和活力，制约了乡村发展。一方面应不断加强村两委干部的现代化理念学习，通过农村教育平台、"主题党日"活动等多种途径，按期学习国家最新政策理论与现代化治理技术，用学习到的现代化的治理理念和技术代替传统的理念和技术，着力提升农村干部的综合素质和学历层次，一定程度上可以弥补农村发展缺乏人才的漏洞。另一方面，应该坚持"人才强国"战略，积极鼓励基层组织发现人才、引进人才、培育人才，优化农村基层组织的年龄结构，用现代化的理念治理现代化的乡村，使乡村治理与时俱进。

（二）培育发展"土字号"品牌，夯实乡村治理的物质基石

1. 响应国家指导意见，发展农村产业

《农业农村部关于加快农业全产业链培育发展的指导意见》，提出培育一批"土字号""乡字号"产品品牌，加快发展乡村产业，实现"一村一品"。①

"土字号""乡字号"是以农民为中心，具有当地独特的地域特色、文化特色，对于当前没有建立"土字号"品牌的乡镇，政府应结合当地的特色资源条件、地理优势实行招商引资，打造出具有村镇特色的"土字号"品牌。

2. 加快培育"一村一品"，壮大乡村产业队伍

目前，乡村产业仍存在产业活力不足和质量效应不高等问题，国家层面针对此不仅制定了相关的法律政策，还颁布了有关补贴机制以推动"一村一品"的发展。"土字号"产品大多为农民种植的蔬菜、水果或农作物，或养殖的猪、牛、羊、家禽等，东西大多绿色、健康，且中国地大物博，不同的地方都形成了不同的饮食习惯，每个地方都有传承了十几年甚至几十年的食物特殊工艺，它们受城市消费者的喜爱，但缺乏市场运作，导致消费者知晓度不高、市场影响力不强。政府应在品牌培养，市场运作等方面给予指导和规范，投入平台对特色"土字号"产业进行宣传，让更多的人知道它，有渠道买到它，同时投入专业人员指导当地村民如何运营和包装产品，使产品更高档化，可以更好地流入市场。随着"土字号"产业的完善和壮大，部分"土字号"品牌将走出农村，走出乡镇，成为现代化产业的一员，在全国具有影响力，不仅带动了乡村经济的发展，解决乡村人口就业问题，还彰显了中华文化丰富多彩的特点。

---

① 《农业农村部关于加快农业全产业链培育发展的指导意见》，农业农村部网，http://www.gov.cn/zhengce/zhengceku/2021-06/02/content_5614905.htm。

只有不断发展乡村"土字号"产业，建立一个又一个现代化品牌，才能夯实乡村治理的基石，一个成功的"土字号"品牌是一个村的宝贵财富，可以带领整个村子脱贫致富，奔向小康，经济发展决定了上层建筑，解决好经济问题，乡村治理才能更快地实现现代化，现代化乡村建设才能更好地实现乡村全面振兴，满足农民群众对美好生活的需求。

（三）破除"信息不对称"阻碍，构建村务公开的双向沟通渠道

1. 构建有效的信息传递机制，促进信息广泛传播

目前大部分村民年龄较大，受教育程度较低，原有的了解信息的途径也较为狭窄，为信息传递带来了很大障碍。完整的信息传递机制，对于解决信息不对称的问题有很大帮助。首先，我们要改善信息传播的手段，建立一个包括网格员、广播、电视、移动通信、电话、互联网等在内的多元化信息传递网络，不仅包括"互联网＋政务""互联网＋监管"还包括"互联网＋生活""互联网＋法律"等"互联网＋"信息传递系统，同时结合网格化治理构建线上线下、网内网外多元化信息传递机制。其次，改善信息传播方式，包括口头传播、书面传播、图像传播等多元传播方式。最后，拓宽村干部与村民之间的沟通渠道，有序地完善村民—基层干部的沟通反馈机制，搭建他们之间的平等对话平台有利于推进现代化乡村治理模式的建设。同时"上、下行沟通"顺利、信息双向流动，村民能够全面了解乡村治理信息，并且乡村治理情况能够完整、准确、真实地被上级掌握，可以大大提高乡村治理有关决策的科学性、精准性和合理性。

2. 以大众传媒为载体，村务公开双向流动

"下情不能上达"，导致基层领导干部不能全面掌握乡村治理的真实情况，影响基层工作效率，行政决策偏离目标；"下行沟通"受到堵塞，上级对下级的信息传递出现堵塞，"上情不能下达"，导致村民不能了解上级政策意图，降低了乡村治理质量。

实现乡村治理的现代化转型，需要利用大众传媒等信息化工具去促进信息对称，以推动乡村治理体系和治理能力现代化数字化转型（见图15）。大众传媒等信息化工具为村民提供参与乡村治理的平等机会，降低了村民参与乡村治理的素质要求，缩短了基层干部与人民群众之间的隔阂，使村务公开双向流动成为可能。将村民意愿以数据形式反馈到农村基层治理机构，基层组织也可以通过平台公布上级政府发布的政策方针，破除传统化乡村治理的思维及乡村信息化基础设

施建设滞后的禁锢，提升乡村基层干部和村民数据意识，让乡村基层治理更加反映民意，促进基层治理决策的民主化、科学化、智能化。通过信息化途径参与乡村治理，提高村民参与乡村治理的积极性和参与意识，同时提高乡村问题解决的能力和治理效率，促使基层组织管理从"走形"到"走心"、治理主体参与机制从"一元"到"多元"、关系定位从"唯上"到"合作"转型。以数据信息反映民意、体现民智，从人际传播、组织传播向大众传播转型，以大众传媒为载体，实现村务公开双向流动。

图15　数字化治理平台

3. 设立专项乡村治理监察员，建立严格的乡村治理督促机制

针对上级政府无法真实掌握乡村治理情况、信息不对等的问题，可设立第三方专项乡村治理检察员，目的是加强对村务决策、执行、公开的监督，推进基层民主管理，保障村民管理村事的合法权益。第三方检察员应明确督导职责、充分了解上级下达的通知内容，并监督村委会的执行情况。对于迟报、不报、谎报等消极治理情况以及积极工作、治理有效或创新的积极治理情况进行真实记录，上报上级政府，可以分层次设置并实施奖惩机制。对于村庄的治理情况可实施积分制度，一年一总结，总结报告递交乡镇党委政府，乡镇党委政府针对各村的积分

情况给予不等的处罚或奖励，建立严格的乡村治理督促机制，国家对于积分高的乡村可以提高补贴额度，给予更多的优惠政策和资源，帮助乡村治理有效的乡村进一步建设现代化乡村，真正实现信息双向流动。只有建立完善的乡村监督机制做到全过程、全方位监督，才能让村务公开透明、合法合规，切实维护村集体和广大村民的利益，赢得农村群众的信任和支持，推进乡村治理进程。

（四）推进农民的现代信息教育普及，引入现代化乡村治理数字平台

1. 加大财政对农村基础教育的支持力度，推进老年人基础教育基地建设

政府应主动承担起社会教育资源普及与建设的职能，面对农村老年教育资源匮乏的核心问题，应加大财政支持力度，着手构建农村老年人（60 岁以上）专属的基础教育基地，免费为赋闲在家的老年人提供智能手机使用指导、就业技能培训、文化娱乐表演、体育健身锻炼等基础生活教育。通过引入现代化的乡村数字平台，丰富村民文化娱乐生活，要不断地开发挖掘更多的乡村闲置资源，充分利用已经荒废的乡村资源，例如废弃的学校、办公桌椅等，补足农村老年教育，促进老年教育与乡村养老的快速结合，形成终身学习的公共服务体系。

2. 营造浓厚的乡村学习氛围，提倡当代大学生文化反哺农村

大学生要做文化反哺农村的主力军，借助暑假、寒假期间反哺农村，为村民提供金融、经济、法律等方面的知识普及。帮助农村老年人学会使用手机、电脑等现代化的通信工具，融入现代化乡村治理网络。新一代青年，具有对事物的敏感反应和较高的接收能力，他们更能适应新时代乡村改革潮流，他们也有能力用自己的知识、技能、文化反哺农村，运用自身知识向农村传播适合现代社会发展需要的新思想、新观念。

3. 引入现代信息技术，构建现代化乡村治理数字平台

地方政府要加强引导，充分结合地方实际特色和基本情况，制定乡村数据标准体系建设实施方案，完善相关配套设施，推进乡村治理体系现代化建设，该乡村数字化治理平台应包含数字农业、数字治理、村民档案等方面的全方位立体的治理机制，并建立数据分类与分级共享制度，推进地方政府及其涉农部门的数据与农民、新型农业经营主体等其他乡村主体共享，以此打通政府治理思维与乡村社会治理诉求的交融。提高基层两委工作的决策力与工作效率，建立健全数字化

乡村治理平台，用现代化的乡村治理理论与现代化的乡村治理技术替代传统的乡村治理理论和治理技术，形成一整套程序化理论化的以农村现代化建设为核心，以数据反映民意的平台，实行精细化管理。

参 考 文 献

[1] 季德生、周文锋、靳涛、刘凤莲：《新旧动能转换背景下滨州市装备制造业自主创新现状与改进策略》，载于《现代制造技术与装备》2021年第8期。

[2] 崔俊富、陈金伟：《中国经济增长新旧动能转换研究》，载于《管理现代化》2021年第4期。

[3] 杨嵘均、操远芃：《论乡村数字赋能与数字鸿沟间的张力及其消解》，载于《南京农业大学学报》（社会科学版）2021年第5期。

[4] 陈晓彤：《济南新旧动能转换先行区旅游业高质量发展研究》，山东师范大学硕士学位论文，2021年。

[5] 高祯：《新旧动能转换背景下区域创新生态系统构建及运行效率评价研究》，齐鲁工业大学硕士学位论文，2021年。

[6] 何宇晖：《新旧动能转化背景下济南市生产性服务业发展对经济增长影响研究》，山东大学硕士学位论文，2019年。

[7] 费广胜：《农业新旧动能转换助力乡村治理现代化作用机制探析》，载于《行政论坛》2021年第2期。

[8]《农业农村部部署加快推进"互联网＋"农产品出村进城工程试点工作》，载于《云南农业》2021年第4期。

[9]《中共济南市委关于加快济南新旧动能转换起步区建设的意见》，载于《济南日报》2021年7月5日。

[10] 刘姝雯、杨胜刚、阳旸：《中国农村经济发展新旧动能转换测度与评价》，载于《统计与决策》2021年第8期。

[11] 李德荃：《应把新旧动能转换视作推动经济可持续增长的长期战略》，载于《山东国资》2021年第6期。

[12] 余东华、李云汉：《数字经济时代的产业组织创新——以数字技术驱动的产业链群生态体系为例》，载于《改革》2021年第7期。

[13] 于代松、赵佳伟、肖雅丽、张华：《为什么说乡村振兴战略不能依靠老人农业——关于贺雪峰教授老人农业理论的几点思考》，载于《山东农业大学学报》（社会科学版）2021年第2期。

[14] 张润泽：《科技企业应以范式创新引领转型实践》，载于《中华工商时

报》2021 年 7 月 28 日。

[15] 肖唐镖、赵宏月：《政治信任的品质对象究竟是什么？——我国民众政治信任的内在结构分析》，载于《政治学研究》2019 年第 2 期。

[16] 董德利：《我国乡村治理变迁与现代化转型路径研究》，载于《地方治理研究》2021 年第 3 期。

[17] 刘文佳：《新时代党建引领乡村治理的基本路径——基于 R 村的实践考察》，载于《黄冈职业技术学院学报》2021 年第 3 期。

附录

关于济阳区太平、崔寨街道乡村治理方面的调查问卷

您好，我们是山东财经大学燕山学院乡村治理模式专项调研团队成员，为充分了解山东省新旧动能转换起步区建设过程中乡村治理方面的变化，现进行问卷调查。我们希望您可以提供您真实的看法和意见，衷心感谢您的积极参与及配合！本次问卷实行匿名制，数据仅用于统计分析，请您放心填写。谢谢！

1. 您的年龄是（   ）[单选题]

A. 18 岁以下　　　　　B. 18～45 岁

C. 46～65 岁　　　　　D. 65 岁以上

2. 您的受教育程度（   ）[单选题]

A. 小学　　　　　　　B. 初中

C. 高中（中专、技校）　D. 本专科及以上

3. 您的身份是（   ）[单选题]

A. 村民　　　　　B. 村支两委干部　　　C. 一般党员干部

D. 专职网格员　　E. 网格中心管理员　　F. 离退休人员

G. 其他＿＿＿＿＿＿＿＿＿＿＿＿＿

4. 您所在的村庄是否做到了定期村务公开（   ）[多选题]

A. 是　　　　　　　　B. 否

5. 您所在的村庄一般情况下多久会进行村务公开（   ）[多选题]

A. 一个月一次　　　B. 三个月一次　　　C. 一年一次

D. 只在检查时公开　E. 不清楚

6. 您所在的村庄，村务公开的主要方式是什么（   ）[多选题]

A. 村务公开栏

B. 建立村务公开网站

C. 定期为村民家中发村务信函

D. 定期邀请村民召开村务公开报告会议

E. 不清楚

7. 您所在的村庄是否设置了阳光村务公开栏和村务监督委员会（　　）［单选题］

    A. 是　　　　　　　　　B. 否

8. 你是否了解村务监督委员会的相应职责要求（　　）［单选题］

    A. 是　　　　　　　　　B. 否

9. 您曾经参与过全村性的议事协商活动么（　　）［单选题］

    A. 参与过　　　　　　　B. 没有参与过

C. 村庄没有展开过这样的活动

10. 您所在的村庄，进行村庄公共事务的决策，有哪些模式（请按由高至低的重要性进行选择）［排序题，请在中括号内依次填入数字］

［　］乡镇政府和乡镇党委指示

［　］两委共同决定

［　］村委会开会决定

［　］村支部开会决定

［　］村民代表大会开会决定

［　］村民理事会或其他组织参与决定

［　］村两委邀请村民代表共同决定

11. 您对村庄情况近五年来的评价如何［矩阵量表题］

项目	很不满意	不满意	一般	满意	很满意
村庄道路变好了	○	○	○	○	○
村庄水利设施变好了	○	○	○	○	○
村民的文化生活丰富了	○	○	○	○	○
村容村貌变整洁了	○	○	○	○	○
村民纠纷、冲突情况变少了	○	○	○	○	○
村民同基层干部的关系变得更好了	○	○	○	○	○
基层政务工作效率明显提高	○	○	○	○	○

12. 您认为导致农村贫困的主要原因是（　　）［多选题］

A. 自然环境较差，例如气候恶劣，耕地少，交通、农田水利等设备落后

B. 市场环境的迅速变化，例如农产品销售难、不能有效对接市场

C. 农民自身能力问题，例如文化水平、技术水平等

D. 缺乏有效的带动与互动，生产活动严重分散

13. 您认为乡村振兴的关键是（　　）［单选题］

A. 上项目，建工厂

B. 让村集体有钱办事

C. 改善居住环境

D. 增加就业创业机会

E. 加大农村文化教育水平

14. 您认为在外务工人员不愿意回村就业或创业的原因是（　　）［单选题］

A. 外地工资比本地高

B. 外地就业创业机会多

C. 外地工作生活环境好

D. 外地优惠支持力度大

15. 您认为您所在的村庄村规民约的看法如何（　　）［单选题］

A. 基本满意

B. 内容空乏，没有结合本村的实际情况

C. 落实不到位，未能真正有效执行

D. 制定过程中，村民参与程度不高

E. 其他_____

新安全生产法下，钢城区部分
企业安全生产现状调研

——以济南市钢城区里辛街道为例

诸葛方圆[*]

任洪兴[**]

明亚晴　刘新航[***]

摘　要： 安全生产是党和国家在生产建设中一贯坚持的指导思想，是我国的一项重要政策，是保证我国社会主义经济建设持续稳定健康发展，进一步实行改革开放政策的基本条件之一。除此之外，也是保护劳动者在生产经营活动中的安全、健康，以及保护劳动人民切身利益的一个非常重要的方面。目前里辛街道安全生产形势较为严峻，街道下属企业量较大，部分企业也存在着安全主体责任落实不到位，负责人思想麻痹，监管人员队伍缺乏、能力不强，员工意识较差，安全意识薄弱，安全检查工作落实不到位等问题。解决上述部分问题除了国家和政府要继续加大监督监管的力度之外，企业自身也要做好思想的转变，提高思想认识并且做好相关业务培训等。

关键词： 企业安全　钢城区生产现状　建议及对策

一、绪　　论

安全是一项极其广泛而重要的工作。我们的日常工作生活中免不了要接触一些危险源，它们会给我们带来种种不安全的隐患。因此，我们要尽可能做到居安思危，严格落实各项安全生产管理制度。同时，要在思想上跟上时代发展要求，

---

　* 调研团队指导老师：诸葛方圆，山东财经大学燕山学院辅导员、讲师。

　** 调研团队队长：任洪兴。

　*** 调研团队成员：明亚晴、刘新航。

转变观念，开拓创新，增强对安全生产工作的主动性和预见性，做到未雨绸缪，综合解决工作生活中的安全生产问题。[①]"安全"在生产经营过程中是一个不可或缺的角色，它不仅保证了从业人员的人身安全和社会稳定，而且还保证了生产经营活动得以顺利进行，更有助于企业效益的最大化。

心系安全，付诸实践，古往今来，"安全"在生产经营过程中是一个不可或缺的角色。安全，对于任何企业来讲，都是一个永恒的主题，它与我们每个人、每个家庭都紧密联系。何谓安全，即人不受伤害、物不受损失，企业在生产过程中，从业员工不受伤害，生产设备不遭受损失。企业只有做到安全生产，才能实现效益最大化，才能保证社会稳定发展。[②]因此搞好安全生产不仅是生产发展的需要，而且还有着保障和谐国家、和谐社会、和谐企业的重要政治和经济意义。所以，如何更好地落实安全生产工作，是一个值得认真研究的课题。

（一）调研背景

根据 2000~2020 年的数据来看，我国安全生产事故起数和死亡人数一直在稳步下降（见表 1），国家在安全生产领域的投入和努力都越来越大，尤其是安全生产的法制化建设和安全管理系统化，成效都是显著的，其中职业健康安全管理体系、安全评价，安全生产标准化、双重预防机制等政策与制度的形成，都对安全生产形势改善起到了重要的作用。

表 1　　　　　　　2000~2020 年全国安全生产事故总起数及死亡人数统计

项目	2000 年	2001 年	2002 年	2003 年	2004 年	2005 年	2006 年	2007 年	2008 年	2009 年	2010 年
事故起数		1000629	1073434	963976	854570	727945	627158	596376	413752	379248	363383
死亡人数	120351	130491	139393	137070	136755	126760	112822	101480	91172	83196	79552

项目	2011 年	2012 年	2013 年	2014 年	2015 年	2016 年	2017 年	2018 年	2019 年	2020 年
事故起数	347728	336988	309303	305688	67107	63205	52988	49543	40477	38146
死亡人数	75572	71983	69453	66048	44760	43062	37852	34567	29519	27412

资料来源：应急管理部（原国家安监局统计司）、国家统计局《国民经济和社会发展统计公报》。

虽然目前安全生产形势正在日益改善，但是仍然会有一些机制和政策触碰不

[①] 孙二刚：《浅谈安全生产重要性》，载于《濮阳日报》2019 年 6 月 20 日。
[②] 李双圆：《浅谈加强安全生产的重要性》，载于《企业改革与管理》2016 年第 4 期。

到的灰色地带，安全生产仍然存在着隐患。

安全生产问题作为民生问题与我们每个人都息息相关，减少各类安全事故的重点应在于预防。我们不应该只把预防工作当作年年都有的"形式"，而应当将"安全""预防"理念常挂心中。因为不安全的因素总是伴随在我们的日常生活和工作之中，安全来源于长期警惕，事故来源于疏忽大意，为了更好地对目前安全生产各类政策的具体落实情况及可能存在的问题进行分析与研究，特此进行关于安全生产现状的调查。

（二） 调研方案

济南市钢城区是山东省重要的钢铁、能源基地，素有"钢城煤都"之称。安全生产工作事关最广大人民群众的根本利益，事关改革发展和稳定大局，历来受到党和国家的高度重视。"安全第一、预防为主、综合治理"，是党的安全生产工作的基本方针，党的十六届五中全会就已经确立了"安全发展"的指导原则，安全生产也是国家的一项长期基本国策。

在一直紧密关注"安全生产"的背景下，我们团队选择了"钢城区部分企业安全生产现状调研"这一调研题目，以济南市钢城区里辛街道为基础，实地走访了钢城区以及里辛街道下属较为典型的企业，包括山钢股份莱芜分公司及其下属厂区（特钢厂、炼钢厂），莱商银行下属三家支行（汇鑫支行、钢都支行、新兴支行），此外还有颜庄街道下属的潘西煤矿等。通过与企业的相关负责人谈话、与企业员工交流并随机发放调查问卷的方式，深入了解安全生产工作的开展方式和落实情况，积极听取不同类别企业职工的看法和意见，从中发现并总结需要改进的问题。主要采取实地调查、问卷调查等方式，深入分析了当前里辛街道面临的形势以及存在的突出问题，并结合理论知识、调查问卷，对安全生产的具体问题提出有针对性的建议对策。

本次调研涉及钢城区里辛街道下属企业及其他相关企业5家，实地走访各企业单位的职工、干部等，收集了大量的一手资料。结合调查问卷，以一对一交谈的形式对各部门员工进行调查，进一步了解了企业员工对安全生产的了解情况，对安全生产政策的认可程度、满意程度以及存在的问题和建议。本次调研所用的调查问卷采取的是随机发放的形式，共发放300份，其中有效问卷242份，问卷有效率为80.6%。

二、安全生产综述

所谓"安全生产"，就是指在生产经营活动中，为避免造成人员伤害和财产损失的事故而采取相应的事故预防和控制措施，以保证从业人员的人身安全，保证生产经营活动得以顺利进行的相关活动。安全生产是党和国家在生产建设中一贯的指导思想和重要方针，是全面落实科学发展观、构建社会主义和谐社会的必然要求。安全生产的根本目的是保障劳动者在生产经营活动中的安全和健康。安全无小事，责任大于天。安全生产，一头连着人民群众的生命财产安全，一头连着经济发展和社会稳定，任何忽视安全、违规操作的小事都将付出惨痛代价。①

（一）全国安全生产工作概况

为了加强安全生产监督管理，防止和减少生产安全事故，保障人民群众生命和财产安全，促进经济发展，我国制定了《中华人民共和国安全生产法》。《中华人民共和国安全生产法》旨在防止和减少生产安全事故，保障人民群众生命和财产安全，是促进经济社会持续健康发展的客观需要。体现了公共安全治理的社会化、法治化趋势。"治国无其法则乱，守法而不变则衰"，《中华人民共和国安全生产法》自2002年颁布实施以来，虽历经2009年和2014年两次修改，但在新发展阶段、新发展理念、新发展格局的历史方位中，安全生产面临更加复杂的形势，与党的十九届五中全会擘画的更高水平的平安中国建设目标相比，应急管理领域仍存短板弱项。② 随着经济的发展和社会的进步，《中华人民共和国安全生产法》也在与时俱进，日益完善。2021年6月10日，中华人民共和国第十三届全国人民代表大会常务委员会第二十九次会议通过《全国人民代表大会常务委员会关于修改〈中华人民共和国安全生产法〉的决定》，自2021年9月1日起施行。完善《中华人民共和国安全生产法》是贯彻落实党中央关于安全生产工作重大决策部署的迫切要求，是全面推进依法治国、促进实现安全生产治理体系和治理能力现代化的重要举措，是防范化解重大安全生产风险的有力保障。

自党的十八大以来，习近平总书记反复强调要把人民的生命安全放在首位，就抓好安全生产工作发表了一系列重要讲话、作出了一系列重要指示，为安全生

---

① 《安全无小事》，载于《昌吉日报》2020年12月31日。
② 代海军：《"安法"修改的精神要义与重点内容》，载于《中国应急管理》2021年第7期。

产工作指明了努力的方向。全国各地市以开展"安全生产月"活动为契机，深入学习领会习近平总书记关于安全生产的重要指示精神，让安全发展理念真正入脑入心入行，切实维护好人民群众生命财产安全、企业安全发展和社会大局稳定。①

最高人民检察院于 2021 年 1 月 28 日举行"筑牢生产安全底线 守护生命财产平安"新闻发布会，应急管理部政策法规司副司长、一级巡视员邬燕云介绍说，当前安全生产仍处于爬坡过坎期，高危行业领域风险点多面广，城市安全风险大，农村安全隐患突出，新行业新业态安全风险凸显，安全生产工作艰巨繁重，容不得丝毫松懈和半点马虎。尽管近年来安全生产工作在不断加强、整体水平也存在着明显的提高，但是安全生产工作仍较为复杂严峻。

（二）山东省安全生产工作概况

安全生产事关人民福祉，事关经济社会发展大局。对于化工大省山东来说，尤为如此。一直以来，山东省委省政府高度重视安全生产工作，省委常委会会议多次听取汇报、分析形势、研究工作、作出部署。山东省人大常委会持续加大刚性监督力度，连续四年对安全生产法律法规落实情况进行执法检查。

为了预防和减少生产安全事故，保障人民生命财产安全，山东省于 2006 年制定了《山东省安全生产条例》。但是，随着全省经济社会的进一步发展，安全生产领域许多新的特点和问题逐步凸显和暴露，安全生产基础仍然薄弱。其中安全生产责任不落实、安全防范和监管不到位、违法生产经营建设行为屡禁不止等问题较为突出，生产安全事故仍处于易发高发期。

另外，山东省近几年来在安全生产工作实践中总结出了一些经验做法，也制定出台了一些行之有效的监管措施，为促进山东安全生产形势持续稳定好转提供法律保障以适应当前发展形势，防止和减少生产安全事故，省安监局与省人大常委会法工委、省法制办联合组成立法前评估调研组，对修订工作进行总体设计和论证。同时，召集部分市县安监局、重点企业、小微企业代表等召开座谈会，广泛征求各界意见。②

2017 年 1 月 18 日，山东省第十二届人民代表大会常务委员会第二十五次会议审议通过了《山东省安全生产条例》，并于 2021 年 12 月 3 日山东省第十三届人民代表大会常务委员会第三十二次会议进行了修订，紧密结合山东省安全生产工作实际，从生产经营单位的安全生产保障、监督管理、事故应急救援与调查处

---

① 蔡二雨：《落实安全责任 推动安全发展》，载于《中国航空报》2021 年 7 月 20 日。
② 王娜娜：《再亮剑！山东连续四年紧盯安全生产》，载于《山东人大工作》2019 年第 8 期。

理、法律责任等几个方面作了新规定，有很多制度创新。首先，进一步理顺了安全生产监督管理体制，明确了乡镇人民政府、街道办事处、开发区管理机构在安全生产方面的职责。其次，对高危生产经营单位重点进行了规范，要求按规定设置安全总监，建立安全生产委员会，建立并落实安全生产承诺公告制度、负责人现场带班制度等。再次，建立了安全生产风险分级管控和生产安全事故隐患排查治理双重预防工作机制。最后，保障并发挥生产经营单位从业人员参与安全生产活动的权利和积极性。

2020 年 6 月 23 日，根据国务院安委会部署和省委、省政府领导同志批示要求，结合山东实际，制定了全省安全生产专项整治三年行动计划方案。

为深入贯彻落实习近平总书记关于安全生产的重要论述，坚持人民至上、生命至上，树牢安全发展理念，山东省不断完善安全生产相关政策和加强监督。2021 年 7 月 22 日，山东省应急管理厅发布了关于山东五彩龙投资有限公司栖霞市笏山金矿"1·10"重大爆炸事故的调查报告，此次事故造成了 22 人被困，在经过全力救援后，11 人获救，10 人死亡，1 人失踪，直接经济损失达 6847.33 万元。由此可见，虽然随着国家政府的重拳出击，各类安全生产预防工作取得了不错的成绩，但是通过目前安全生产事故发生情况来看，在生产经营活动中可能存在的隐患问题仍然层出不穷。

三、调研地点的基本情况

（一）里辛街道基本情况

里辛街道位于山东省济南市钢城区北部，距钢城区中心 7 公里。北与辛庄街道接壤，西与颜庄街道毗邻，东与沂源交界，南与艾山街道相邻。街道办事处驻里辛村。2012 年 5 月与钢城经济开发区实行区镇合一，2012 年 11 月撤镇改街道办事处。

里辛街道党工委始终坚持把科学发展作为第一要务，提出了"工业立镇、产业强镇"发展思路，培植发展了钢铁精深加工、粉末冶金、钢铁物流、循环经济四大主导产业，拉动了街道经济的快速增长。里辛街道连续多年在原莱芜市镇域经济提升竞赛中取得了工业型乡镇第一名，被评为山东省汽车零部件特色乡镇。

（二）里辛街道安全生产工作基本情况

1. 安全生产工作开展情况

安全生产工作"重于泰山"。近年来，钢城区始终把安全生产工作放在首要位置，认真贯彻落实省、市安全工作要求，扎实开展安全生产集中整治，筑牢安全生产底线，切实维护辖区内群众的切身利益。

经过调查和总结，里辛街道办事处工作开展情况如下：

第一，加强领导，落实责任。成立安全生产领导小组，牢固树立"安全第一，预防为主"的主导思想，同时要求各安全生产参与单位积极开展事故警示教育，健全安全生产责任体系，分解细化各相关单位、人员职责任务，确保安全工作落到实处。

第二，广泛宣传，提高认识。通过召开专题会议、知识培训、宣传横幅、发放宣传手册、LED 显示屏滚动播放、村广播等多种形式做好安全生产宣传教育，力争全面提高辖区居民安全生产意识。

第三，突出重点，集中整治。由街道安全办公室牵头，对建筑施工、危化品领域、冶金企业、特种设备、交通、消防开展地毯式、拉网式安全生产排查整治，对查出的事故隐患"零容忍"，现场督促整改，不能立即整改的，下发整改通知书，限期整改。对无法保证安全的，要求立即停产、停业整顿并建立台账，由相关部门做好问题跟踪，确保整改到位。

第四，建立机制，强化管理。健全完善街道、村及各行业领域安全工作应急救援预案，加强应急队伍建设，严格落实 24 小时值班值守和领导带班制度，确保及时处理各类安全突发事件，有效遏制重大安全事故发生。

2. 里辛街道保证安全生产工作落实的具体做法

（1）"学"：学习传达贯彻省、市、区安全生产会议精神，保持政治上坚定，坚定不移抓好安全生产工作。对各级安全生产会议精神，街道传达学习不过夜，不打折扣，准确把握各级安全生产要求。始终把安全生产作为政治问题、宗旨问题、民生问题来认识来对待，始终坚持人民至上、生命至上，全力抓安全生产工作。对阶段性安全生产会议精神，全国"两会"期间安全生产会议、驻企蹲点及时学习传达，下发通知作出安排部署，并采取了一系列措施贯彻落实。牢固树立隐患就是事故，重大隐患就是重大事故的意识。同时，开展安全警示教育，2021年 2 月 24 日在里辛街道狠抓落实工作群、应急管理群中全文学习"栖霞市笏山金矿1·10重大爆炸事故调查报告"；3月27日组织企业负责人观看警示教育，深切感受到安全生产"党政同责，齐抓共管，履职尽责，失职追责"，"管行业必须管安全，管业务必须管安全，管生产经营必须管安全"的责任。①

（2）"严"：从严从紧开展安全生产隐患排查整治。一方面做到全覆盖。深入开展安全生产专项整治三年行动计划，采取横到边、纵到底的方式，深入细致排查整治危险化学品、道路交通、消防、烟花爆竹、民爆器材、工贸行业、旅游安全、地质灾害、食品卫生、森林防火等重点行业和学校、医院、商场、车站等人员密集场所的安全生产隐患，全力以赴抓紧抓实安全生产各项工作。农村突出抓好防范一氧化碳中毒工作。通过各村微信群、广播喇叭等形式，全覆盖无缝隙宣传。落实网格化实名制，重点关注孤寡老人、残疾人、留守儿童、返乡回家过年等人群，逐家逐户上门宣传，消除了工作盲点。对使用煤炉、炭火盆、土地暖、取暖设备陈旧老化、房内通风不良的重点监管、整改，对有隐患的建好台账，逐户整改。街道发放防范一氧化碳中毒告知书2万余份，悬挂标语300余幅。另一方面进行拉网式、地毯式检查。开展以管理制度、查安全培训、查交底、查防护用品使用情况、查现场隐患、查安全设施、查特种设备及危险源的管理、查应急预案及演练、查事故报告与处置为重点的安全检查。对排查、检查发现的重大安全隐患，逐一制订具体整改方案，做到责任、措施、资金、时限和预案"五落实"并建立台账，分级管控。街道安全生产"大排查、大整治"工作正常有序开展，共检查企业180余家，出动检查人次1300余人次，发现安全隐患1700余条，依据检查情况下达安全隐患整改文书，确定复查期限，做好安全生产检查闭环整改，全方位、不留死角做好安全生产隐患检查整改工作。②

（3）"改"：坚持即查即改，边查边改，随查随改。发现隐患当场反馈，限时整改，一天一通报，保证整改不拖拉、不推诿。督促企业做好日常巡查自查自纠工作，早发现、早整改，避免安全事故发生。

（三）里辛街道安全生产工作现状分析

目前里辛街道党工委、办事处高度重视安全生产工作，积极开展好"大排查、大整治"专项行动，始终保持高度警惕，如履薄冰地抓紧抓实安全生产工作，进一步强化责任落实，严格依法监管，坚决落实各项安全生产措施，防止重特大事故发生，保障街道经济社会安全健康发展。

当前街道安全生产形势依然严峻复杂，对安全生产工作，里辛街道目前工作

①② 资料来源：里辛街道第二季度会议记录。

安排如下：

第一，党政主要负责同志随时调度，随时过问，随机现场督导。始终坚持四优先，党工委会议优先安排，中心组学习优先安排；安全生产会议优先安排，到企业开展调研检查、带队检查安全生产优先安排。

第二，舍得投入。坚持用最放心的人干最不放心的事，用专业的人干专业的事，从人力、财力、物力予以倾斜。街道抽调研究生毕业的同志到应急办工作，并调整充实了应急办工作人员。在财力上，党工委研究专门拿出 100 万元用于安全检查、设施设备，舍得花钱，不含糊。为抓好防范一氧化碳中毒，街道一次性投入 20 多万元，为街道 60 岁以上老年人 3000 多户，购置了一氧化碳报警仪。聘请两家第三方机构，签订长期安全隐患排查服务合同，辅助街道执法，为街道安全生产提供智力支持。①

第三，齐抓共管。街道进一步建立完善街道党政领导干部职责、各专业委员会职责、包企业、领导干部带队检查等规章制度，研究制定 2021 年执法计划，凝聚街道上下齐抓共管安全生产的工作格局。

四、里辛街道落实安全生产工作中存在的困难

当前街道安全生产形势较为严峻，压力较大。山东省纪委也出台了一系列重大事故追责办法，进一步强化责任落实，具体存在问题包括以下几点。

（一）街道下属企业量较大

自 2020 年以来，街道经济发展较快，但是经济的迅速发展往往与企业和大型项目的快速发展有着密切的联系，其中包括像山钢新旧动能转换 100 吨转炉项目、涉及莱钢烧结项目的双安线架设、炼钢厂的氧氮氩管线架设、天元气体项目的高压线路架设、污水管道建设等项目，但是往往在经济快速发展的背后总会存在一些不易被察觉的问题，目前里辛街道辖区内企业 84 家，街道下属企业类别较多，企业量较大，存在的风险点也较多较杂，隐患整改也相对较难。

---

① 资料来源：里辛街道第二季度会议记录。

（二）部分企业负责人思想麻痹

根据街道相关政策资料以及实地考察情况，调研团队认为企业主要负责人对安全生产的作用是非常重要的，但是很多企业主要负责人思想上并不重视安全生产，主要表现有两点：一是部分企业老板要自己的钱，不要别人的命，违法生产经营或者知法犯法，导致事故不断，死伤众多；二是有些企业由于产品对路，适应市场的需要，效益较好，再加上多年没有发生大的事故，对安全存有侥幸心理，认为安全无关紧要。在与街道有关部门交流以后，一致认为部分企业负责人存在对隐患熟视无睹的行为，违规违章作业行为时有发生，整改不迅速、不彻底。

（三）企业员工意识较差，安全意识薄弱

在安全生产培训工作中，对于安全事故学习的情况，只有63%的员工能完整说出内容，企业部分员工风险意识较差，尤其一些一线从业人员对生产中的隐患和风险见怪不怪，缺乏基本的安全常识，对潜在的风险普遍存在侥幸心理（见图1）。同时，他们对企业生产中的风险认识也不足，辨识风险能力较差。

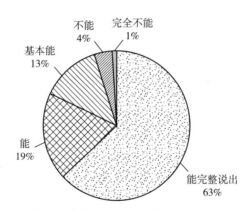

图1 能否说出单位近期学习事故案例的具体内容

（四）部分企业安全主体责任落实不到位

根据调查时与员工的交流反馈，发现存在某些企业为了追求效益，能省则省，该整改的不整改，该维修的不维修，现场管理不到位的行为（见图2）。口头上"安全第一"，实际上没有真正把安全生产重视起来。重效益、轻安全对隐

患熟视无睹，风险隐患高位运行，违规违章作业行为时有发生，整改不够迅速、不彻底，特别是高空作业、外包作业、有限空间作业较多，存在较大安全隐患。

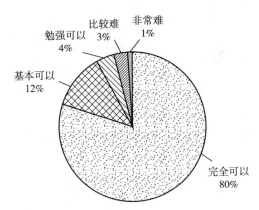

图 2　本单位各项工作能否不折不扣地刚性执行上级规章制度和规程

（五）安全生产监管人员队伍缺乏、能力不强

在企业中，一些基层执法人员由于缺少相关业务知识培训，存在不熟悉法律法规，不懂监管的现象。由于安全生产监管部门从业者专业性不高，实践经验缺乏，流动性较强，在实际监管中缺乏主动发现问题和指导改进问题的能力，所以在调查过程中有40%的员工对单位中出现事故的整改措施并不是非常满意，17%的员工认为整改措施并没有落实到位，只有60%的员工对于整改情况较为满意（见图3）。

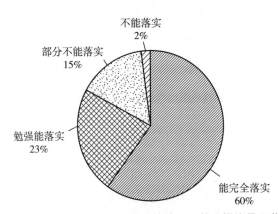

图 3　本单位重复发生的事故、事件等情况，整改措施是否落实到位

（六）安全检查工作落实不到位

针对安全检查工作，只有48%的员工认为安全检查对于现场的安全管理起到了较好的作用，27%的员工认为安全检查存在一定的问题，根据与员工交流，最后认为在进行安全检查工作时，存在着检查时断时续，检查的深度、广度、频次等问题有待于强化，安全检查工作对现场安全管理的作用程度还需要继续强化，对于其中存在的问题还需要继续改进（见图4）。

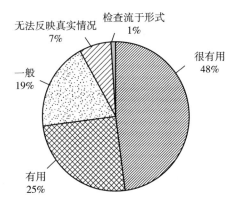

图4 安全检查工作对现场安全管理作用程度

五、对于里辛街道安全生产工作的建议与对策

在经过走访，问卷调查以及综合分析与考虑之后，认为要深入贯彻落实安全生产的工作，除了国家和政府要继续加大监督监管的力度之外，企业自身也要做好思想的转变，提高思想认识并且做好相关业务培训，具体包括以下几点。

（一）强化隐患排查整治

街道要持续开展地毯式、拉网式安全生产排查整治，把所有风险隐患纳入视野，不漏一村一企，覆盖所有领域。要自上而下落实排查责任，逐级签字背书，逐项明确隐患名称、隐患等级、治理措施、完成时限、复查结果和责任人，做到安全检查有痕迹、排查隐患有台账、问题整改有结果，确保风险隐患动态"清零"。

（二）强化监管执法

监管部门要坚持"从严执法、严管重罚"，把安全生产风险等级较高、存在重大安全隐患的企业，全部列为执法检查的重点企业，重点查处一批不符合安全生产基本条件的企业、表面停产实际生产的违法企业、长期非法生产的企业以及抗拒执法的企业。对存在事故隐患不整改的行为"零容忍"，对存有安全问题的生产企业一律先停产后整改，做到该停产整顿的不放过，该取缔关闭的不手软，形成有力震慑，将压力传导到各个部门，转变部分企业负责的思想。

（三）加大安全生产宣传教育力度

企业要加大安全生产培训工作的投入，落实好安全事故学习政策，深入开展"安全生产月"活动，大力宣传党和国家有关安全生产的方针、政策、法规和各项重大举措，宣传安全发展理念，宣传消防、交通、燃气、用电等相关安全防护知识，提高从业者的安全意识和安全法治观念，营造全社会关心、支持安全生产的浓厚氛围。

（四）加强对企业的监管，督促企业落实主体责任

监督管理部门要加强检查频次和密度，将普法宣传融入安全监管全过程，加强企业负责人、安全管理人员安全生产法治教育，通过讲清事理、讲透法理、讲明道理、讲通情理，进一步转变执法理念。同时，突破只查安全生产教育培训、应急预案、特种作业和隐患排查等"老四样"问题，重点针对生产现场"解剖"安全风险突出、容易发生事故的岗位、设施、环节，确保执法检查抓重点、抓关键、抓薄弱环节，并进行现场培训，告知企业问题所在、具体危害、如何整改，督促企业落实好安全生产主体责任。

（五）加强安全生产监管队伍建设

企业自身要强化业务培训，着力培育一支具有较高业务水平的安全生产监管队伍，形成良好的安全监督管理体系。加强考核，凡在一定年限中，在安全生产监管岗位上工作突出、成效明显的干部，给予优先提拔，让他们在勇于担当风险中有盼头。针对目前实施情况较好的政策要继续保持，继续抓好关键环节，进行全员安全教育，继续强化企业自我监管执法。坚持"从严执法、严管重罚"，继续完善应急预案，加强应急值守工作，一旦发生紧急情况，做好应急处理，积极开展执法检查和应急演练，组织应急综合演练等。

（六）全方位、不留死角做好安全生产检查整改工作

街道以及下属企业要对省、市、区关于安全生产的法律法规坚决落实，对安全生产要求坚决贯彻，确保安全生产工作不走样，执行到位。时刻牢记"查不出隐患就是最大的隐患，找不出问题就是最大的问题""隐患就是事故，发现就要处理"理念，以极端负责的态度把隐患排查整治抓好抓实。同时将安全生产压力传导到企业，强化企业在安全生产中的主体责任意识，把安全生产责任落实到每个环节、每个岗位、每位人员，从源头防范各类安全事故发生，确保压力层层传递、责任层层落实。

参考文献

［1］孙二刚：《浅谈安全生产重要性》，载于《濮阳日报》2019年6月20日。

［2］李双圆：《浅谈加强安全生产的重要性》，载于《企业改革与管理》2016年第4期。

［3］《安全无小事》，载于《昌吉日报（汉）》2020年12月31日。

［4］代海军：《"安法"修改的精神要义与重点内容》，载于《中国应急管理》2021年第7期。

［5］蔡二雨：《落实安全责任　推动安全发展》，载于《中国航空报》2021年7月20日。

［6］王娜娜：《再亮剑！山东连续四年紧盯安全生产》，载于《山东人大工作》2019年第8期。

附录

一、山东省钢城区企业安全生产现状调研调查问卷

您好，我们是山东财经大学燕山学院在校大学生，此次调查，主要是想了解安全生产进展及效果的评价，通过理论分析和相关政策解读对安全生产落实情况进行调研，研究的结果将对以后制度改革提供政策建议。因此您的回答是本次研究的重要基础和依据。本次调查将充分保护您的隐私权，采取无记名形式，希望能得到您的支持与配合。我们也会将了解到的情况尽量向有关部门反映，希望对您的生活有所帮助。对您的合作与支持，我们表示衷心的感谢！（请将选项写在题号前面，谢谢合作！）

1. 您的年龄（　　）［单选题］

A. 18~30 岁 　　　　 B. 31~40 岁 　　　　 C. 41~50 岁

D. 51~60 岁 　　　　 E. 60 岁以上

2. 您的受教育程度（　　）［单选题］

A. 小学及以下 　　　　 B. 初中

C. 高中及中专 　　　　 D. 大专及以上

3. 您是属于什么岗位（　　）［单选题］

A. 工人 　　　　 B. 技术

C. 行政 　　　　 D. 管理

4. 您觉得本单位各项工作能否不折不扣地刚性执行上级规章制度和规程
（　　）［单选题］

A. 完全可以 　　　　 B. 基本可以 　　　　 C. 勉强可以

D. 比较难 　　　　 E. 非常难

5. 您觉得目前各级安全检查工作对现场安全管理是否有指导作用（　　）
［单选题］

A. 很有用

B. 有用

C. 一般

D. 没用，检查发现问题无法反映现场实际情况

E. 检查流于形式，现场问题视而不见

6. 您觉得自己是否能落实好本职岗位的安全生产责任（　　）［单选题］

A. 能完全落实

B. 能落实

C. 勉强能落实

D. 工作任务重，部分不能落实

E. 责任不清晰，不能落实

7. 您觉得本单位重复发生的事故、事件或线路跳闸等情况，整改措施是否
落实到位（　　）［单选题］

A. 能完全落实，不存在重复事故事件

B. 勉强能落实

C. 工作任务重，部分不能落实

D. 标准及要求不明确，不能落实

8. 您觉得平时工作中的形式主义、官僚主义是否严重（　　）［单选题］

A. 比较严重   B. 经常发生   C. 可以接受

D. 偶尔发生   E. 极少发生

9. 您觉得当前工作负担重不重（   ）［单选题］

A. 很轻   B. 轻   C. 一般

D. 重   E. 非常重

10. 您觉得目前身边安全生产指标数据、过程记录、表单和材料弄虚作假的程度如何（   ）［单选题］

A. 极少发生   B. 偶尔发生   C. 可以接受

D. 经常发生   E. 比较严重

11. 您能很好地说出本单位近期学习事故案例的具体内容吗（   ）［单选题］

A. 能完整说出   B. 能   C. 基本能

D. 不能   E. 完全不能

12. 在过去两年内得到多少正式的、有系统的安全教育培训（   ）［单选题］

A. 没有培训   B. 很少培训   C. 一些培训

D. 相当多的培训   E. 深入广泛的培训

13. 您对本单位的安全风险状况如何评价（   ）［单选题］

A. 管理到位，风险极低

B. 管理到位，风险低

C. 管理尚可，存在风险

D. 管理不足，风险高

E. 管理不足，风险很高

14. 您对本单位的安全生产工作总体评价如何（   ）［单选题］

A. 很好   B. 好   C. 一般

D. 差   E. 很差

再次感谢您对我们的支持！
祝您及您的家人身体健康，生活幸福！

二、调查问卷抽样结果统计

单位：%

问题	选项	比例
年龄	18~30岁	8
	31~40岁	27
	41~50岁	50
	51~60岁	10
	60岁以上	5
受教育程度	小学及以下	9
	初中	11
	高中及中专	59
	大专及以上	21
工作岗位	工人	80
	行政	8
	技术	10
	管理	2
本单位各项工作能否不折不扣地刚性执行上级规章制度和规程	完全可以	80
	基本可以	12
	勉强可以	4
	比较难	3
	非常难	1
各级安全检查工作对现场安全管理是否有指导作用	很有用	48
	有用	25
	一般	19
	没用，检查发现问题无法反映现场实际情况	7
	检查流于形式，现场问题视而不见	1
自己是否能落实好本职岗位的安全生产责任	能完全落实	70
	能落实	12
	勉强能落实	18
	工作任务重，部分不能落实	6
	责任不清晰，不能落实	4

续表

问题	选项	比例
本单位重复发生的事故、事件或线路跳闸等情况，整改措施是否落实到位	能完全落实，不存在重复事故事件	60
	勉强能落实	23
	工作任务重，部分不能落实	15
	标准及要求不明确，不能落实	2
平时工作中的形式主义、官僚主义是否严重	比较严重	10
	经常发生	11
	可以接受	17
	偶尔发生	13
	极少发生	49
工作负担重不重	很轻	9
	轻	7
	一般	81
	重	
	非常重	3
身边安全生产指标数据、过程记录、表单和材料弄虚作假的程度	极少发生	78
	偶尔发生	4
	可以接受	12
	经常发生	5
	比较严重	1
本单位近期学习事故案例的具体内容	能完整说出	63
	能	19
	基本能	13
	不能	4
	完全不能	1
在过去两年内得到多少正式的、有系统的安全教育培训	很少培训	0
	没有培训	0
	一些培训	3
	相当多的培训	7
	深入广泛的培训	90

续表

问题	选项	比例
对本单位的安全风险状况	管理到位，风险极低	83
	管理到位，风险低	10
	管理尚可，存在风险	6
	管理不足，风险高	1
	管理不足，风险很高	0
对本单位的安全生产工作总体评价	很好	82
	好	13
	一般	4
	差	1
	很差	0

社区养老模式的发展及优化建议的研究

——以山东省济南市为例

刘　浩*

王炳茜**

杨雯朔　孙冷怡嘉　姚齐媛***

摘　要：中国进入老龄化社会后，养老逐渐演化为社会问题，传统的养老模式已经不适合当前社会形势。通过以家庭为基础，借助发挥政府作用，广泛动员社会力量，以社区为依托、以专业化服务为主要服务形式，为解决老年人生活的社会化服务，出现了新型社区养老模式。为了深入了解社区养老模式及服务现状，助力养老行业发展创新，进行了调研活动。调研发现新型社区养老模式在发展阶段易出现因服务内容单一、资金来源匮乏等引起的弊端。本文提出，通过开展多元化服务、发展新模式扩充资金、完善政策制度和监督管理体系、动员社会力量广泛参与等。促使社区养老向更好方向发展，为山东省的新型社区养老工作贡献青年力量。

关键词：社区养老　老龄化社会　政府监管

一、绪　　论

"社区养老"问题随着人口老龄化程度的不断加剧，传统养老模式如家庭养老、商业养老、自我养老等方式难以担负起责任，成为近几年来党和政府高度重视关注的问题。党的十八大提出要以"居家为基础，社区为依托"，为老年人提供温暖舒适的环境，团队为调研社区养老模式的具体服务是否达到基本要求，进

---

　*　调研团队指导老师：刘浩，助教。

　**　调研团队队长：王炳茜。

　***　调研团队成员：杨雯朔、孙冷怡嘉、姚齐媛。

行了一系列的实地调查。

（一）调研背景

20世纪90年代以来，中国老龄化进程加快。65岁及以上老年人口到2021年达到26402万人，占总人口比例的18.7%，目前仍在继续增加，中国已经进入老年型社会。预计到2040年，占总人口的比例将超过20%。同时，人口高龄化趋势日益明显：80岁及以上高龄老人正以每年5%的速度增加，到2040年将增加到7400多万人（见图1）。由此可见，我国已经迈入老龄化社会。

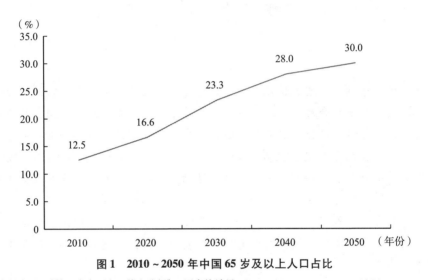

图1　2010～2050年中国65岁及以上人口占比

资料来源：《第七次全国人口普查公报》，国家统计局，http://www.stats.gov.cn/tjsj/。

中国老龄化时代到来，不仅会使老年人的生活质量下降，而且会加大子女的养老压力。首先，传统养老院不能实现医疗和服务的统一，会给老年人生活带来诸多不便，会增大家庭压力和社会压力，不能满足现代老年人的需求。其次，随着时代的发展和传统养老问题日益突出，新型养老模式——社区养老在保障老人健康和全面服务的前提下，提高了现代老年人的生活质量，带来了极大便利。

社区养老模式的出现和发展，逐渐成为应对人口老龄化挑战的重要方式。首先，选择在社区养老是因为社区作为地域性社会生活共同体，可以更好体现人与人之间的相互关怀，便于提供社会养老服务，相比较来说，有着政府、市场无法替代的作用。其次，政策的推进，2019年发布的《民政部关于进一步扩大养老

服务供给　促进养老服务消费实施意见》中，要求大力发展城市社区养老服务，依托社区养老服务设施，在街道层面建设具备全托、日托、上门服务、对下指导等综合功能的社区养老服务机构，在社区层面建立嵌入式养老服务机构或日间照料中心。该政策一经颁布，让各地最初发展的社区养老服务中心充满极大信心，且经过政策要求和创新改造，开始脱颖而出。第一，通过对传统养老模式现状的分析和部分工作经验，并多次亲身感受调查，整改增加紧急救援、精神慰藉等养老服务，使社区养老模式更加完善；第二，加强宣传和舆论引导，让更多社会力量广泛参与，众多志愿者加入进来，并扶持一批具有综合化、专业化的社区养老服务机构；第三，借助政府资金支持，采用老年餐桌、上门服务等形式，大力发展老年人助餐、助医、助行、助洁等服务，改善老年人生活不便的情况。最后，社区养老模式发展在国家、社会、个人的帮助下，力争到 2022 年所有街道至少建有一个具备综合功能的社区养老服务机构，有条件的乡镇也要积极建设具备综合功能的社区养老服务机构。

自社区养老模式开展以来，不少地方开始试点工作，特别是山东省济南市积极推进社区养老模式升级创新。经过多次讨论，为真正了解当今社区养老服务模式以及社区养老发展状况，决定援引祝甸社区老年公寓、燕山综合社区、甸柳三居社区的案例并进行调研。

（二）调研目的及意义

1. 调研目的

济南养老调研团队进行实地调研，旨在通过实地考察济南市不同的社区养老服务中心，了解社区养老内部的具体服务方式，同时对实地调研得到的一手调研数据进行深入分析，全面客观地剖析当前社区养老行业的服务情况和实际运行状况，发现并解决养老服务中心内存在的问题，如提供的养老服务种类、内部专业人员参与养老服务的程度以及政府对社区养老的监督管理等各种问题。通过实地调研全面挖掘社区养老模式在内部服务与外部支持监管方面的问题，找到对应的具体解决方法，制定措施完善落实社区养老，将新型的社区养老模式发展成为养老服务行业中的典型。

2. 调研意义

在理论方面，调研社区养老可以了解社会民情、关注养老民生，有助于当前中国民众关注老年人晚年生活、关爱老年人的养老服务，进一步提高社会养老关注度和社区养老模式知名度。在实践方面，社区养老的实地调研可以发现当前社区养老上的不足，制定相应具体措施。通过对社区养老模式的查缺补漏，完善社会养老服务，使社区养老模式的发展带动全体养老服务的提升，缓解社会养老问题，最终在养老方面能够成功应对人口老龄化的挑战。

（三）调研方案

在政府着力推进扩大养老服务供给、促进养老服务消费、关注"养老问题"的背景下，团队选择了"山东省社区养老模式发展的调研分析及优化建议调研"这一题目，以济南市历城区为主要范围，选取具有特色或代表性的社区进行调研，实地走访了三个典型社区：祝甸社区、燕山综合社区和甸柳三居社区。通过负责人讲解和带领参观，真切感受到社区养老模式下新兴的产业特色和老年人的便捷生活；与老人亲切交流并通过随机发放调查问卷的方式，深入了解当前老年人生活状况，及时发现总结当前社区养老模式面临的问题，结合实际情况、调查问卷以及整理汇总团队在微信公众号、微博账号撰稿得到他人建议，对此提出针对性建议。

本次调研涉及历城区的三个典型社区养老服务中心，收集了大量一手资料整理分析。调研结束后根据实际情况在中青校园、学校公众号投稿让更多人了解社区养老，并通过调查问卷，进一步了解社区养老模式现状以及存在的问题和建议。本次调研所用的调查问卷采取随机发放的形式，具有真实性且有效发现问题，共发放 120 份，其中有效问卷 97 份，问卷有效率为 81%。

本次调研所涉及的调研方法包括以下几种。

1. 文献研究法

通过 CNKI 中国知网系列全文数据库、人大复印报刊资料全文数据库等平台进行文献检索，查找并大量阅读国内外学者以及权威科研机构关于社区养老的文献。

2. 实地考察法

调研团队成员深入基层、亲身实践，到济南市历城区、历下区部分代表地区进行实地走访，到社区养老服务中心内部进行实地参观考察、深入了解社区养老服务现状以及老人意愿等情况。

3. 调查问卷法

第一阶段的调研采用纸质问卷的形式；第二阶段由于正处在疫情防控的关键时期，调研团队决定采用线上线下相结合的形式发放问卷。了解济南市历城区、历下区的村委及济南市各地区村民关于社区养老模式的现状认识、存在的问题，并据此提出相应的解决措施。

4. 村民意向调查量表法

调研期间，两个阶段共发放居民意向调查量表 120 份，收回 120 份，其中有效居民意向调查量表 97 份。通过向村民发放社区养老模式的村民意向调查量表，了解村民对于社区养老的意向。

5. 线上连线交流法

通过济南官网民意连线服务平台与相关工作人员取得联系进行交流，利用队内各位成员所居住的街道优势连线采访部门工作人员，了解当下社区养老模式及具体实施成效。

二、社区养老模式现状分析

（一）全国社区养老发展模式现状分析

自 20 世纪以来，中国人口老龄化的增长趋势一直呈现递增的速度，《中国老龄事业发展"十二五"规划》中明确指出，老龄化和居民养老已经成为中国政府和各界人们密切关心的问题。[1] 针对传统家庭养老功能日趋弱化的现象，在工业化、城市化进程不断加快，社会不断转型的情况下，社区养老迎来了转机。[2]

民政部养老服务培训中心的成员李光耀教授，专门以《"十四五"我国社区居家养老服务展望》为课题，从我国社区居家养老服务模式、我国社区居家和社区养老服务优势等六个角度展开展望。社区养老刚好符合党的十八大提出的"要

---

[1] 《中国老龄事业发展"十二五"规划的通知》，中国政府网，http：//www. gov. cn/zwgk/2011 – 09/23/content_1954782. htm。

[2] 孟颖：《我国农村家庭养老问题的现状、成因及对策》，载于《理论观察》2017 年第 2 期。

加快养老服务设施建设，建立覆盖社会服务网络"的概念，① 习近平总书记也曾多次强调，现在养老问题已经变得日益凸显，中央非常重视，正在研究实施进一步加强对老年人的养老公共服务，内容上应该要多元化，财力上也应该向大众倾斜，安顿好、照顾好老年人。② 因此全面推进建成以"居家为基础，社区为依托、机构为支持"并且涵盖整个城乡的多元化养老服务体系，把能够服务亿万名老年人的"夕阳红事业"打造成为蓬勃发展的"向阳性产业"势在必行。

世界卫生组织（WHO）《关于老龄化与健康的全球报告》指出，老年人应当享有安全、独立、舒适地生活在自己家庭和社区的权利。定位于社区，将居家养老与机构养老相结合的社区养老对老年人最有利，而且社区养老可减少养老相关卫生服务支出，具有一定的经济优势。③ 2021 年 5 月 11 日，国家统计局公布《第七次全国人口普查公报》，数据显示我国老年人口规模庞大，60 岁及以上人口有 2.6 亿人，其中，65 岁及以上人口 1.9 亿人。④ 在现阶段养老发展中，中国有近 84% 的老年需求还未得到满足，发现随着人口老龄化趋势催生银发经济、消费需求升级打开养老市场以及养老发展拥有高增速、大增量的市场空间的三大因素，预计到 2023 年，我国养老产业规模将达到 12.8 万亿元，正迎来发展的黄金机遇期，潜力巨大。

（二）山东省社区养老发展模式现状分析

根据第六次全国居民人口普查的统计数据结果显示，山东省已经初步成为当时全国第一个老龄人口每年增长最多的省份，全省 65 岁及以上老龄人口约增长为 94.98 万人，占 9.84%，已提前跨入深度老龄化社会。⑤《"十三五"国家老龄事业发展和养老体系建设规划》中已经明确提出，要做到夯实居家养老服务的基础，并提出了"智慧居家养老"的总体规划，支撑家庭智慧健康居家养老。⑥ 山东等各地人民政府通过借助先进信息技术在家庭养老的人力资源方面进行优化合理配置，对一些空巢老人特别是老弱病残、患有严重疾病的空巢老年人提供较多

---

① 《加快建设养老服务体系》，人民政协网，https：//www. rmzxb. com. cn/c/2019 - 02 - 19/2286440. shtml。
② 《习近平：推动老龄事业全面协调可持续发展》，中国经济网，http：//www. ce. cn/xwzx/gnsz/szyw/201605/28/t20160528_12145028. shtml？xxz4l。
③ 《关于老龄化与健康的全球报告》，世界卫生组织，https：//www. who. int。
④ 《第七次全国人口普查公报》，国家统计局，http：//www. stats. gov. cn/xxgk/jd/sjjd2020/202105/t20210512_1817342. html。
⑤ 《第六次人口普查》，国家统计局，https：//www. rmzxb. com. cn/c/2019 - 02 - 19/2286440. shtml。
⑥ 《"十三五"国家老龄事业发展和养老体系建设规划》，中国政府网，http：//www. gov. cn/zwgk/2011 - 09/23/content_1954782. htm。

的长期护理养老服务，已经取得相当好的工作成效。山东省基本社会保障工作指导办公室原副处长王建武，就山东居家互助养老的未来如何发展，以《发展居家养老服务新业态》为讲座主题，从居家养老服务、传统居家养老服务及推进居家养老服务新业态三面进行了深度的剖析。在推进居家养老服务新业态发展的过程中，王建武建议需要有明确的分类，如按老年人分类提供服务；按居家养老产业类型提供服务；区分年龄、划分类型、瞄准市场等。

据中国社会学网调查，山东省已经相继开展大力鼓励社区养老服务，积极推动社区养老发展进程。[①] 现阶段养老发展中，山东省实现的社区养老的主要形式为养老社区在普通居民区配备和养老社区配备有综合养老服务两种，为完善和拓展养老社区服务，首先，通过大力建设社区养老设施，提高养老机构服务质量来提高养老服务效率和拓宽养老服务半径让老人及子女放心；其次，增强养老服务人员素质培训，加强对养老机构的监管力度来促进服务质量升级，实现全面发展让老人及子女信赖；最后，政府提供优惠政策，积极宣传社区养老思想来加强政府和企业资金投入，完成养老金并轨准备工作，使更多人了解社区养老，让更多人加入社区养老，让老人及其子女舒心。

（三）济南市社区养老发展模式现状分析

山东省济南市作为居家与社区养老制度改革的首批试点之一城市，高度重视养老服务行业的建设与发展，已经连续多年被纳入市政府提出的"为民办实事"计划。2019 年起就开始积极地组织展开对社区居民群众的社会文化宣传介入和社区养老保险服务的问题探讨，市民政局首任常务副局长、党组书记孙义洪赶赴12345 市民政局服务咨询热线实地接受走访调查，就全市社会保险救助、养老保险服务等各个方面的相关工作开展情况认真听取了广大市民的反馈意见。从现场情况可以得知，济南市将进一步大力支持开发新型嵌入式的综合养老医疗服务管理机构，支持全市城镇社区敬老院、社会福利服务中心等朝着综合社区的方向扩张，借助于南山街道建立综合社区养老医疗服务管理中心等配套服务设施，打造一批社区综合养老服务机构。

2020 年，济南市政府发布《济南市民生服务设施三年建设规划（2019—2020 年）及 2020 年、2021 年建设规划》，根据 5～15 分钟生活圈理念进行规划，覆盖范围主要是济南市中心城区的范围（其中包括南部山区地带），在 2021 年底

---

① 《养老服务组织发展工作坊》，中国社会科学网，http：//sociology. cssn. cn/shxsw/swx_xshd/swx_hylt/202112/t20211227_5385251. html。

陆续新增 422 处社区级的养老服务机构、45 处医疗卫生设施、177 处文化设施等。其主要的规划对象分别为：养老服务机构设施、医护卫生机构设施、基层服务机构设施、文化机构设施等七种机构设施，包括街道级与社区级两个级别。其中街道级的养老服务设施新增 66 处，规模化建设 8241 床，社区级的养老服务设施新增 422 处，总规模为 23 万平方米。① 与此同时，市民政局还将继续投入深化改革推进全市医疗卫生养老保险服务水平的持续提升，完善养老服务政策体系推动出台《关于推进养老服务发展的若干措施》等指导性文件以及完善政府购买居家养老服务政策等 21 项具体政策，加强养老服务工作政策支持。民政工作推进会表示：推进社区和居家养老工作，打造全国一流的居家和社区养老服务改革试点城市。以国家试点和省实验区建设为契机，推进社区和居家养老一体发展，形成具有济南特色的社区居家养老服务保障体系，力争通过三年努力，使济南市居家和社区养老服务省内领先、全国一流。现阶段养老发展中，截止到 2020 年底，济南市已有 1644 处养老服务机构，从业人员迅速增长，养老服务行业已成为重点发展行业。

三、调研地点的基本情况

（一）济南市基本情况

1. 地理位置

济南位于山东省的中西部，是京沪铁路、胶济铁路与邯济铁路的交汇点，位于北纬 36°40′，东经 117°，南依泰山，北跨黄河，地处鲁中南低山丘陵与鲁西北冲积平原的交接带上，地势南高北低，南为泰山山地，北靠黄河，地形复杂多样，可分为三带，即北部临黄带、中部山前平原带和南部丘陵山区带。济南境内河流较多，有黄河、小清河两大水系。

济南市历下区位于济南市城区东部，东临历城区，西与天桥区、市中区接壤，南与济南市历城区相邻，北倚历城区。总面积 100.89 平方千米，下辖 13 个街道。

---

① 《我市民生服务设施三年建设规划公布》，济南市人民政府网，http：//www.jinan.gov.cn/art/2020/4/17/art_1812_4233962.html。

济南市历城区位于济南市区东南部，南与泰安市泰山区、岱岳区相邻，北倚济南市济阳区，东接章丘区，西与长清区、市中区、历下区、天桥区相连。区域总面积 198.57 平方千米，下辖 17 个街道。

2. 人口

如表 1 所示，全市常住人口为 9202432 人，与 2010 年第六次全国人口普查的 6810040 人相比，10 年共增加 2392392 人，增长 13.51%，年平均增长率为 1.27%。全市常住人口中，0～14 岁人口为 1512643 人，占 16.44%；15～59 岁人口为 5852677 人，占 63.60%；60 岁及以上人口为 1837112 人，占 19.96%，其中 65 岁及以上人口为 1294977 人，占 14.07%。与 2010 年第六次全国人口普查相比，60 岁及以上人口的比重上升 5.83 个百分点，65 岁及以上人口的比重上升 4.76 个百分点。

历城区常住人口为 111.2 万人，人口密度约为 853 人/平方千米，人口排名居济南市第一。户籍总户数为 35.77 万户，户籍人口 106.93 万人。历下区常住人口 81.91 万人，人口密度约为 8020 人/平方千米，人口排名居济南市第四。户籍总户数为 24.43 万户，户籍人口为 71.36 万人。由人口数据统计表可知，60 岁及以上的人口所占份额十分可观，养老问题已经成为维护社会和谐稳定不可忽视的重要问题。

表 1   人口普查数据统计

项目	第六次普查（2010 年）	第七次普查（2020 年）
常住人口（人）	6810040	9202432
户籍人口（人）	6060048	7960074
城镇人口（常住）（人）	5061727	6760007
城镇化率（%）	64.47	73.4
男性（人）	3420039	4612797
女性（人）	3390001	4589635
男女比例	101.00	100.50
家庭户数（户）	2010006	3084766
户规模（人/户）	2.93	2.69

资料来源：2010 年、2020 年中国人口普查统计年鉴，《济南市第七次全国人口普查公报》，济南市统计局，http://jntj.jinan.gov.cn/art/2021/6/16/art_18254_4742896.html。

3. 经济发展情况

2020 年全年济南市生产总值为 10140.91 亿元，同比增长 4.9%。其中，第一产业增加值为 361.66 亿元，同比增长 2.2%；第二产业增加值为 3530.67 亿元，同比增长 7.0%；第三产业增加值为 6248.58 亿元，同比增长 3.7%。农业生产有序稳定，工业实现强势引领，服务业回暖向好，消费市场逐渐复苏，居民消费价格指数（CPI）上涨 2.4%，全年全市居民人均可支配收入 43056 元，比上年增长 3.8%。

历下区：2020 年全年，历下区规模以上地区国内生产总值（GDP）1910.41 亿元，按照国际可比物价水平来计算，同比上年增长 4.5%，总量稳居全市首位。其中，第二产业新增经济总额 432.9 亿元，同比增长 2.2%；第三产业增加值 1477.5 亿元，同比增长 5.2%。

历城区：2020 年，历城区国内生产总值（GDP）首次进一步迈向千亿元的行列，为 1017.05 亿元。工业增加值同比增长 10.2%，工业总投资同比增长 77.5%。服务业完成营业收入 133.9 亿元，增长 10.5%。市场竞争活力不断强化提高，主营业务收入过亿元企业达到 280 家，新增注册资本过 5000 万元企业 789 家，均居全市第一。

（二）调研地社区养老模式发展情况

1. 祝甸社区老年公寓

被评为先进单位，曾荣获历年养老机构口碑榜前列。公寓地址位于济南市历下区的一处小区内，公寓按照"功能一流、服务一流、环境一流、管理一流"的标准，秉持心理咨询、应急救助、康复护理等多种大型功能性服务项目，含有生活照料需求、经济支持需求、医疗保健需求、精神慰藉需求、休闲娱乐需求、社会参与需求六个方面组成城市型养老机构（见图 2）。公寓有日间照料服务和社区文化互动等特色服务，根据不同需求层次老年人提供个性化专业化供给服务。

（1）运用"嵌入式"养老服务理念开展服务。"嵌入式"养老模式是以社区为载体，以资源嵌入、功能嵌入和多元的运作方式嵌入为理念的养老方式，整合周边养老服务资源，为老年人就近养老提供专业化、个性化服务。

团队在社区负责人的带领下参观了公寓总体设施建设，发现公寓设立于社区，拥有良好的地缘优势，可以采用多种运营模式，如政府托底购买服务、社区完善服务功能等，通过日托、助餐等方式，辐射到社区有需要的老年人群体，满足老年人就近养老的需求。

团队了解到社区致力于营造出"养老不离家"的新模式，突出优势在于其规模小、灵活性高、对位置要求低、易布点且对社区日常生活影响弱；资金需求小，管理相对简单，运营要求较低，在推广方面可复制性强等优势，克服了传统家庭养老、社区居家养老和机构养老的劣势。

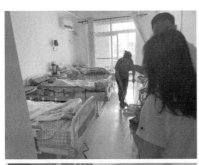

图2 祝甸社区老年公寓内部展示情况

（2）特色化"医养结合"模式。团队发现公寓内设置专门的医疗中心，除了基本的定期医疗体检和医疗监测外，还设有监护老年人身心健康的心理疏导模块。在医养方面，公寓药品类型齐全，医疗设施、器械设备完善，有专业的医疗监测人员，给老年人提供良好的医疗保障。公寓护理人员有系统的康复理疗手段，在养老的同时做好老人的医疗护理，做到了多功能服务一体，落实了该公寓特色"医养结合型"的养老服务特点。

2. 燕山综合养老服务中心

燕山综合养老服务中心位于山东省济南市历下区和平路，是首批正式挂牌注册的社区综合养老服务中心和实施社区综合养老"三星级"服务机构。养老中心以老年人社区养老服务日托中心和群体活动服务中心为特色，始终秉承一切以

"长者为中心"的养老服务宗旨，倡导"自立支援"的养老方式，满怀关爱心，热心为广大老年人群众提供更安心、更贴心的专业化养老服务。

（1）整合资源，打造"互助型"养老。团队成员在实地调查了解到社区内建立联系制度，以社区为依托，将生活在社区内、具有专业特长、热心公益活动的健康老人组织起来成立老年互助社，老人们可以在家庭、社区和养老机构等多种场合实现各种形式的互助。

如图3所示，互助社内设有休闲娱乐室、借阅室、书画室等老年人文娱中心。文娱中心在考虑到老年人身体素质情况下专门设置了医疗化休息室，在老年人身心健康方面提供多样化选择的同时，也注重其体格保养，因此社区文化互动范围不仅仅定格于中心内部。此外团队也了解到服务中心开拓了短途旅游等开放型模块，配套有专业的陪护人员和多名义工，在关注老人娱乐的同时保障老人安全、及时解决老人各项需求，做好每项服务和各类防范。

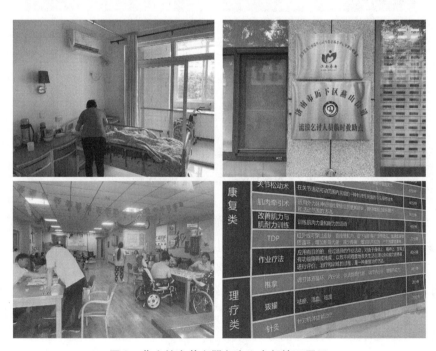

图3 燕山综合养老服务中心内部情况展示

（2）综合介护服务突出。服务中心引进了国际先进的养老介护体系，不断提升设施设备水平，完善服务项目，除了对老人提供日间托管及短期托养服务，对于一些无法外出的老人还会提供上门送餐、上门介护等综合生活支援服务。从居家介护服务到设施介护服务，结合客户及家人的实际情况，展开能够提供最佳介护服务的"综合介护服务"。

3. 甸柳三居社会养老服务中心

甸柳三居社会养老服务中心位于济南市历下区甸新东路，以创建全省一流养老服务中心为目标，将医疗护理与生活护理相结合，综合了医院和养老机构的优点。主要提供集"六助"服务、休闲娱乐、短期托养、入托康复等医、养、康、护为一体的综合养老服务。

（1）开展"双关"方案，打造"长者老饭桌"温暖。团队主要参观了社区养老服务模式，发现在服务中心设置暖心膳房，房间内购置明亮设备齐全，菜谱荤素搭配营养均衡。团队了解到工作人员中有聘请专业厨师、面点师团队精心做好每餐每饭，提供营养套餐，专注于为辖区老年人提供精细化营养配餐。其次参观了膳房筹建的社区大食堂，不仅提供居家助餐服务，对辖区内失能老人和其他未常驻老年人，服务中心人员提供免费配送服务和日间照料服务，体现老饭桌温暖，打造服务中心品牌化。

（2）开创药膳结合医疗护理型模式。团队重点考察了由膳食服务与医疗养护1+1式结合的新型养老护理模式，如图4所示，服务中心内设置了康疗驿站，康

图4　甸柳三居社会养老服务中心内部情况展示

疗驿站分为两个服务区。外侧为茶粥药膳区，根据老人体质为老人配置茶粥药膳，全方位提供保健养生服务。内侧配备全科医生、中医医师每周三次坐诊，做好辖区老年朋友的健康守门人。其中的医疗器械健康一体机可以一站式测定近20项生理指标的基础体检项目，并形成专属个人健康档案。配有超声波等理疗设备及茶粥药膳，社区老人可以充分享受医疗护理。让医、养、康、护一体完美结合于社区养老。

四、调查问卷及访谈结果的统计与分析

团队将有效调查问卷中的所有养老院开设的养老服务进行数据整理（见图5），64%的社区养老服务中心大多只开展基本服务如社区食堂、定期体检等，面对当下多样需求还未定期开展其他项目，如各类文娱活动和采取固定日间照料模式，而该类需求在走访老年群体中高达80%，说明现阶段下社区老年服务项目种类应更贴近现实需求去开展，促进养老服务提质增效。

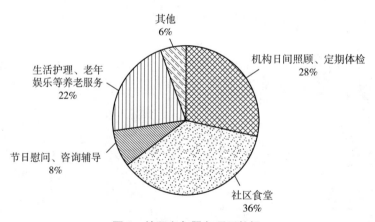

图5 社区老年服务项目数据

由图6可以看出，70%以上老年人主张改善用餐、用医方面的服务，对于年龄较大、行动不便的老人们可以进行送餐服务，定期邀请专业人士对医疗保健方面进行讲解，其42%的老年人更注重日常的学习培训和心理护理，因此老年人的身心健康也同样值得关注，调查显示，社区养老的全方位优化养老服务有效供给要更快提上日程，根据老年人所想所需，适时进行养老服务创新。

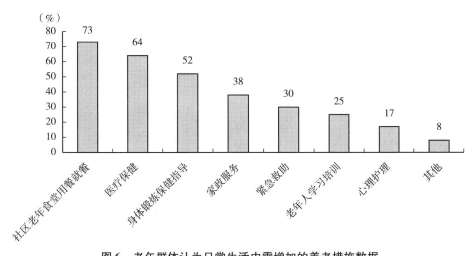

图6　老年群体认为日常生活中需增加的养老措施数据

　　根据对社区内各部分的调查和对社区内老人的走访中得出社区养老模式的发展逐渐成为应对我国人口老龄化挑战的重要方式，但由于现阶段下享受社区养老服务的老年人数量稳步增加，因此社区养老的服务供给与需求存在矛盾（见图7）。

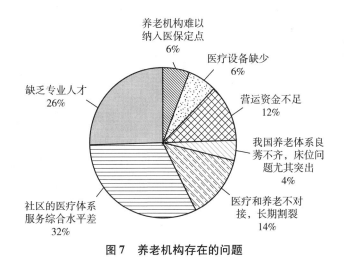

图7　养老机构存在的问题

　　走访调查发现，部分群众对于社区养老模式的了解程度还不够深刻，未将社区养老列入养老方式的最佳选择。社区养老服务工作是一项全新事业，要突破传统养老服务弊端，结合老人多种类型、项目的服务需求，确定和进一步完善开发服务内容及标准并定期上新。

五、社区养老模式发展中存在的问题

当前社区养老供需错位、资金链条单一等现象突出，阻碍了社区养老的发展和创新。经过对山东省济南市历城区和历下区的调研，归纳起来，其主要存在三个方面的问题：一是社区养老本身存在供需错位的特点；二是社会力量参与养老服务较少，工作人员的素质与技术不过关、在工作中缺乏积极性；三是政府部门在进行对社区养老管理的过程中职能定位不清，管理体制监管机制不完善，管理推动效果不佳。

（一）社区养老服务内容单一，项目供给不足

此次调查发现居民对社区服务项目有诸多担心，调研小组发现这些担心主要来源于社区养老服务存在供需错位问题。在调查社区养老服务的过程中团队发现，老年人作为异质性群体，存在多元化的养老服务需求。针对老年群体的调查报告中显示老年人对文娱和医疗等服务的利用率较高，基本需求占调查人群的50%以上。但根据确认能够满足老年人需求的社区仅在少数，养老在供给数量、质量或结构上较为趋同，服务面窄，服务项目单一，缺乏有针对性和差异化的服务项目。随着老龄化的推进，老年人口日益增多，养老服务机构不论是在数量和规模的压力日益增大。团队调查社区养老医养结合资源不足，在走访部分群众、干部及采访工作小组后发现了以下几点问题：

第一，济南市历下区及历城区所在的社区养老机构，普遍存在建造历史久远、后期保障力不到位的遗留问题，这些问题的存在导致一些社区不能提供这样的服务。一方面，在一些地区资料中显示80%的老年人存在一种及以上的慢性疾病，但只有62%的老年人建立了健康档案；另一方面，根据对济南市地区各养老机构负责人的访谈得知，除去基本的生活照料需求，对于专业化的医疗保健和精神文化服务是缺少的。

第二，针对济南市社区养老所配套的医务室或医疗机构，团队在对其相关负责人的沟通中发现，当前社区主要服务特殊困难的老年人群体，而面向普通老年群体的社会化和专业化护理服务仅在少数。这些机构缺乏执行力度，只提供开展健康讲座、定期体检等常规服务，针对心理咨询、应急救助、康复护理等专业性较强的服务并没有得到相应体现。

第三，由于宣传不到位、理解角度不同的原因，在此次调查中团队发现，仅有19%的调查者知道开展医养结合是为了完善养老模式，能够有效针对老年群体开展健康生活。同时，有80%的群众并不了解医养结合的真正意义。在进一步的走访调查中，团队发现有70%的群众只是听说过医养结合这个名词，但对其具体内容和原因并不了解。

（二）社区资金来源匮乏单一，资金渠道狭窄

在此次调查中，调研团队发现了多数负责人认为社区养老发展相对吃力，针对社区养老提供的政策实施对其全面升级并未有太大影响，更不用说对老年群体的生活带来全方位的保障和益处。其中，有56%的工作人员认为资金提供少（见图8），而32%的老年群体认为近些年社区养老发展本质上未发生大改变。因此，团队不得不考察此次全国范围的覆盖全面的、时间持续较长的社区养老的开展取得了哪方面的资金支持。

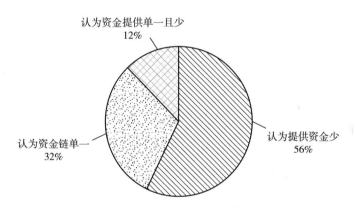

图8　工作人员对于社区养老提供资金看法

事实证明，针对中国"未富先老"的老龄化社会现状，决定国家在初期内没有充裕时间和财力去完善社区养老制度、配置社会资源，虽然近年来政府增加了扶持支持政策，但养老服务政策仍滞后于社会经济发展，其资金来源多数依赖于政府拨款，但地方财政补贴受财力不足的影响对社区养老投入很少，希望借助社会资本力量和民办机构参与，又缺乏有效的政策支持，加之社会参与度不高的因素，没有形成多元化的筹资渠道。这些问题造成了社区养老资金的缺乏，影响社区养老服务的发展。主要表现在：

第一，服务设施不足，即便社区养老机构数量规模增速明显，但由于政府补

贴不足和运行机制障碍导致作用发挥受限。

第二，信息平台建设具有滞后性，拥有养老服务平台的社区占比低，难以实现老年人需求和养老服务资源的完美对接。

（三）政府监督机制存在漏洞，职能定位不清

市场经济体制下我国政府需要转变政府职能，从全能型政府转变为服务型政府来适应经济发展的需要，确保在社区养老保障中有效发挥政府作用，但时至今日，政府决定和推动社区大小事务及其进度仍然存在着大包大揽的现象，导致政府职能界定不清，不能充分发挥社区基层民主作用。另外，社区的发展规划，需要按照政府规划进行，不能按照自身需求具体调节，政府在干预社区发展的同时，没有很好地履行政府在支持社区养老服务中的职能（见图9）。

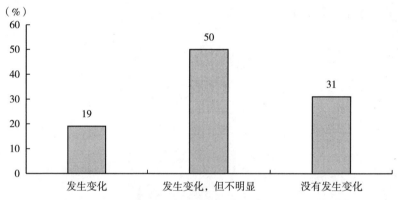

图9 老年群体对社区养老近些年生活质量直观感受调查

社区养老是近年来兴起的新鲜事物，其相应的监督体系和管理机制是不完善的，虽然部分地区对社区内部服务网点进行了相应的监督和管理，但在制度上评价网点的优劣却未给出，在各种资金补贴的使用上也没有配套的监督评估体系。管理体制不健全主要表现在部门之间的多重领导和部门内部的管理，由于各部门各自为政没有统一管理使得社区养老服务的资源整合面临很多困难，造成资源浪费，综合合力也受到极大限制；系统内部上下级对社区养老不能达成共识，对社区养老资金也没有制定相关的长效机制，社区养老发展受到阻碍。

（四）专业人员待遇普遍较低，参与服务不足

如图10所示，济南市历下区、历城区的各街道社区负责人平均年龄在45岁

以上，文化程度在一般水平，而社区养老相关政策较多、程序烦琐，因此许多负责人感觉超出能力之外，对于长远发展无大体想法，对待工作态度敷衍，不敢直面问题。从调查问卷的数据统计可以看出，目前就职于社区养老的工作人员多为下岗和文化程度较低的职工，其40岁以上的占90%，平均年龄在50岁，对于保证专业化的营养师或医护人员，有些并未接受相关专业培训，服务水平质量难以保证。

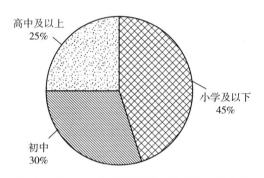

图10　历下区、历城区社区在职人员文化水平

这些问题反映了社会组织参与社区养老服务发展仍存在部分体制和政策障碍，社会工作者、服务对象、服务机构和社区之间的关系松散，联动性不强。调研小组根据收上来的有效问卷分析出以下几点原因：

第一，养老服务培训机制尚未健全，社区养老服务专业人才培训和继续教育制度滞后，护理人员缺乏正规的培训机构，接受过老年心理和健康护理等专业教育的人才更加短缺，其培训没有形成系统化和制度化体系，致使很难开展社区老年护理等类似服务。

第二，缺乏相关政策的推动，没有有效带动市场和非营利机构的积极参与，导致从事养老服务专业人才不稳定，流动性大。其原因是对社区工作的社会认同度较低、社区工作人员的社会保险和待遇缺乏激励机制。

六、社区养老模式创新相关建议

从长期看来，社区养老模式对于解决传统养老方式短板，顺应社会转型，提高养老行业质量有着积极作用。但就短期而言，社区养老面临的问题包括：供需错位的特点；社会力量参与养老服务较少，工作人员的素质与技术不过关、在工作中缺乏积极性；政府职能定位不清，管理体制监管机制不完善，管理推动效果不佳。基于对济南市历下区和历城区的调研，结合实际情况，针对相关问题，总结探索出对社区养老模式创新的启示与建议包括以下几个方面。

（一）养老机构应贯彻"嵌入式"养老，开展多元化服务

社区养老下，根据不同层次子女情况和经济条件，将老人划分为不同等级的服务对象。养老机构要从实际需求出发，采取多层次、多样化、创新性的服务方式和内容，具体要从日常生活照料等基础服务逐步扩展到生活照料需求、经济支持需求、医疗保健需求、精神慰藉需求、休闲娱乐需求、社会参与需求各个方面，方便老年人根据自己的需求和习惯利用不同的服务项目和服务形式。

从而在"嵌入式"养老模式的带领下，规避传统居家式养老和机构养老的劣势，去开展更多精神层次的服务，除社区开展的精神慰藉服务和工作人员的帮助，同时要抓住志愿者和社会力量如大学生等青年一代的鼓舞作用，开展帮助老年人写自传等新型服务内容，真正意义上实现"多元"一词。[①]

（二）养老机构应多渠道扩充资金来源，发展 PPP 模式

养老机构应大力发展 PPP 模式，吸引社会资本，将政府公共财政资本与社会资本结合在一起，拓展资金来源。[②] 因为该模式能够综合政府与民营企业的优势，取长补短、优势互补，极大地提高管理效率和服务质量。针对不同的服务模式，选择不同的经营模式，以医养结合、公建民营为主导，借助山东省新旧动能转换的契机，实施居家养老、邻里互助、幸福公寓等社区养老。

第一，鼓励社会团体、企业事业单位、个人向慈善机构等非营利机构进行捐赠，制定出台优惠政策加大资金投入，以此保障社区养老品牌化和服务化。同时养老机构可以选择与企业事业单位进行合作，企业出资帮助养老机构完善资金运行，同时养老机构为企业宣传以提高企业自身知名度，实现双赢。

第二，政府应加大社区养老服务资源投入力度，增强政策优惠导向，增加其财政投入，利用市场化机制让养老资源得到有效利用和合理配置。

第三，支持社区养老服务设施建设，探索更多福利彩票和公益金。

第四，引入市场机制，在养老行业建立政府宏观调控、社会中介组织运作，

---

① 《嵌入式养老——中国式社区养老模式》，搜狐网，https://www.sohu.com/a/324505079_120153258。
② 王丽佳：《我国养老机构 PPP 模式研究》，辽宁大学硕士学位论文，2019 年。

社区养老机构自主经营的管理机制，吸引社会融资，探索更多合作经营的发展模式。

（三） 政府应完善制度和监督管理体系，衔接助力社区养老

保障社区养老服务长效发展是完善政府与国家制度建设的重要方面。政府要进一步完善基本养老制度，明确界定各职能部门职责。一是，建立精确的评估体系，用以掌握老年人真实生活状况并对其进行量化评估；二是，在健全服务体系和增加保障收入两方面，对社区养老提供制度支撑，建立统一的评价体系，制定和提高社区养老服务及设施建设具体标准；三是，进一步强化考核社区内部服务网点，同时社区内部应建立专门负责协调工作的部门，明确分类部门职责。

（四） 养老行业应动员社会力量广泛参与，提高工作人员待遇

首先，养老行业要动员社会力量广泛参与，发挥公益团体、志愿服务、社会组织和专业社工的力量，实现社区养老志愿服务方面人员规范化、常态化和多元化人力资源体系。充分运用大学生参与公益事业和实践活动的契机，让青年一代所具有的朝气蓬勃精神融入老年一代，做到"老有所养，老有所依"，同时带动社会上更多青年一代投入到尊老敬老风潮之中，发挥青年一代楷模作用，实现"青春暖夕阳，一同助养老"。

其次，把加快人才培养，建立专业化养老服务梯队作为主要任务，应提高薪酬水平，同时政府要出台养老人才激励政策，保障提高社区养老服务人员待遇。要对社区养老工作队伍进行职业培训，培养工作人员为老服务的职业道德和职业理念，除去基本的工作素质，更应该培养能够保障老年群体身心健康的能力。

最后，利用大学生等社会群体，开展与爷爷奶奶交流写生等文娱活动，从而提高养老行业质量，更好地服务于老年群体。

附录

一、山东省济南市社区养老模式发展调研调查问卷

您好，我们是山东财经大学燕山学院在校大学生，此次调查，主要是了解社区养老发展的情况，通过理论分析和相关政策解读对社区养老问题进行调研。对您的合作与支持，我们表示衷心的感谢！（请将选项写在题号前面，谢谢合作！）

1. 您的年龄（　　　）［单选题］

A. 50～60 岁　　　　　　　　B. 61～70 岁

C. 71～80 岁　　　　　　　　D. 80 岁以上

2. 您的性别是（　　　）［单选题］

A. 男　　　　　　　　　　　B. 女

3. 您是否享受过以下社区老年服务项目（　　　）［多选题］

A. 生活护理、陪伴等居家养老服务

B. 老年娱乐及户外活动

C. 免费的身体保健和体验

D. 社区食堂

E. 机构日间照顾

F. 个案咨询辅导

G. 节日慰问

H. 其他＿＿＿＿＿＿＿＿＿＿＿＿

I. 从未参加过

4. 您主要的养老金来源是（　　　）［多选题］

A. 自己或配偶的退休金　B. 子女赡养

C. 政府补贴　　　　　　D. 个人储蓄

5. 目前拥有的社区健康医疗服务有哪些（　　　）［多选题］

A. 季度体检　　　　　B. 上门问诊　　　　　C. 健康讲座

D. 没有　　　　　　　E. 其他

6. 在医疗服务方面，您还想增加哪方面的建设（　　　）［多选题］

A. 康复保健

B. 上门就诊

C. 义诊、健康咨询

D. 保健和预防知识讲授

E. 其他＿＿＿＿＿＿＿＿＿＿＿＿

7. 在平时生活中，提供的日常休闲方式有哪些（　　　）［多选题］

A. 休闲类　　　　　　B. 老年竞技类　　　　　C. 文娱社交类

D. 学习培训类　　　　E. 其他

8. 近一年内社区养老组织团体活动的频率（　　　）［单选题］

A. 一个月内多次　　　B. 一个月一次　　　　　C. 一至三个月一次

D. 半年一次　　　　　E. 一年一次　　　　　　F. 从不组织

9. 您所在的社区有哪些公共设施（　　）［多选题］

A. 健身器材　　　　　　B. 门诊医院

C. 老年人活动中心　　　D. 其他

10. 您觉得日常生活中急需哪三种帮助（　　）［多选题］

A. 家政服务

B. 社区老年食堂用餐送餐

C. 医疗保健

D. 日托服务

E. 紧急救助

F. 休闲娱乐活动场地

G. 心理护理

H. 身体锻炼保健指导

I. 老年人学习培训

J. 其他

11. 您对社区养老还有什么意见与想法？＿＿＿＿＿＿［填空题］

问卷到此结束，再次感谢您对我们的支持，祝您及您的家人身体健康、生活愉快！

二、调查问卷抽样结果统计

单位：%

问题	选项	比例
年龄	50～60岁	15
	61～70岁	44
	71～80岁	38
	80岁以上	3
性别	男	47
	女	53

续表

问题	选项	比例
社区老年服务项目	生活护理、陪伴等居家养老服务	74
	老年娱乐及户外活动	87
	免费的身体保健和体检	43
	社区食堂	92
	机构日间照顾	58
	个案咨询辅导	21
	节日慰问	39
	其他	14
	从未参加过	
养老金来源	自己或配偶的退休金	23
	子女赡养	49
	政府补贴	16
	个人储蓄	12
健康医疗服务	季度体检	87
	上门问诊	45
	健康讲座	33
	没有	2
	其他	27
想增加的医疗服务	康复保健	68
	上门就诊	20
	义诊、健康咨询	11
	保健和预防知识讲授	59
	其他	26
日常休闲方式	休闲类	57
	老年竞技类	31
	文娱社交类	29
	学习培训类	12
	其他	21

问题	选项	比例
组织团体活动的频率	一个月内多次	4
	一个月一次	13
	一至三个月一次	25
	半年一次	25
	一年一次	31
	从不组织	2
公共设施	健身器材	53
	门诊医院	8
	老年人活动中心	29
	其他	10
急需帮助措施	家政服务	38
	社区老年食堂用餐送餐	73
	医疗保健	64
	日托服务	49
	紧急救助	30
	休闲娱乐活动场地	67
	心理护理	17
	身体锻炼保健指导	52
	老年人学习培训	25
	其他	8

减税降费背景下大学生纳税意识研究

——以山东省部分高校为例的调查分析

李冰洁*

肖靖松**

霍晓桐　孙莺赫　嵇　冉　刘子龙***

摘　要：随着国家减税降费政策的不断推进，税收体制也在不断变革，依法纳税逐渐成为全社会的共识，而作为未来社会纳税主体的当代大学生，只有正确规划、引导其健康全面的纳税观念，才能够使税法在全社会更好地普及。通过马斯洛需求层次理论以及家庭教育、学校教育和社会教育对大学生纳税意识的影响进行分析，随机选取山东省部分高校学生为样本进行问卷调查，对问卷调查结果进行处理与分析，发现大学生对国家税收制度以及减税降费政策了解不足、纳税意识相对薄弱，并找出其导致性因素，提出完善税收监管体制、加强税法知识宣传力度，以及提高纳税人纳税意识的建议。

关键词：减税降费　大学生　纳税意识　影响因素

一、绪　　论

（一）调研背景

2018年9月20日，国家税务总局印发的《关于进一步落实好简政减税降负措施更好服务经济社会发展有关工作的通知》中强调"在当前国内外经济形势错综复杂的情况下，加大简政减税降负力度，有利于稳就业、稳金融、稳外贸、稳

---

　*　调研团队指导老师：李冰洁，山东财经大学燕山学院专任教师、助教。

　**　调研团队队长：肖靖松。

　***　调研团队成员：霍晓桐、孙莺赫、嵇冉、刘子龙。

外资、稳投资、稳预期，为我国经济长期向好发展提供持续有力的支持。"① 我国进入减税降费新阶段。2020 年全年我国新增减税降费超过 2.5 万亿元，全年组织税收收入（已扣除出口退税）13.68 万亿元，同比下降 2.6%。② 我国降费减税工作进展顺利，范围广泛。

个人所得税是税收的重要组成成分，直接影响居民可支配收入，在减税降费政策中，个人所得税进行第七次修订，主要体现在免征额由每月 3500 元提高至每月 5000 元，新增专项附加扣除项目，税率级次优化以及汇算清缴优惠这四个方面，大幅度便利了我国公民生活。2019 年为个人所得税减税降费政策实施第一年，个人所得税收入为 10388.53 亿元，同比下降 25.1%，但到了 2020 年个人所得税收入达到 11568.26 亿元，逆势同比增长 11.4%。③ 2020 年出现增长主要是因为当年个人所得税并没有新的减税举措，因此不存在政策性减收。此外，随着自然人税收征管体系逐步健全，个人所得税征管也在不断加强，逃漏税也相应减少。2020 年是个税汇算清缴的第一年，尽管退税人数多于补税人数，但由于补税适用更高的税率等因素，补税规模可能更大，因此在一定程度上也带来了收入的增加。

当代大学生是今后缴税的主力军，个人所得税则是主要缴费税种，大学生需要具备依法纳税意识，实时关注税制改革，深入了解和认识减税降费政策，提高纳税遵从度。

（二）调研意义

组织国家财政收入是税收原生的最基本职能。一般来说，税收具有组织财政、调节经济、监督经济的基本职能。

个人所得税是税收的重要组成部分，当代大学生是未来缴税的主力军，研究当代大学生对税收制度以及减税降费政策特别是针对个人所得相关改革的了解程度，有利于分析当代大学生纳税意识的薄弱环节，并针对相关直接导致性因素和间接导致性因素进行全面条理性分析，提出个人层面、家庭教育、学校教育、社会教育等方面相关建议。正确引导大学生树立健康全面的税制观念，提高大学生纳税意识，有利于大学生自身发展，同时有利于在社会范围内更好地推进和落实税制改革的各项举措。

---

① 《关于进一步落实好简政减税降负措施更好服务经济社会发展有关工作的通知》，国家税务总局网，http://www.chinatax.gov.cn/n810341/n810755/c3753851/content.html。
② 由 2020 年全国税务部门组织税收收入情况第一组、第五组数据整理而得。
③ 由 2019 年、2020 年《中国统计年鉴》中全年组织税收收入数据整理所得。

二、纳税意识的影响因素分析

本文通过马斯洛需求理论分析个人的内在需求，以及通过学校环境、家庭环境、社会环境三个外部因素来分析大学生的纳税意识，如图 1 所示。

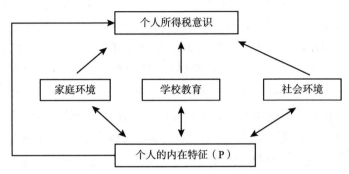

图1　影响大学生纳税意识的因素分析

（一）马斯洛需求理论对影响纳税意识的分析

马斯洛需求理论按从低层次到高层次依次分为生理需求、安全需求、社交需求、尊重需求、自我实现需求。如图 2 所示，该理论指出了人在每一个时期，都有一种需要占主导地位，而其他需要处于从属地位。这就可以引申为当纳税人处在需求理论不同层次中，其纳税意识也会有所差别。

图2　马斯洛需求层次

1. 生理需求

生理需求是人们所追求的最基本的目标，同时也是首要动力，因此减税降费政策能够最大限度地保证每一个纳税人最基本的生理需求，最大限度保障每一个纳税人的生活，使社会能够稳定运转，使我国的税收制度更加完善，从而可以保证衣食住行最基本的生活需要，满足生存需求。

2. 安全需求

安全问题是我们每一个公民最关心的问题。纳税人希望生活在和平稳定的环境里，做一个合法的好公民。我国的税法不但保证了每个纳税人的合法权益，还起到了一定的激励作用，使其拥有一个良好的纳税心态。此外，我国当前的税法体制还在不断完善，目的就是保障每一个纳税人的合法权益。

3. 社交需求

马斯洛的社交需求揭示了已经具备安全感的人又会对下一层次产生欲望，作为纳税人，希望与纳税机构和睦相处，不希望自己有偷税等恶劣行为，期望得到周围人的赞誉。

4. 尊重需求

在社会中每个人都希望自己能够受到别人的尊重。纳税人同样如此，希望能够享有公平、公正、透明的纳税制度，希望自己的合理建议被采纳，被纳税机关工作人员尊重，这样，纳税人的积极性将大大提高。

5. 自我实现需求

自我实现需求是希望有机会追求理想，满足自我实现的需要。纳税人也希望自己有能力纳税，使自己在国家税收政策下能够取得更多的经营成果，而不是社会资助。

综上所述，马斯洛需求层次理论有利于帮助我们了解纳税人在社会中的不同需求，或者说有助于我们认识减税降费政策对纳税人（包括大学生）的影响，从而实现社会减税降费政策的有效落实以及满足相关部门对不同纳税人的多层次管理。此外，还有利于营造良好的纳税氛围，提高纳税人的积极性。渐渐地探索出适合中国纳税人的正确道路。马斯洛需求理论间接地从另外一个角度为增强纳税意识提供了理论基础，如表 1 所示。

表 1　　　马斯洛需求层次理论下对减税降费情况下纳税遵从的影响分析

马斯洛需求	动机	潜在行为影响
生理需求	对效用和经济效益的追求	有偷逃骗税的潜在动机
安全需求	法律的威慑力	防卫性、制度性的纳税意识
社交需求	与税务机构的和睦相处	自我服务性纳税遵从意识
尊重需求	得到社会的许可、名誉声望	忠诚性、习惯性纳税意识
自我实现需求	为社会贡献、自我价值实现	忠诚性纳税遵从意识

"税收的法定主义"是现代法治的基本要义和税收制度的普遍原则。征税和纳税只能依法进行，税收具有固定性，不能随意改变，各种违反国家纳税规定的行为都需要受到法律的制裁，任何侵犯自己财产的行为公民都可以依法维权，这也就保障了公民享有的权利，同时也应履行相应的义务，依法纳税。另外，个人所得税的改革在一定程度上减轻了大学生税收负担，根据调查结果，大学生的收入主要来源于父母，还有一部分来源于自己的兼职和勤工俭学的收入，减税降费的政策使大学生获得更多的收入来源，有更高的获得感和成就感。随着税法的实施，个人所得税 App 也正式上线，自行申报纳税逐步完善，大学生参与率逐步提高，就调查结果来看，很多大学生都愿意遵守税法规定，减税降费被大学生广泛接受。

（二）家庭教育对纳税意识的分析

家庭是影响一个人的认识、三观、智力形成的重要因素。家庭作为一个整体，是收入和支出的主要来源，减税降费政策的实施提高了家庭的可支配收入，同时使人民美好生活的需要得到进一步的满足，增强了人民的幸福感，使大学生可以从中享受减税降费带来的好处，了解偷税、骗税是违法行为，必将受到法律的制裁。家庭是人生的起点，是孩子在无知时第一次接触的环境，父母是第一任老师，父母的教育对孩子的成长起基础性作用，影响孩子的价值观、思想观念、处事原则和方式。在税收方面，包括家庭收入、父母行为、父母纳税方式、父母对减税降费政策的态度同样会影响孩子的纳税意识。

（三）学校教育对纳税意识的分析

郑观应曾说："学校者，造就人才之地也，治天下之大事也。"而大学生作为社会主义的核心继承力量，更加离不开学校的培养与教育。学校不仅是传授知识的场所，更是引导同学们树立正确的人生观、价值观和世界观的摇篮。所以在学校进行税收宣传活动，是增强大学生纳税意识的重要举措。通过举办类似活动，可以为大学生搭起成长成才的社会实践平台，强化大学生的依法纳税意识。不断充实税法学堂内容，丰富税法宣传形式，让税法宣传从校园带入家庭，以家庭辐射社会，推动社会税收法治意识提升和税收法治文化发展。同时，通过开设税法等专业或公共课程，对大学生开展税务相关知识的普及，可以提高大学生纳税意识及纳税遵从度。

（四）社会教育对纳税意识的分析

近年来，我国不断加大减税降费力度。增值税、企业所得税以及个人所得税等税种都进行了一系列不同程度的改革，拉动了消费需求，激发了市场活力，一定程度上降低了群众的负担，实现了实体经济高质量和可持续发展，而社会环境对纳税意识的形成也起到了重要作用。纳税其实就发生在我们身边，税收也是我们生活中必不可少的一部分。公园、学校以及养老院等公共设施，都是政府用税收来进行建设的。我们国家也真正做到了"始于纳税人需求，终于纳税人满意，想在纳税人前面，做到纳税人心里"。国家也用实际行动向大学生传达了纳税的重要性，税收取之于民、用之于民，更加激发了大学生对纳税的积极性。当然，社会中也总会有一些"毒瘤"作出危害社会的举动。他们为了一己私欲，全然不顾国家与社会的利益，一系列偷税漏税的行为严重破坏了社会主义商品经济秩序。然而我们不会放任这种行为，而是运用法律手段对其进行严厉制裁，在惩罚、震慑偷税漏税行为人的同时，也对大学生起到了正确的引导作用，强化了大学生的纳税意识，有效避免法律意识淡薄的大学生误入歧途。

三、调查问卷的设计与调查

（一）调查目的

本文从马斯洛需求理论、学生的家庭环境、学校教育以及社会环境四个方面剖析了大学生纳税意识的形成以及影响因素。基于山东部分高校大学生调查问卷数据结果，从实际角度出发，论证分析各项因素与大学生纳税意识的关联性，检验并完善理论分析的结论，从而更加全面展现影响大学生纳税意识的影响因素，便于让大学生切实享受到减税降费政策所带来的优惠。

（二）调查方法

1. 问卷调查法

本次调查从调查对象的基本信息和纳税意识两大方面设计问题，针对个人因素、学习教育、家庭环境、社会环境对大学生纳税意识所产生的影响形成问卷，线上线下共发放调查问卷405份。

2. 资料分析法

在调查过程中通过中国知网、维基百科以及山东财经大学燕山学院图书馆的藏书来查取有关资料，进行归纳总结，大致了解在减税降费背景下大学生纳税意识整体水平的走向。

3. 面对面访谈法

基于调查对象，采用随机抽样的方式，随机选取了50位大学生进行有关减税降费政策下个人纳税意识问题的采访。

（三）问卷调查的基本结构

调查问卷由以下两个部分构成。

1. 个人基本信息

个人基本信息包括个人的性别、专业、对财税知识点了解以及有无兼职工作经验和纳税体验，共列出8个题目对学生的基本情况进行信息采集。

2. 纳税意识

此部分包括学校教育、家庭环境和社会环境影响这三大方面的问题以及部分关于减税降费方面的问题。学校教育方面包括：有关财政税法方面知识的学习。家庭环境方面包括：家庭对税收体制的感知与评价、家庭对税收公平性的感知、家庭对税收负担的感知等。社会环境方面包括：对政府和税务部门在减税降费和税收方面的行政能力和服务水平的看法、对社会纳税意识的感知、对社会中偷漏税行为的看法、对社会税收环境和社会纳税积极性的感知等问题。共列出12个题目，来对大学生纳税意识的影响因素进行测评。

（四）调查对象

问卷调查的对象为山东财经大学燕山学院、山东师范大学、山东财经大学、山东大学等学校不同专业的本科生。共发放电子问卷 405 份，问卷回收率为 100%。

各学校学生专业涵盖：经管类专业学生、理工类专业学生、文史哲学类专业的学生和其他专业学生，根据回收的调查问卷显示，经管类和理工类学生数量较多。参加调查的大学生的个人基本情况如表 2 所示。

表 2   被调查大学生的个人基本情况

名称	选项	频数	百分比（%）
您的性别	男	205	50.62
	女	200	49.38
您的年级	大一	176	43.46
	大二	110	27.16
	大三	50	12.35
	大四	69	17.04
您所学的专业	经管类	183	45.19
	理工类	93	22.96
	文史哲学类	52	12.84
	其他	77	19.01
我国目前的税收制度您是否了解	非常了解	50	12.35
	一般了解	176	43.46
	了解很少	125	30.86
	根本不了解	54	13.33
在大学期间，您是否有过兼职工作	是	197	48.64
	否	208	51.36
如果您有过兼职，您的兼职是否缴纳过税收	否	96	23.7
	否	309	76.3
在大学里，您是否学习过有关财政税收方面的知识	是	263	64.94
	否	142	35.06
合计		405	100

（五） 问卷设计思路

根据前面的理论分析，从个人的内在特征、学校教育、家庭环境以及社会环境四个维度对影响大学生的纳税意识的因素进行列举，对山东省部分高校学生进行问卷调查。

根据理论基础，设计出了最初的问卷调查，经过小组成员间的讨论和导师的指导之后，对不易理解和引起歧义的语句进行了修订，基本反映了各个问题的不同情况。然后在各专业选取部分同学进行问卷的预试，根据预试结果，进行预试分析，修改问卷，最终形成正式的调查问卷。

（六） 预设计与修正

在开始相关的研究之前，与相关的专家、学者和教师就文章的部分内容进行了较为深入的交流，特别是针对大学生的认知发展过程，大学生在财经税务相关领域的了解程度和个人所得税这一税种与本课题相关度深入交换了意见。在设计调查问卷部分问题时，团队成员充分学习关于统计学和税法专业知识，全面了解国家在减税降费方面的宏观调控政策和减税降费的各项具体措施。在调查问卷的设计中增加了影响个人所得税征收的相关问题（例如被调查者的性别、被调查者自身所处的年龄段等）。其中，考虑到该调查问卷主要是面对在校学生，故在该调查问卷中特别增加了对被调查者所处的学习阶段的问题设计（见图 3），例如，"请问您现在所处的年级？"我们希望通过此类问题分析在各年级中同学们的纳税意识和对减税降费政策的掌握程度。大学生收入来源主要是兼职（见图 4），所以我们增加了大学生的兼职比例和了解兼职与纳税的相关问题。在众多教师的专业指导和同学的技术支持下，最终形成了本调查表。

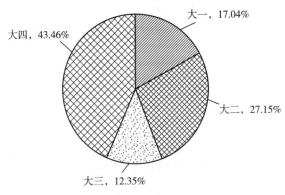

图 3　被调查者年级分布

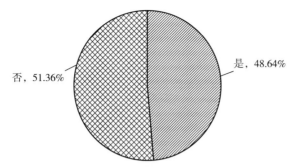

图4 被调查者是否有过兼职

在调查过程中，本调研团队与指导教师就调查问卷的答题情况进行了充分交流，并且深入交换了意见，特别是"您对我国税收沉重，不偷税漏税就挣不到钱的看法有什么意见"这一问题的回答情况（见图5），本队一致认为可以酌情加入该问题，广泛征求学生意见，使其在调查过程中可以较为全面地反映该调查问卷的设计目的，从中分析出大学生对当前税收征管的态度（见图6）。

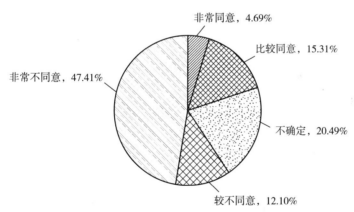

图5 对"我国的税收负担重，不偷税就挣不到钱"的看法

（七）调查过程

2021年7月，山东财经大学燕山学院纳税意识调研组5位成员分别在线上和线下对部分高校分发调查问卷，并向相关同学进行了问题询问，做了实地调研，得出以下结论。

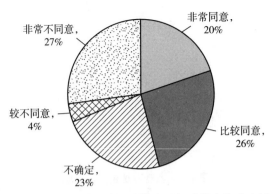

图6　我国财政资金使用能够广泛征求社会公众意见

　　首先我们选取的调查对象为大学生，其学业水平较高，社会实践较多，对社会认知较为清晰，而部分同学有自身的收入，且对个人所得税及其相关事务较为了解。

　　其次，本团队在发放问卷时，为丰富本问卷的回答内容，提高回答的科学性，团队成员特在不同的地点发放问卷，积极寻求不同院系、不同专业同学的意见。

　　最后，团队同学通力合作，问卷设计结构合理，从事专业方向与本课题研究方向较为一致。同时，通过问卷收回统计，注意到该调查问卷中参与财经专业类学习的同学比重较高，而经管类同学对个人所得税的了解和减税降费的了解更为清晰，特别是在社会与经管类相交叉的科目中，更是能深切地了解到减税降费对于当代社会的影响。并通过访谈了解到大学生对掌握税法知识的渴望。这些都对调查问卷的科学性进行了有力支撑。

四、调查数据处理与分析

　　我们将问卷调查中的各个问题进行分类，分别从个人、家庭、学校、社会四个方面进行数据的定量分析，总结出现此结果的原因以及个人所得税改革对大学生的影响。

（一）减税降费背景下大学生纳税意识调查报告数据分析

1. 个人内在因素方面

根据回收的405个有效样本进行分析。由问题1和问题12可以得出，首先，有较大一部分大学生了解个人所得税，少部分人不了解具体税制，大学生税制意识普遍良好。其次，在了解和学习税制方面，特别是了解和学习个人所得税方面大学生并没有一个积极的态度，缺乏自主学习意识。如图7、图8所示。

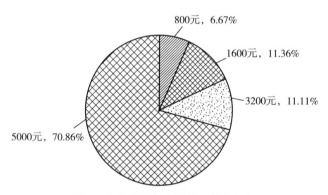

图7　当今我国个人所得税的免征额

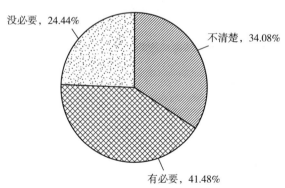

图8　被调查者对是否有必要下载"个人所得税"App的看法

由问题8和问题9得出的数据显示，大部分大学生在缴税方面具有社会意识，懂得参与社会工作，为社会做贡献。但是由于缴纳税款导致最终薪资减少，在利己思想的影响下，部分人不愿纳税，但又因税法的约束不得不纳税，如图9、图10所示。

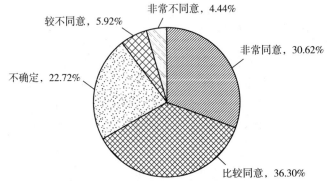

图9 被调查者对"依法纳税有利于社会，因而也有利于每个人"的看法

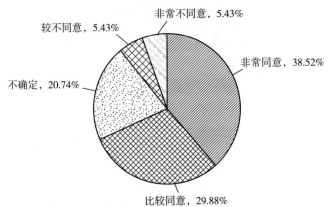

图10 被调查者对"依法缴纳税款是每个公民应尽的义务"的看法

由问题11得出数据可以看出，大学生经济来源较为单一，收入有限，在物质意识的刺激下，对于兼职收入，大部分大学生目前不愿意纳税，但这并不表示大学生此后的纳税行为也是如此。所以不应忽视"不愿纳税"的萌芽，如果早期没有形成良好的纳税意识，难免日后会作出违法乱纪的行为，如图11所示。

2. 学校教育方面

如图12所示，针对该问题出现的结果，发现大部分大学生认同学校开展纳税教育的观点，相较于自主学习而言，学生更倾向于学校灌输式教学，这从另一方面也反映出，学校缺少相关的税收知识的教育，学生缺乏学习积极性、主动性。

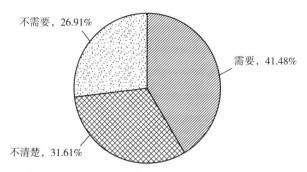

图 11　被调查者对兼职所得收入是否需要缴纳个人所得税的看法

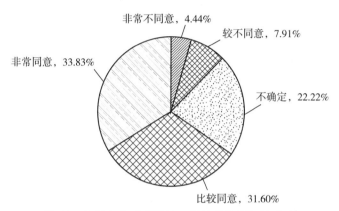

图 12　被调查者对"学校开展纳税教育"的看法

3. 家庭环境方面

问题 2 和问题 4 反映家庭环境对大学生纳税意识的影响，如图 13、图 14 所示。首先，大部分调查对象同意纳税有利于改善我们的生活环境和投资环境，对纳税的有利影响认知较为清晰。其次，超过一半的大学生认为目前的税收制度对其及家人公平性较高，但仍有少部分学生对税收制度的公平性仍然表示不确定甚至认为不公平。

4. 社会环境方面

由问题 3、问题 5 得到的数据可以看出，大多数大学生认为我国财政资金在使用时透明度高，纳税人的知情权能够得到尊重。部分大学生认为当前税收制度公平，认为不影响纳税人公平的学生数略高于认为影响纳税人公平的学生人数（见图 15、图 16）。

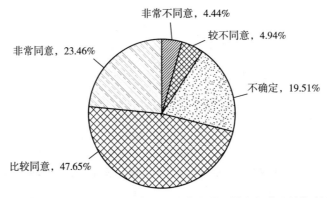

图 13　被调查者对"纳税是否有利于改善生活环境和投资环境"的看法

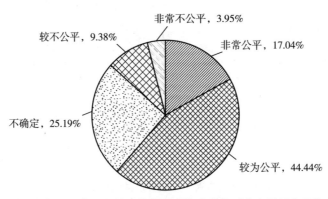

图 14　被调查者对"我国目前税收体制对您或者您对家人是否公平"的看法

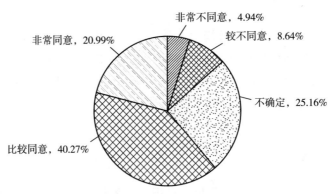

图 15　被调查者对"我国财政资金使用是否能够广泛征求社会公众意见"的看法

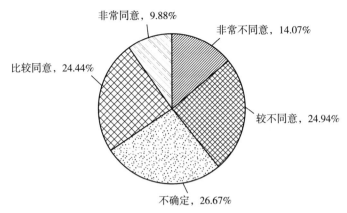

图16 被调查者对"当前的税收制度不公平，影响纳税人公平竞争"的看法

由问题4、问题7得到的数据表明，大学生对我国的税收制度的变化还处在一个不适应的阶段。绝大部分学生对税收制度改革持支持态度，有一定的纳税意识，但仍有部分学生对税收制度的法治意识较为薄弱（见图17、图18）。

（二）结论

总体上看，大学生群体普遍具有一定的纳税意识，但相对薄弱，并有少部分伴有不健康思想萌芽，需要及时纠正，这说明大学生自主学习税制的意识不强。但是大部分学生对纳税的认知方面还是积极向上的，对逃税等恶劣行为也能够做到坚决抵制，整体而言其纳税思想还是健康的。

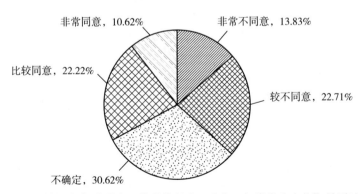

图17 被调查者对"我国的税收制度不稳定，经常发生变化"的看法

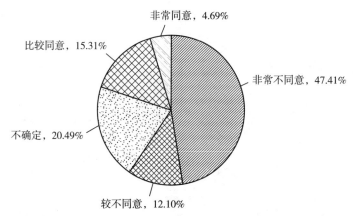

图18　被调查者对"我国的税收负担重，不偷税就挣不到钱"的看法

由于大部分学生对依法纳税缺乏深刻认识与了解，没能深入了解纳税制度，还处于不适应的阶段，这就要求学校切实加强税收专业知识相关课程的设置和教育引导，不断提高学生依法纳税意识和专业水平。

从实际来看，大学生对税收制度相关常识的掌握程度还不高，对国家减税降费政策及其他税收政策实施内容的了解还不够。

（三）影响因素

1. 纳税意识在个人中体现的分析

法治化是社会治理能力的内核，而税收法定主义是税收立法的基本原则。鉴于法律的强制性，税收通过法律的强制力得以征收，又基于其固定性，表明税收的构成要素例如税率、征税对象等不可以随意改变，骗税、抗税等违反法律的行为，必将受到法律的制裁。法律是权利和义务的结合体，合法财产受到侵害的公民，可以依照法律维护自身的合法权益，并且在维护权益的同时，要履行自身义务，遵守法律制度。在问卷调查过程中发现，大学生的收入主要来自父母给予的生活补贴和自己的兼职所得，减税降费中的个人所得税的改革在一定程度上减轻了大学生的纳税负担，减税降费政策增加了大学生的可支配性收入从而使其获得更高的幸福感和满足感。在国家税制改革中，通过精简税务机关、简化纳税流程、自我申报纳税的机制不断完善，大学生纳税参与率逐年提高。同时，大一的同学刚入校，对未来定位和个人规划可能还没有明确的认识，其纳税意识相比个人规划较为完整的大四同学来说可能普遍偏低一些，不过从反馈的调查问卷结果中可以看到，很多大学生都具备遵守宪法和法律的规定、依法履行权利与义务的意识，由此可以看出减税降费政策在大学生群体被广泛接受。

2. 纳税意识在家庭教育中的体现

世界观、人生观、价值观所代表的"三观"是人思考事物的基本出发点，而"三观"的不同，决定了人的行事方式的不同。家庭作为社会的组成单位，作为引导大学生确立"三观"的重要场所，纳税意识在家庭环境中的普及显得尤为重要。在国家税制改革实行减税降费的背景下，家庭切实享受到了减税降费带来的福利，例如家庭可支配收入的提高，群众的获得感提高，而这些都直接反映为家庭生活水平的提高。家庭对于减税降费的态度会影响到学生的纳税观念、意识和行为。良好的家庭纳税环境，有利于促进大学生良好的纳税意识，提高大学生现在及将来的纳税遵从度。

3. 纳税在校园教育中的培养

巍巍庠序，国运所系，学校作为社会培养人才的摇篮，作为社会人才后备军的训练基地，作为传播社会主义核心价值观的重要场所，不仅能够传授知识，更有助于帮助学生培养个人理想，形成个人价值观，寻找人生方向。在国家税收宣传月中，通过社会力量和政府力量发挥宣传优势，积极向在校各年级大学生宣传税收知识，传播税收思想，开展相关的纳税活动，使税收以课堂的形式直接展示在学生面前，让税收真正走进教室，展示在黑板上，牢牢印刻在同学心中，为培养纳税意识奠定良好的基础。学校教育在纳税意识的培养中占有重要位置，通过此类活动搭建起宣传税收意识的平台，进而可以为大学生培养纳税意识，积累良好的社会实践经验，形成自我、家庭、社会三方联动的良好税收氛围，从学校带动家庭，从家庭辐射社会，利于税收法治意识的提升和税收文化的发展。

4. 纳税在社会教育中的发展

进入新时代以来，我国不断加大简政减税降费力度，推进供给侧结构性改革，对增值税、企业所得税、个人所得税等多税种进行了多方面的改革，随着个人所得税专项附加扣除项目的增加，以及免征额的提高，群众的可支配收入增加，在市场经济下，拉动消费需求，为实体经济减压力添动力，推动实体经济高质量发展，推进经济与社会的协调，推进社会的可持续发展。"取之于民，用之于民"是党和政府开展税收工作的基本方针，在减税降费的同时，国家积极加大对公共基础设施建设的投资，提高交通便利度，开展棚户区改造提高群众住房水平，加大社保覆盖范围，加快脱贫攻坚等，实现了税收从人民中来到人民中去的目的和承诺。而作为新时代的大学生，必须树立正确的人生观和价值观，积极培养健康的纳税意识，通过自己的实际行动，为全社会形成自觉纳税、依法纳税的良好氛围贡献力量。

（四）个人所得税改革对大学生纳税意识的影响

个人所得税改革在很大程度上减轻了大学生的税收负担。由调查结果可知，接受问卷调查的大学生中有 48.64% 有过兼职经历，其中有 23.7% 兼职缴纳过个人所得税。新个人所得税实施后，实行综合计税，2021 年 1 月起，在预扣预缴制度进一步优化下，大学生取得的兼职收入可以提前享受改革红利，在收入不超过 6 万元的情况下无须预缴税款，避免"先预缴、再退税"的麻烦，进一步增加当期可支配收入。2019 年新个人所得税实施后，个人所得税 App 正式上线，自行纳税申报制度逐渐完善，操作流程逐渐简化。但是就调查结果来说，仅有 41.48% 的学生支持下载使用个人所得税 App（见图 19），所以个人所得税 App 的应用还需要加强推广宣传力度，同时纳税人自主申报制度也需逐渐完善。

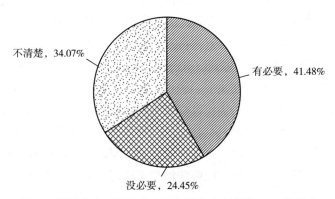

图 19　被调查者对是否有必要下载个人所得税 App 的看法

五、提高大学生纳税意识的建议

我们从中国的实际国情出发，为提高全社会尤其是大学生的纳税意识提出一些政策建议。税收作为国家宏观调控的政策工具，对经济社会和人民生活有重要影响。税收是财政收入的主要来源，对经济运行具有重要的调控作用。纳税人与政府是平等协商的关系，纳税人向国家缴纳一定额度的税金，同时国家有计划地利用它们为社会提供公共产品和服务，发展科学、教育、卫生、环境保护和社会保障等事业，改善人民生活，更好地为人民服务。真正做到了"税收取之于民用之于民"。

根据调查报告可知，虽然我国目前税收政策逐步完善，但仍存在一些薄弱环节。如宣传教育工作力度小、大学生对税收制度不够了解从而纳税意识普遍薄弱等问题，因此本文针对以上问题以及对大学生纳税意识薄弱的导致因素进行分析，提出相应的建议。

（一）完善税收监管体制

在调查报告问卷中，大学生对"当前的税收制度不公平，影响纳税人公平竞争"的看法表明，同意该说法的人数与不同意该说法的人数几乎持平，不确定的人数占一大部分。这也在一定程度上说明了我国大学生对税收制度的了解不够深入。2009 年《福布斯》杂志发表的"税务负担指数"的调查报告表明，中国内地税收压力指数在全球 52 个国家和地区中排名第二，仅次于拥有过度慷慨的社会福利制度的法国。国家应通过完善税收征管体制提高税务机关执法刚性，以此提高民生福祉，提高国家公共福利水平，从而提高纳税人纳税遵从度，降低征管成本。

还可以通过制定个人所得税等税种缴纳的奖惩机制，对于不依法纳税、偷税漏税的行为要加大惩罚力度，对有自觉缴纳税费的大学生进行物质上的奖励和精神上的鼓励，如通过在税务局相关公众号发布自觉缴纳税费表扬名单等形式，激发大学生依法纳税的积极性。

（二）加强税法知识宣传力度

从社会角度来看，目前除一些经管类专业的学生对于税收知识了解较多外，其他专业大学生对于税收制度了解甚少，对于财经类知识更是了解甚微。调查问卷中关于"中国目前的社会所得税免征额有多高？"这一常识性问题，有 38% 的学生选择了错误选项，甚至即使是经管类专业学生选错的同学也不在少数。因此大多数大学生对于财政知识的了解可能仅限于一些电视节目、互联网和学校。

大学生是未来纳税的主力军，针对以上现象，举办税法知识宣传活动势在必行，从而提高大学生的税收知识。在"减税降费"的大环境下，税务机关可以利用"税法宣传月"等时间，举行"税法知识进校园"等活动，同时将税法知识和相关政策采用群众喜闻乐见的方式进行宣传。例如在广告牌上张贴海报或者制作通俗易懂的税收知识卡，通过在学校电子屏幕上进行滚动播放等形式，向大学生普及现行税收政策和税收申报管理等有关内容，也可以在税务机关网站主页上宣传最新相关政策。这些措施都可以使大学生以及普通群众对税收有更加深入的了解，提高其依法纳税的积极性。

（三）提高税务机关服务意识

纳税人的纳税意识也受税务机关为纳税人提供服务态度的影响。如果税务机关对纳税人较为尊重，可以大幅度提高纳税人纳税感受度，反之，可能会对纳税人造成心理阴影，降低其纳税遵从度。目前很多大学生对纳税申报流程不够了解，这就需要税务部门在开展依法征税的同时，尽自己最大的努力向纳税人提供各种便利，并进行积极引导和服务，如可以通过开发纳税智能机器人等进行纳税流程的引导，以及制作纳税申报流程小动漫在公众号等平台进行发布等形式，为大学生线下及线上申报提供便利。

参 考 文 献

［1］阮诗翎、王艳红、吴祺、叶航：《减税降费背景下大学生纳税意识研究——基于呈贡大学城的调查分析》，载于《现代商贸工业》2021 年第 10 期。

［2］龚辉：《我国减税降费政策的回顾与梳理》，载于《经济研究导刊》2021 年第 7 期。

［3］张玉萍：《浅谈完善个人所得税自行纳税申报制度的思考》，载于《中外企业家》2020 年第 12 期。

［4］梁言迪：《减税降费背景下对个人所得税改革的探讨》，载于《中国产经》2020 年第 13 期。

［5］田川、喻佳雯、陈冰：《公民意识教育视野下的大学生纳税人意识现状研究——基于江西六所高校的调查数据》，载于《智库时代》2019 年第 49 期。

［6］刘文龙、唐金萍：《新时期我国纳税遵从度提升研究》，载于《牡丹江大学学报》2019 年第 6 期。

［7］南斌红：《大学生的纳税意识培育途径研究》，载于《纳税》2017 年第 29 期。

［8］王建华：《中国纳税人意识存在的问题及对策研究》，载于《科技创新与应用》2016 年第 32 期。

附录

一、大学生纳税意识调查表

尊敬的朋友:

您好! 本问卷是一份学术性研究问卷,通过调查我国高校学生的纳税意识现状,目的在于分析影响大学生纳税意识的因素,以便为政府机关制定相关政策建议提供参考依据,更有针对性地培养大学生纳税意识。

非常感谢您的参与!

山东财经大学燕山学院纳税意识调研组

第一部分　基本情况

1. 您的性别 (　　) ［单选题］

A. 男　　　　　　　　B. 女

2. 您的年级 (　　) ［单选题］

A. 大一　　　　　　　B. 大二

C. 大三　　　　　　　D. 大四

3. 您所学的专业为 (　　) ［单选题］

A. 经管类　　　　　　B. 理工类

C. 文史哲学类　　　　D. 其他

4. 我国目前的税收制度您是否了解 (　　) ［单选题］

A. 非常了解　　　　　B. 一般了解

C. 了解很少　　　　　D. 根本不了解

5. 在大学期间,您是否有过兼职工作 (　　) ［单选题］

A. 是　　　　　　　　B. 否

6. 如果您有过兼职,您的兼职是否缴纳过税收 (　　) ［单选题］

A. 是　　　　　　　　B. 否

7. 在大学里,您是否学习过有关财政税收方面的知识 (　　) ［单选题］

A. 是　　　　　　　　B. 否

8. 您了解我国税收制度的途径有哪些 (　　) ［多选题］

A. 课堂、教科书

B. 电视节目

C. 报纸杂志

D. 家人、朋友

E. 互联网

第二部分　纳税意识

1. 当今我国个人所得税的免征额是（　　）元［单选题］

A. 800　　　　　　　　　　B. 1600

C. 3200　　　　　　　　　　D. 5000

2. 纳税有利于改善我们的生活环境和投资环境（　　）［单选题］

A. 非常不同意　　　　B. 比较不同意　　　　C. 不确定

D. 比较同意　　　　　E. 非常同意

3. 我国财政资金使用能够广泛征求社会公众意见（　　）［单选题］

A. 非常不同意　　　　B. 比较不同意　　　　C. 不确定

D. 比较同意　　　　　E. 非常同意

4. 我国目前的税收体制对您或者您的家人是否公平（　　）［单选题］

A. 非常公平　　　　　B. 较为公平　　　　　C. 不确定

D. 比较不公平　　　　E. 非常不公平

5. 您对"当前的税收制度不公平，影响纳税人公平竞争"的看法是（　　）［单选题］

A. 非常不同意　　　　B. 比较不同意　　　　C. 不确定

D. 比较同意　　　　　E. 非常同意

6. 您对"我国的税收制度不稳定，经常发生变化"的看法是（　　）［单选题］

A. 非常不同意　　　　B. 比较不同意　　　　C. 不确定

D. 比较同意　　　　　E. 非常同意

7. 您对"我国的税收负担沉重，不偷税就挣不到钱"的看法是（　　）［单选题］

A. 非常不同意　　　　B. 比较不同意　　　　C. 不确定

D. 比较同意　　　　　E. 非常同意

8. 您对"依法纳税有利于社会，因而也有利于每个人"的看法是（　　）［单选题］

A. 非常不同意　　　　B. 比较不同意　　　　C. 不确定

D. 比较同意　　　　　E. 非常同意

9. 您对"依法缴纳税款是每个公民应尽的义务"的看法是（　　）［单选题］

A. 非常不同意　　　　B. 比较不同意　　　　C. 不确定

D. 比较同意　　　　　E. 非常同意

10. 您对"学校开展纳税教育"的看法是（　　）［单选题］

A. 非常不同意　　　　　B. 比较不同意　　　　　C. 不确定

D. 比较同意　　　　　　E. 非常同意

11. 您认为兼职所得收入需要缴纳个人所得税吗（　　）［单选题］

A. 需要　　　　　　　　B. 不需要　　　　　　　C. 不清楚

12. 您对是否有必要下载个人所得税 App 的看法是（　　）［单选题］

A. 有必要　　　　　　　B. 没必要　　　　　　　C. 不清楚

（再次感谢您对我们的支持！祝您及您的家人身体健康，生活幸福！）

二、调查问卷抽样结果统计

第一部分　基本情况

1. 您的性别（　　）［单选题］

选项	比例（%）
A. 男	50.62
B. 女	49.38

2. 您的年级（　　）［单选题］

选项	比例（%）
A. 大一	43.46
B. 大二	27.16
C. 大三	12.35
D. 大四	17.04

3. 您所学的专业为（　　）［单选题］

选项	比例（%）
A. 经管类	45.19
B. 理工类	22.96
C. 文史哲学类	12.84
D. 其他	19.01

4. 我国目前的税收制度您是否了解 （   ）［单选题］

选项	比例（%）
A. 非常了解	12. 35
B. 一般了解	43. 46
C. 了解很少	30. 86
D. 根本不了解	13. 33

5. 在大学期间，您是否有过兼职工作 （   ）［单选题］

选项	比例（%）
A. 是	48. 64
B. 否	51. 36

6. 如果您有过兼职，您的兼职是否缴纳过税收 （   ）［单选题］

选项	比例（%）
A. 是	23. 7
B. 否	76. 3

7. 在大学里，您是否学习过有关财政税收方面的知识 （   ）［单选题］

选项	比例（%）
A. 是	64. 94
B. 否	35. 06

8. 您了解我国税收制度的途径有哪些 （   ）［多选题］

选项	比例（%）
A. 课堂、教科书	67. 16

续表

选项	比例（%）
B. 电视节目	71.6
C. 报纸杂志	57.04
D. 家人、朋友	51.85
E. 互联网	62.22

第二部分　纳税意识

1. 当今我国个人所得税的免征额是（　　　）［单选题］

选项	比例（%）
A. 800	6.67
B. 1600	11.36
C. 3200	11.11
D. 5000	70.86

2. 纳税有利于改善我们的生活环境和投资环境（　　　）［单选题］

选项	比例（%）
A. 非常不同意	4.44
B. 比较不同意	4.94
C. 不确定	19.51
D. 比较同意	47.65
E. 非常同意	23.46

3. 我国财政资金使用能够广泛征求社会公众意见（　　　）［单选题］

选项	比例（%）
A. 非常不同意	4.94
B. 比较不同意	8.64
C. 不确定	25.19

选项	比例（%）
D. 比较同意	40.25
E. 非常同意	20.99

4. 我国目前的税收体制对您或者您的家人是否公平（　　）［单选题］

选项	比例（%）
A. 非常公平	17.04
B. 较为公平	44.44
C. 不确定	25.19
D. 比较不公平	9.38
E. 非常不公平	3.95

5. 您对"当前的税收制度不公平，影响纳税人公平竞争"的看法是（　　）［单选题］

选项	比例（%）
A. 非常不同意	14.07
B. 比较不同意	24.94
C. 不确定	26.67
D. 比较同意	24.44
E. 非常同意	9.88

6. 您对"我国的税收制度不稳定，经常发生变化"的看法是（　　）［单选题］

选项	比例（%）
A. 非常不同意	13.83
B. 比较不同意	22.72
C. 不确定	30.62
D. 比较同意	22.22
E. 非常同意	10.62

7. 您对"我国的税收负担沉重，不偷税就挣不到钱"的看法是（　　）
［单选题］

选项	比例（%）
A. 非常不同意	47.41
B. 比较不同意	12.1
C. 不确定	20.49
D. 比较同意	15.31
E. 非常同意	4.69

8. 您对"依法纳税有利于社会，因而也有利于每个人"的看法是（　　）
［单选题］

选项	比例（%）
A. 非常不同意	4.44
B. 比较不同意	5.93
C. 不确定	22.72
D. 比较同意	36.3
E. 非常同意	30.62

9. 您对"依法缴纳税款是每个公民应尽的义务"的看法是（　　）［单选题］

选项	比例（%）
A. 非常不同意	5.43
B. 比较不同意	5.43
C. 不确定	20.74
D. 比较同意	29.88
E. 非常同意	38.52

10. 您对"学校开展纳税教育"的看法是（　　　　）［单选题］

选项	比例（%）
A. 非常不同意	4.44
B. 比较不同意	7.9
C. 不确定	22.22
D. 比较同意	31.6
E. 非常同意	33.83

11. 您认为兼职所得收入需要缴纳个人所得税吗（　　　　）［单选题］

选项	比例（%）
A. 需要	41.48
B. 不需要	26.91
C. 不清楚	31.6

12. 您对是否有必要下载个人所得税 App 的看法是（　　　　）［单选题］

选项	比例（%）
A. 有必要	41.48
B. 没必要	24.44
C. 不清楚	34.07

非遗现状分析及发展规划研究

——以常家芝麻酥糖为例

赵　康[*]

邓芳娟[**]

曾珂鑫　成雅宁　王　慧[***]

摘　要： 传承和保护非物质文化遗产已成为当下热点问题。目前，非物质文化遗产的传承和保护取得了一定进展，但还存在诸多困难。鉴于此，本文运用文献综述法、问卷调查法和访谈法对滨州市首批市级非物质文化遗产名录中的常家芝麻酥糖展开深入研究。调查发现，常家芝麻酥糖面临着口味差异不显著、发展缺少创新性、长途运输易碎、偏离健康饮食理念、包装系列单一、线上宣传方式需深化等发展困境。对此有针对性地提出以下建议：坚持以人为本、开展技术革命、创新产品组合、进行多次试验、新增包装风格和深化线上宣传。对非物质文化遗产的传承保护及创新发展有重要借鉴意义。

关键词： 非遗　山东滨州　常家芝麻酥糖传承与发展

一、绪　　论

（一）调研背景

非物质文化遗产是指各族人民世代相传并视其为文化遗产组成部分的各种传

---

　* 调研团队指导老师：赵康，教师、助教。

　** 调研团队队长：邓芳娟。

　*** 调研团队成员：曾珂鑫、成雅宁、王慧。

统文化表现形式以及与传统文化表现形式相关的实物和场所。① 非物质文化遗产具有重要的历史价值、艺术价值、文化价值、科学价值、社会价值与学术价值，包括表演艺术、工艺技术、传统生产知识、民间文学、传统节日等文化事项。非物质文化遗产是以人为本的活态文化遗产，它强调的是以人为核心的技艺、经验、精神，其特点是活态流变，突出非物质的属性，更多强调不依赖于物质形态而存在的品质。②

随着非物质文化遗产保护工作的展开，学者们对其进行了深入研究。汤阳、李敏从传承及发展非物质文化遗产的宏观角度出发，提出了非物质文化遗产创造性转化和创新性发展的新途径。③④ 姜莉莉等、温淑琪从产业化的角度分析武穴酥糖发展短板，并提出对策。⑤⑥ 杨铭铎、孙文颖基于我国饮食类非物质文化遗产在政策层面、实施层面、科研层面的现状，从传承体系、保护体系人文思想体系、普及体系和传播渠道五个维度提出了我国饮食类非遗保护传承的路径。⑦ 综合现有研究发现，从微观角度、以具体的非物质文化遗产项目进行的研究较少。

1. 国家政策

2003 年，联合国教科文组织第 32 届大会通过《保护非物质文化遗产公约》，到 2004 年，经全国人大常委会批准，中国加入该公约，此后各级政府展开了一系列非遗保护工作和宣传活动。⑧ 随着 2011 年《中华人民共和国非物质文化遗产法》的正式颁布实施，中国非遗保护法律体系和工作机制日趋完善。⑨ 2016 年以来，非遗保护工作深入推进，新时代社会主义文化经济蓬勃发展，文化部牵头制定了《中国传统工艺振兴计划》，中国非遗保护在实践方面有了诸多新的发展

---

① 《中华人民共和国非物质文化遗产法》，人民网，http://ip.people.com.cn/n1/2019/0704/c136672_31214011.html。

② 《非物质文化遗产概述》，央广网，http://ent.cnr.cn/ylzt/gj/xzs/20170605/t20170605_523786936.shtml。

③ 汤洋：《赫哲族非物质文化遗产的创造性转化和创新性发展》，载于《黑龙江民族丛刊》2021 年第 2 期。

④ 李敏：《中卫市非物质文化遗产的传承与发展》，载于《参花（下）》2021 年第 9 期。

⑤ 姜莉莉、干继红、陶郁萍、刘兵强：《地标产品武穴酥糖产业化发展现状及对策研究》，载于《黄冈职业技术学院学报》2020 年第 3 期。

⑥ 温淑琪：《饮食类非遗项目产业化发展路径探索——以周氏红酸汤丝娃娃制作技艺为例》，载于《文化产业》2020 年第 10 期。

⑦ 杨铭铎、孙文颖：《中国饮食类非物质文化遗产保护传承的现状与路径研究》，载于《四川旅游学院学报》2020 年第 147 期。

⑧ 《民俗文化报道中的媒体角色反思》，百度文库，https://wenku.baidu.com/view/d718f9fc930ef12d2af90242a8956bec0975a5cc。

⑨ 《藏民族的"世界级非遗"项目，你知道几个》，中国西藏网，http://m.toutiao.com/i6719759248948986380/。

和创新，非遗保护跃上新台阶。"见人见物见生活"和"创新性发展、创造性转化"等非遗保护理念深入人心，保护和传播手段与时俱进。[①]

在国家政策的支持下，相关部级单位陆续发布相关文件明确工作的具体要求，为非遗的保护和传承发展指明了方向。此外，各级地方政府也积极响应国家对非遗保护的政策方针，纷纷出台了地方性的保护条例。[②]

2. 非遗项目总体发展态势

近年来，我国非物质文化遗产保护工作取得了较大的进步，但仍有不足之处。调查发现，中国非遗项目总体发展态势不容乐观，面临制作工艺失传、曲艺失传、缺乏资金等危机。此外，培养非遗传承人，促进非遗项目互动交流，利用线上线下形式推广传播非遗项目等也是影响非遗发展的主要问题。当前，山东省滨州市非遗总体发展态势同样不容乐观。

3. 深入推进非遗保护工作的意义

非物质文化遗产是我国传统文化的瑰宝，保护非遗、促进非遗项目传承发展是我国非遗工作的重要任务。非物质文化遗产是中华优秀传统文化的重要组成部分，是中华民族卓越创造力和思想情感的体现，是中华儿女知识和智慧的结晶。随着中国特色社会主义建设的发展以及全面建成小康社会的实现，对非遗的传承与保护工作日益成为响应党和国家提出的坚定文化自信、深化爱国主义精神的有力举措，成为满足人民群众对美好生活需求的有效方法。因此，广大青年需牢记"为社会思考、为国家献策、为人民发声"的使命，提供真实、客观的研究思路，为破解非遗面临的"时代坚冰"提供新方案，集中思想智慧，推动社会发展和进步。

（二）调研方案

1. 调研目的

常家芝麻酥糖是滨州市首批市级非物质文化遗产项目，发展历史悠久。然而，常家芝麻酥糖因多方面原因渐渐淡出大众视野。为进一步了解与保护非物质文化遗产，调研团队以常家芝麻酥糖为调研对象，对滨城区常祥军芝麻酥糖食品

---

① 《非遗保护，使古老的中华文明再度年轻》，今日头条，http://m.toutiao.com/i6770953508423205379/。
② 《中国饮食类非物质文化遗产保护传承的现状与路径研究》，道客巴巴，http://www.doc88.com/p%2D89059453885816.html。

厂进行调研，在了解芝麻酥糖的发展历史、产品特色、创新发展、销售方式等情况后，针对其存在的问题，提出合理的发展建议。在新时代，推动非物质文化遗产"活"起来，"走"出去变得尤为重要。希望此次调研对其他非物质文化遗产的传承保护及创新发展提供参考借鉴。

2. 调研时间

2021年6月30日至2021年8月30日。

3. 调研地点

山东省滨州市。

4. 调研对象

滨城区常祥军芝麻酥糖食品厂、常家芝麻酥糖及传承人、消费者。

5. 调研方法

（1）文献综述法。国家目前发布了有关保护传承非物质文化遗产的相关政策，对该方面相关政策充分了解，研读已有的文献资料，从中归纳总结合理方案结论。进一步了解非物质文化遗产的保护及传承意义，加深对研究问题的认识，以提出更好的建议。

（2）问卷调查法。首先，明确调研目的，收集有关资料，合理地设计问卷；其次，利用网络平台发布、收集调研问卷，向被调查者征询意见，以了解消费者对芝麻酥糖的真实需求；最后，充分利用收回的问卷信息，对问卷问题、回答选项、统计比例等进行汇总分析，得出消费者对芝麻酥糖的真实需求。

（3）访谈法。访问者通过口头交谈等方式直接与常家芝麻酥糖负责人进行交谈，感受芝麻酥糖的制作与销售过程，了解芝麻酥糖的历史演变、产品特色、创新方向等相关信息，发现影响芝麻酥糖在新时代发展的制约因素，为切实了解芝麻酥糖情况提供依据。

二、常家芝麻酥糖的基本情况

芝麻酥糖是山东省滨州市极具特色的传统名吃，享誉各地。经逐步改进，由单一品种已发展为多种风味的芝麻酥糖。2007年10月，芝麻酥糖被评为滨州市首批市级非物质文化遗产。

尽管常家芝麻酥糖用料简单、零添加，但其营养配比上却存在不合理之处。其糖分含量约为 44.74%，脂肪含量约为 28.94%，糖分和脂肪含量过高。[①] 这成为制约常家芝麻酥糖发展的主要因素。

（一）历史悠久

常家芝麻酥糖历史悠久，经过了创始人常立亭、第二代传承人常宝庆、第三代传承人常云鸾、第四代传承人常祥军和第五代传承人常磊的传承与发展（见表1）。

表1　　　　　　　　　　　常家芝麻酥糖发展历史

人物	事件
常立亭	19 世纪 50 年代，常立亭因战乱逃荒到天津，并拜师学艺。学成后回到老家滨州开小作坊制作芝麻酥糖，在当地集市叫卖，生意逐渐红火，"常家糖坊"家喻户晓
常宝庆	常立亭将芝麻酥糖的手艺传给其子常宝庆，父子俩联手将芝麻酥糖的销售推到新的高潮，芝麻酥糖成为鲁北名吃
常云鸾	常宝庆之子常云鸾将芝麻酥糖的工艺带到江南地区，深受江浙地带朋友喜爱。1971 年，芝麻酥糖作为滨州特产招待阿尔巴尼亚农业部长及其代表团，深受外国友人赞美[②]
常祥军	常祥军从父亲常云鸾手中接过接力棒，在保留原工艺的基础上，从营养角度出发，原料要求精益求精，进行多次工艺改进，创新了多种口味
常磊	常磊跟随父亲常祥军学习芝麻酥糖制作工艺，继续传承和发扬芝麻酥糖的制作技艺，并利用网络平台进行宣传和销售

资料来源：人物访谈，科研小组在此基础上对相关数据进行了整理。

（二）产品特色

制作芝麻酥糖所需的芝麻、白砂糖、香油等原料都是经过实地考察、反复考验的。芝麻要求粒大饱满，白砂糖精选甘蔗蔗糖，香油是多年老字号品牌。在原料选取方面，常家芝麻酥糖精益求精。

一根芝麻酥糖大约需要 10 多道工序。前期芝麻需要洗净、去皮、过筛、炒熟、磨面；后期加工成品工序有熬糖、打糖、绾花、装盒、封盒。尤其是后期的工序中，都依靠双手制作。常家芝麻酥糖虽然用料简单，但工艺繁复，需经过

---

① 郭宗明、高慧萍、李英：《滨州芝麻酥糖新产品红豆薏仁酥糖的研制》，载于《食品研究与开发》2016 年第 37 期。

② 《滨州芝麻酥糖——来自祖孙三代的家传绝技》，今日头条，http://m.toutiao.com/i650163998537 4986766/。

200℃的高温熬制、16圈指尖缠绕、拉出2800余根糖丝，每一根糖丝可穿针。繁复的工艺背后，匠心孕育的常家芝麻酥糖多了一份返璞归真的滋味。顾客买到的每一根芝麻酥糖，充满着地地道道的滨州味道。

（三）创新发展

随着时代的进步和互联网的发展，常家芝麻酥糖在产品与销售两方面不断创新。传承人在继承传统风味的基础上，从营养角度对产品配方、工艺进行多次改进，使芝麻酥糖色香味俱佳，成为节日探访亲友的馈赠佳品。为满足更多顾客的需求，滨城区常祥军芝麻酥糖食品厂进一步制作出更多口味的芝麻酥糖。除旗舰店和连锁店形式外，常家芝麻酥糖借助新媒体平台进行销售，如抖音和淘宝等新式平台，以使更多人尝到滨州特产，爱上滨州文化。

三、关于常家芝麻酥糖的调查分析

本次调研采用问卷调查的方式随机发放300份问卷，收回214份，其中有效问卷210份，有效率为98.13%。

（一）原料需求调查分析

常家芝麻酥糖的原料主要是白芝麻、白糖、香油和饴糖，重要配料还包括红枣、花生、核桃、桂花等。由被调查者对口味的偏好情况可知（见图1），消费者对纯芝麻口味的纯芝麻酥糖的喜爱度最高，对核桃味的芝麻酥糖喜爱度较低，对其他四种口味的喜爱程度差异不大。综上分析，常家芝麻酥糖的多种口味普遍受消费者欢迎。

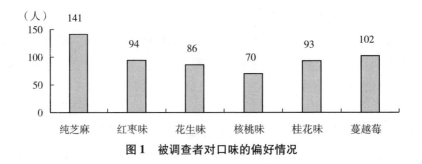

图1　被调查者对口味的偏好情况

由被调查者对保质期的偏好情况可知（见图2），近半数的被调查者倾向于保质期在60天以下的芝麻酥糖。随着物质生活水平的提高，在食品添加剂方面，人们有更高的要求。

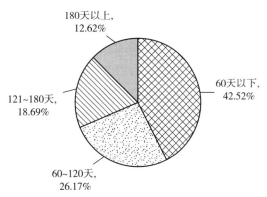

图2　被调查者对保质期的偏好情况

（二）包装偏好调查分析

由被调查者对内、外包装的偏好情况可知（见图3），绝大多数的被调查者喜欢纸板类包装材料，大多数被调查者倾向于空气柱袋包装。同时，纸板类和空气柱袋的包装组合在一定程度上顺应了环保要求且成本较低。

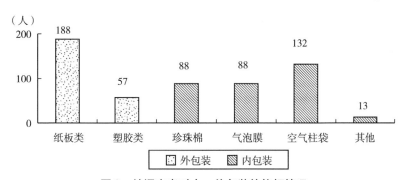

图3　被调查者对内、外包装的偏好情况

通过调查研究常家芝麻酥糖的包装，发现其以滨州特产、非物质文化遗产为主要内容，在包装的设计风格上并无其他新意。从常家芝麻酥糖用途方面，如休闲、礼品等进行分析，在包装的创意设计方面仍有改进空间。由被调查者对包装的设计风格偏好情况可知（见图4），绝大多数的被调查者认为常家芝麻酥糖可设置独立包装；大多数的被调查者认为其包装的设计风格过于传统，可融入国潮、卡通等元素。

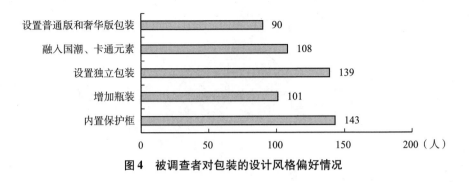

图4　被调查者对包装的设计风格偏好情况

（三）商家销售方法途径调查分析

在与常家芝麻酥糖联系人的交谈中，了解到常家芝麻酥糖做到了制作、线上线下销售一体化。线下实体店位于滨城区中心，店内有众多滨州特产，方便在滨州居住、旅游的人们购买。在线上开设了常家百年芝麻酥糖淘宝店铺，以推动常家芝麻酥糖远销。通过访问淘宝店铺发现，常家芝麻酥糖的月销量仅为71盒。调查淘宝店铺其他知名糖类产品或网红零食产品后得到其月销量：高粱饴月销量700盒以上，大白兔奶糖和阿尔卑斯棒棒糖均为10000盒以上，奶枣100000盒以上（见图5）。由此可知，常家芝麻酥糖在线上销量方面与之有非常大的差距。因此，常家芝麻酥糖可以学习其销售方法，以提高自身线上销量。

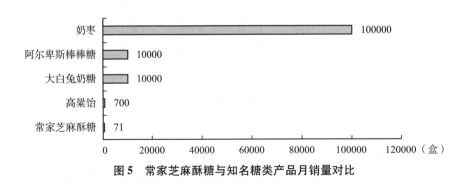

图5　常家芝麻酥糖与知名糖类产品月销量对比

四、常家芝麻酥糖的发展困境

（一）口味差异不显著

由滨城区常祥军芝麻酥糖食品厂制作的常家芝麻酥糖现有芝麻、红枣、花生、核桃、桂花五种口味。由此可知，常家芝麻酥糖种类多样。这在一定程度上能够满足不同口味的消费者的需求、同一消费者对同一产品多种口味的追求，属于芝麻酥糖的竞争优势。

常家芝麻酥糖拥有产品种类多样的竞争优势，但并未得到充分发挥。通过常家百年芝麻酥糖淘宝店铺中顾客的购买反馈得知：尽管芝麻酥糖种类多样，但顾客对多种口味的常家芝麻酥糖的口味感知不明显。滨城区常祥军芝麻酥糖食品厂虽然设计并制作了五种口味的常家芝麻酥糖，但是五种口味过于相似，即产品间的差异化不显著。

对于想要品尝多种口味的芝麻酥糖而购买了混合口味（两种或两种以上口味）的芝麻酥糖的顾客而言，并未在口味上体验出明显差异。根据赫茨伯格的双因素理论可知，这类顾客对芝麻酥糖的评价是没有满意或没有不满意甚至不满意。由此推知，这类顾客对芝麻酥糖的评价是不满意的，如果顾客与商家协商未果，这类顾客会表现出更大程度的不满意，渐渐不购买多种口味的芝麻酥糖，甚至不在该店消费。如此，多种口味的设计与制作也变得无效，店铺也会渐渐失去这类顾客的信任与回购。

（二）发展缺少创新性

近年来，滨城区常祥军芝麻酥糖食品厂发展缓慢，销售范围局限于特定区域，其中缺少创新性是其发展的主要制约因素。通过调研总结出缺少创新性主要表现在以下两个方面。

1. 制作过程复杂，过于依赖人工

常家芝麻酥糖制作工艺较为复杂，主要通过芝麻搓皮、炒、压碎、熬糖、拉条和拔丝六步制作，其中熬糖、拉条、拔丝过程复杂，需要传承人手工制作。但在制作芝麻酥糖的过程中，芝麻搓皮、炒、压碎、酥糖定型后切块等简单工艺以及包装环节可以借助机器完成，这些非主要环节的机械化既不会影响其口味，又

可以提高生产效率。而滨城区常祥军芝麻酥糖食品厂却仍全过程手工完成，在此方面有较大改进空间。

2. 难以跳出舒适圈，缺乏发展活力

常家芝麻酥糖属于非物质文化遗产，政府在政策等多方面对其发展进行扶持与帮助，但由于过多依赖政府扶持，所以常家芝麻酥糖在一定程度上缺少发展活力，在投入资金、生产规模、销售范围、经营管理能力等方面都表现得较为保守，且缺少创新性。

（三） 长途运输易碎

常家芝麻酥糖的显著特征是香甜酥脆，这是人们喜爱它的主要原因，但其酥脆的特质也使其难以经受长距离运输，难以走出滨州。因此，常家芝麻酥糖又有易碎的特征。为呈现给顾客麻花状的芝麻酥糖的造型，滨城区常祥军芝麻酥糖食品厂在小包装盒内放置塑料碟子，固定每根芝麻酥糖的位置，在小包装盒外包裹空气柱，防止路途中的碰撞挤压。尽管采用内外双层运输保护措施，但经过16圈指尖缠绕、形成2800余根糖丝的常家芝麻酥糖抵达目的地后，也有可能碎成一碟渣子。

造型的破坏是多数顾客难以接受的。在淘宝店铺里的常家芝麻酥糖被部分顾客留言"实物与图片不符"，这种留言也使得其他想要购买常家芝麻酥糖的消费者变得犹豫或果断离开。调查问卷中的数据统计结果显示，18.69%的被调查者会选择常家芝麻酥糖作为礼物送给亲朋好友。设想一下，倘若送达的礼物完整度受损，这自然不是一个完美的礼物。因此，尽管处在互联网、电子商务、现代物流等快速发展的时代，常家芝麻酥糖却并未远播。

（四） 偏离健康饮食理念

21世纪是一个大健康的时代，健康饮食的理念日渐被民众接受和认可。少盐、减油和能量控制是《餐饮食品营养标识指南》的核心思想，摄入过多脂肪与糖分对身体健康极为不利。

常家芝麻酥糖的产品类型属于甜点，其脂肪和糖分含量较高，所有人群都应适量食用。儿童若过量使用，易引发蛀牙问题；青少年及年轻人若过量食用，有肥胖隐患；而中老年人中糖尿病患者更应尽量避免食用，以控制病情。通过对不同年龄阶段的人群分析可知，常家芝麻酥糖的高糖、高脂特性对人体健康不利，不仅制约了其销量，也导致部分消费者对芝麻酥糖敬而远之。

（五）包装系列单一

常家芝麻酥糖在淘宝店铺的介绍中写道，"老少皆宜""一家老少皆可食用"。由此可知，滨城区常祥军芝麻酥糖食品厂以单一指标人口年龄为细分依据对常家芝麻酥糖进行了市场细分，市场定位以老人、儿童为主。但在包装的设计中未体现老人、儿童的相关特色，因此，未能利用产品包装的视觉冲击效果直接吸引老人、儿童购买。

具有特色的产品包装是提高品牌影响力的重要方法。常家芝麻酥糖的包装样式单一，不够新颖，缺乏针对性。因此，常家芝麻酥糖不能忽视包装设计的重要性，需从市场定位出发，提高包装设计与受众人群的匹配度，深化顾客对产品的良好印象，与顾客建立起长期联系。

（六）线上宣传方式需深化

常家芝麻酥糖作为滨州市的非物质文化遗产，传承百年，文化底蕴丰富。但在其他省市的知名度明显低于滨州市，这导致常家芝麻酥糖在其他省市的销量低于省内销量。通过调查发现，常家芝麻酥糖宣传方式已经做到了线上线下相结合，但宣传效果仍不理想，受众转化率较低，未能走进大众视野。其中，线上宣传方式有抖音等视频平台、朋友圈、公众号、媒体报道。线下宣传有优惠活动、消费积分卡等方式。

中国互联网络信息中心（CNNIC）公布的第 48 次《中国互联网络发展状况统计报告》显示，截至 2021 年 6 月，中国网民总数达到 10.11 亿人，互联网普及率达 71.6%。[①] 在互联网飞速发展、信息高度发达的时代，互联网因具有传播面广、互动性高、时效性强、成本低等优势，而成为强大的信息传播平台。由上述可知，常家芝麻酥糖的线上宣传方式并未充分利用，可进一步深化。

五、常家芝麻酥糖的发展对策

（一）坚持以人为本，由产品中心向顾客中心转变

一味地强调产品正宗，不注重倾听顾客需求，而未能进行产品或服务改进，

---

① 《太原六味斋实业有限公司网络营销实施策略》，豆丁网，https://www.docin.com/p%2D2433993843.html。

将难以赢得长久市场。针对常家芝麻酥糖口味相似度高的问题，滨城区常祥军芝麻酥糖食品厂应调整影响产品口味的原料用量，即增加芝麻、红枣、花生、核桃、桂花等原料的用量，提高其所占比例，使五种芝麻酥糖具有明显的口味差异，满足顾客对芝麻酥糖口味差异的需求。今后，滨城区常祥军芝麻酥糖食品厂在芝麻酥糖的制作、包装、营销等全过程，应严格秉持以人为本的思想，全面落实以顾客为中心的理念，做顾客所想，想顾客所需，用百年匠心打造顾客满意的常家芝麻酥糖。

（二）开展技术革命，由手工制作向自动化逐步过渡

针对常家芝麻酥糖缺乏自动化条件的问题，滨城区常祥军芝麻酥糖食品厂可通过机器改造、学习借鉴、形成四方互利互助循环发展模式三方面着手，由完全手工制作向自动化逐步过渡。

1. 机器改造实现生产半自动化

制作常家芝麻酥糖的六步工作方法中的前四步，即芝麻搓皮、炒、压碎和熬糖都可运用机器进行。通过购置类似机器请专业人员进行部分改造以适应芝麻酥糖的制作。如此，既可减少人力使用，又能缩短制作时间，提高常家芝麻酥糖总体制作效率，尽快完成订单。

2. 学习相关知名品牌优势

研究学习稻香村、徐福记等知名品牌的优势，同时立足自身特色，以开放的心态积极融入甜点行业，推动滨城区常祥军芝麻酥糖食品厂发展，助力传统甜点行业的稳步发展。

（三）创新产品组合，由滨州地区向全国范围辐射

针对常家芝麻酥糖在运输过程中易碎的问题，滨城区常祥军芝麻酥糖食品厂仅仅依靠简单的外包装也很难克服酥糖易碎的缺点。除在包装上进行保护外，还可以通过创新产品组合来弥补该缺陷，如搭配茶包、餐饮用具、调味包、礼物盲盒一同出售。通过创新产品组合提高常家芝麻酥糖的竞争力，取得更高的经济效益。

首先，我国古代便有茶饮搭配茶点的用餐形式，因此，常家芝麻酥糖可加以借鉴，搭配茶包一起出售。在食用时，茶的清香调和芝麻酥糖的香甜，定会有新的口感。其次，因考虑到芝麻酥糖在运输中碎的可能性较大，可增加勺子等用

具。即使是对于运输过程中碎掉的芝麻酥糖，也可以借助勺子方便食用。再次，可以附加糖袋、奶球、桂花包以方便顾客依据个人喜好调整口味。最后，可在顾客购买一份常家芝麻酥糖后，一同送出含有玩具、装饰品等小商品的礼物盲盒，提升购物趣味性。通过创新产品组合，提升顾客对产品及服务的满意度，提升芝麻酥糖的附加值，使常家芝麻酥糖由滨州向全国辐射。

（四）进行多次试验，由高糖高脂向低糖低脂转变

针对常家芝麻酥糖高糖高脂的问题，滨城区常祥军芝麻酥糖食品厂可通过增加配料、添加甜味抑制剂使其向低糖转变，通过精选分枝型芝麻品种使芝麻酥糖向低脂转变，适应现代人注重健康饮食的习惯，给顾客更多的选择和体验。

第一，可通过增加其他配料，如芝麻、红枣、花生、核桃、桂花，降低糖的使用量。通过多次试验调节配料及糖的用量，制作出甜度减半的常家芝麻酥糖。

第二，添加甜味抑制剂。可通过多次试验得出添加甜味抑制剂的最佳时机，并保证芝麻酥糖本身的香甜酥脆。

第三，精选分枝型芝麻品种。与单秆型芝麻品种相比，分枝型芝麻品种的蛋白质含量更高，脂肪含量更低。因此，选取分枝型品种所产的芝麻是使常家芝麻酥糖向低脂转变的可行方案。

（五）新增包装风格，由单一系列向多种系列转变

包装是产品的名片，也是产品的独特卖点之一。依据常家芝麻酥糖的价值与用途，总结出三种类型的包装风格，即文化系列、休闲系列和礼品系列，以促进芝麻酥糖的宣传和销售。

1. 文化系列

常家芝麻酥糖作为滨州市非物质文化遗产和特产，传承百年，文化底蕴丰富。因此，在包装设计中通过强化文化价值，进一步提高知名度，树立良好的品牌形象。常家芝麻酥糖的现有包装以文化价值为主，故属于文化系列，可继续使用。

2. 休闲系列

常家芝麻酥糖甜而不腻且酥脆可口，可作为休闲食品。在休闲系列特别设置独立包装，避免开袋后的芝麻酥糖变软，方便保存携带。同时，在包装设计中可以添加卡通、动漫等元素，以赢得儿童喜爱。

3. 礼品系列

常家芝麻酥糖以其独特的工艺，悠久的历史，深厚的底蕴，早已成为滨州市的特产之一，成为滨州人走亲访友、表达情意的重要礼品。因送礼对象多为中老年人，在包装设计中可以添加国潮等传统元素，以赢得中老年人喜爱。

（六）深化线上宣传，由自我宣传向外界宣传过渡

酒香不怕巷子深的时代已经过去，好的产品也需要好的营销。常家芝麻酥糖历史悠久，香甜浓郁，酥脆可口，具有地方特色。从产品自身的优势出发，再迎合年轻人对网络经济的火热追求，吸引年轻受众群体，推动常家芝麻酥糖受众人群的年轻化。

对于常家芝麻酥糖的线上宣传方式需进一步深化，宣传方式由以自我为主的宣传转向以外界为主的宣传。毫无疑问，外界宣传的说服力更强、可信度更高。因此，可通过寻找滨州明星为家乡特产——常家芝麻酥糖代言和网红直播售货的方式，利用名人效应、网络流量让更多人了解其历史文化与产品特色，让更多人爱上常家芝麻酥糖，以带动芝麻酥糖销售及滨州市经济与文化发展。

附录

一、非遗现状分析及发展规划研究——以常家芝麻酥糖为例调查问卷

尊敬的女士/先生：

您好！我们是山东财经大学燕山学院的学生，正在开展社会实践活动，需要对山东省滨州市非物质文化遗产——芝麻酥糖进行市场调研。

问卷调查采取匿名的方式，收集到的数据仅用于学术研究。您回答的每个问题对调研都至关重要，恳请您认真作答。

感谢您抽出宝贵时间来参与问卷作答，由衷地感谢您的支持！

（一）人口统计特征调查

此部分涉及一些您的个人信息，我们承诺调查结果仅供学术使用，并对您的所有信息进行严格保密，请放心作答。请您在合适的位置打"√"。

1. 您的性别？［单选题］

□男　　　　　　　　□女

2. 您的年龄？［单选题］

□18 岁及以下　　　　□19～30 岁

□31 ~ 59 岁　　　　　　□60 岁及以上

3. 您的职业？〔单选题〕

□军人　　　　　　□公务员　　　　　　□医护人员

□事业单位人员　　□企业人员　　　　　□退休人员

□学生　　　　　　□其他

4. 您的教育水平？〔单选题〕

□高中（含中专）　　□专科

□本科　　　　　　　□研究生

5. 您的月收入？〔单选题〕

□3000 元及以下　　□3001 ~ 5000 元

□5001 ~ 10000 元　□10000 元以上

6. 请依据您的家乡确定城市：（××省××市）_____

（二）产品的固定特征（质量、价格、保质期）

此部分均为单选题，请您在合适的位置打"√"。

1. 您喜欢芝麻酥糖的哪种生产方式？

□民间手工作坊　　　□规模化流水线　　　□都可以

2. 您可以接受的一盒（6 根共 160 克）常家芝麻酥糖的价格范围是多少呢？

□7 ~ 12 元　　　　　□13 ~ 18 元

□19 ~ 24 元　　　　　□25 ~ 30 元

3. 您怎样储存常家芝麻酥糖呢？

□冰箱内：冷藏储存

□包装内：常温储存

□瓶罐内：干燥封闭储存

□其他

4. 您希望常家芝麻酥糖的保质期长还是短呢？

□两个月（短）　　　□四个月

□六个月　　　　　　□六个月以上（长）

（三）产品的附加特征（历史文化、品牌、品类、包装）

此部分 1 ~ 9 是多选题，请您在合适的位置打"√"。10 是开放性问题，请您在合适的位置填写您的答案。

1. 您购买常家芝麻酥糖的原因？

□香甜酥脆，价格实惠

□包装高档，送礼大气

☐地方特产，非遗名录

☐百年品牌，童年记忆

☐其他

2. 您喜欢哪些口味的常家芝麻酥糖？

☐芝麻味   ☐红枣味   ☐花生味

☐核桃味   ☐桂花味   ☐蔓越莓味

☐其他

3. 如果常家芝麻酥糖有自选配套产品，您喜欢哪些？

☐茶包   ☐奶球   ☐勺子

☐粗吸管   ☐玩具盲盒   ☐其他

4. 您较为看重常家芝麻酥糖的哪些方面？

☐原料真实丰富   ☐加工过程干净卫生

☐包装精致有特色   ☐其他

5. 您对常家芝麻酥糖原料方面的建议？

☐增加白砂糖、饴糖量

☐减少白砂糖、饴糖量

☐将白砂糖、饴糖改为木糖醇

☐用果蔬汁对芝麻调色

☐新增配料，如红豆、杏仁

☐多种配料混合研制新品

☐其他

6. 您对常家芝麻酥糖加工方面的建议？

☐多种甜度：低糖   半糖   正常糖

☐多种造型：圆形   方形

☐多种颜色：红色   绿色   黄色

☐其他

7. 您喜欢什么材料的外包装？

☐纸板类   ☐塑胶类

8. 您喜欢什么样式的内包装？

☐珍珠棉   ☐气泡膜

☐空气柱袋   ☐其他

9. 您对常家芝麻酥糖包装方面的建议？

☐酥糖易碎，内置保护框

□增强包装实用性，可增加瓶装

□酥糖易受潮，可设置独立包装

□设计过于传统，可融入国潮、卡通等元素

□针对不同需求，可设置手提普通版、开盖奢华版包装

□其他

10. 您对常家芝麻酥糖在产品方面的其他建议？如原料、加工、包装等。

答：_____

问卷到此结束，再次感谢您的支持，祝您万事顺意！

二、调查问卷抽样结果统计

问题	选项	比例或小计
性别	男	30.84%
	女	69.16%
年龄	18 岁及以下	6.07%
	19 ~ 30 岁	75.7%
	31 ~ 59 岁	16.82%
	60 岁及以上	1.4%
职业	军人	0.93%
	公务员	0.47%
	医护人员	0.47%
	事业单位人员	0.47%
	企业人员	7.01%
	退休人员	0%
	学生	77.1%
	其他	13.55%
教育水平	高中（含中专）	16.82%
	专科	10.28%
	本科	70.09%
	研究生	1.87%
月收入	3000 元及以下	77.1%
	3001 ~ 5000 元	9.35%
	5001 ~ 10000 元	5.61%
	10000 元以上	7.94%

续表

问题	选项	比例或小计
生产方式	民间手工作坊	61.21%
	规模化流水线	4.21%
	都可以	34.58%
价格	7～12元	58.88%
	13～18元	35.98%
	19～24元	4.21%
	25～30元	0.93%
储存方式	冰箱内：冷藏储存	34.11%
	包装内：常温储存	46.26%
	瓶罐内：干燥封闭储存	18.69%
	其他	0.93%
保质期	两个月（短）	42.52%
	四个月	26.17%
	六个月	18.69%
	六个月以上（长）	12.62%
购买原因	香甜酥脆，价格实惠	154
	包装高档，送礼大气	40
	地方特产，非遗名录	106
	百年品牌，童年记忆	125
	其他	11
口味喜好	芝麻味	141
	红枣味	94
	花生味	86
	核桃味	70
	桂花味	93
	蔓越莓味	102
	其他	8

问题	选项	比例或小计
产品组合	茶包	118
	奶球	112
	勺子	65
	粗吸管	32
	玩具盲盒	71
	其他	13
关注点	原料真实丰富	166
	加工过程干净卫生	154
	包装精致有特色	106
	其他	8
原料建议	增加白砂糖、饴糖量	45
	减少白砂糖、饴糖量	89
	将白砂糖、饴糖改为木糖醇	87
	用果蔬汁对芝麻调色	82
	新增配料,如红豆、杏仁	106
	多种配料混合研制新品	82
	其他	12
加工建议	多种甜度:低糖、半糖、正常糖	177
	多种造型:圆形、方形	112
	多种颜色:红色、绿色、黄色	75
	其他	7
外包装材料	纸板类	188
	塑胶类	57
内包装样式	珍珠棉	88
	气泡膜	88
	空气柱袋	132
	其他	13

续表

问题	选项	比例或小计
包装建议	内置保护框	143
	增加瓶装	101
	设置独立包装	139
	融入国潮、卡通等元素	108
	设置手提普通版、开盖奢华版	90
	其他	5
建议		

210名被调查者对常家芝麻酥糖的建议汇总

原料	种类	丰富多样
	品质	新鲜优质，干净卫生，绿色少添加
	口味	多种配料，多种口味
	甜度	多种甜度
加工	过程	传统，精细，干净卫生
	方式	手工与机械相结合
包装	直接感知	新颖，精致，简约，美观
	设计风格	文化联名，国风元素，独特风格，百年传承特色（打响品牌）
	包装材料	可回收材料（环保），增加外包装硬度（防挤压）
	包装方式	独立包装（防潮和方便携带）

三、对常家芝麻酥糖传承人的访谈计划

您好，我们是山东财经大学燕山学院的学生，昨天和您电话联系过，今天对滨州市非物质文化遗产——芝麻酥糖进行访谈。

为方便信息记录，在访谈过程中需要录音、录制视频，希望获得您的准许，谢谢您的支持。

（一）传承人的基本情况

1. 您从什么时候开始学习咱家的芝麻酥糖的生产技艺的？

2. 芝麻酥糖在2007年被纳入滨州市非物质文化遗产时，您有什么感想？

3. 能给我们讲讲您和咱家芝麻酥糖之间的至今仍记忆深刻的故事吗？

（二）常家芝麻酥糖的基本情况

1. 芝麻酥糖有哪些种类？（品类）

2. 各种类的常家芝麻酥糖一天的产量分别有多少？（产量）

3. 像芝麻、花生、红枣、核桃这些原料是自己种植的还是采购的？采购周期一般是多长时间？（原料）

4. 这些原料在挑选上有什么要求吗？（原料）

5. 我们了解到常祥军芝麻酥糖的生产步骤有很多，每一个步骤都很考验技艺，能给我们现场演示常家芝麻酥糖的生产过程吗？（生产过程）

6. 与其他酥糖相比，您觉得咱家芝麻酥糖的竞争优势有哪些？（竞争优势）

7. 您还留着关于芝麻酥糖的宣传介绍材料吗？能给我们一份吗？如果我们不能把材料带走的话，拍照片可以吗？

（三）传承人的传承与创新情况

1. 您的孩子们学会咱家芝麻酥糖的生产技术了吗？他们愿意接替生产咱家芝麻酥糖的工作吗？（传承）

2. 芝麻酥糖从1853年祖辈制作到现在已经有168年的历史了，经历了这么年，芝麻酥糖有哪些演变？（历史）

3. 为了将咱家芝麻酥糖继续发扬光大，作为传承人，您会继续支持咱家芝麻酥糖创新吗？（对创新的态度）

4. 越来越多的消费者追求低糖低脂的饮食，为了适应消费需求，咱家芝麻酥糖以后会生产低糖低脂的吗？（原料）

5. 芝麻酥糖是金黄色的，金黄色是糖的颜色吗？如果通过果蔬汁对芝麻调色能实现咱家芝麻酥糖的颜色多样化吗？（造型）

6. 芝麻酥糖尝试过麻花状之外的造型设计吗？圆形、方形、三角形的造型设计可以实现吗？以后会尝试多种造型设计吗？（造型）

7. 芝麻酥糖香甜酥脆，在长距离运输中，会因碰撞碎掉，而不具备了刚生产出来的造型。针对这个问题，在商品包装方面咱有采取什么解决方案吗？（包装）

8. 为芝麻酥糖增加配套产品，如茶包、奶球、粗吸管、勺子、玩具盲盒等，以实现个性化新颖化，提高咱家芝麻酥糖的附加价值，您愿意尝试吗？（创新）

9. 红豆、杏仁也具有较高的营养价值，咱有考虑把红豆、杏仁作为主要配料研制红豆味、杏仁味的新产品吗？通过多种配料的混合，研制混合口味的新产品有考虑过吗？（产品创新）

10. 作为传承人，您在咱家芝麻酥糖的产品创新方面有哪些独到的见解？如原料、加工、包装等方面。（产品创新）

感谢您接受我们的采访，这为我们的调研报告提供了很多信息，也很开心了解到关于芝麻酥糖的这么多知识，祝咱家芝麻酥糖厂生意兴隆，祝您生活愉快。

"美发"铺就振兴路

——关于家乡鄄城发制品产业发展状况的调查报告

王　松　宋雅馨[*]

张书芮[**]

公景泽　朱刻龙　刘佳梦　付湛湛[***]

摘　要：党的十九大报告提出实施乡村振兴战略，建立健全城乡融合发展体制机制和政策体系，其中产业兴旺是重点，生态宜居是关键，乡风文明是保障，治理有效是基础，生活富裕是根本，实施乡村振兴战略是全面建成小康社会、全面建设社会主义现代化强国的必然要求。产业兴旺作为乡村振兴战略的重要内容，直接影响着乡村经济发展、文化建设、生态文明等各个方面。本次调研利用访谈调查法、实地观察法、问卷调查法和文献研究法对鄄城县发制品产业的发展状况进行了系统性的分析和总结，并就其企业现存问题提出了对策建议，进而推动鄄城发制品产业高质量发展。

关键词：乡村振兴　产业振兴　优势产业　发制品

一、绪　　论

在巩固和拓展脱贫攻坚成果、全面推进乡村振兴的进程中，产业兴旺是重点，产业发展是关键，助农增收是根本。2021年全国两会，不少代表委员围绕"产业兴村"这一话题展开了热议，乡村振兴，关键是产业振兴。因地制宜发展特色产业，大力推动一二三产业融合发展，不断延伸产业链、打造供应链、提升价值链，就一定能走出一条科学有效的产业发展之路，为实现乡村振

---

　*　调研团队指导老师：王松，山东财经大学燕山学院党委书记，副教授；宋雅馨，教师，助教。

　**　调研团队队长：张书芮。

　***　调研团队成员：公景泽、朱刻龙、刘佳梦、付湛湛。

兴注入强劲动能。

（一） 调研背景

随着经济高速发展和人民生活水平的不断提高，假发制品因其佩戴方便、样式丰富、性价比高、选择余地大，开始走进千家万户，人们或是使用假发装扮形象，或是满足工作需要，或是弥补发量。越来越注重生活品质、愿意超前消费的"70后""80后""90后"陆续步入40岁+假发核心客龄，为假发市场提供了大量核心消费者。随着我国生产力的发展，发制品产业出口金额也在逐步提升。据中华人民共和国海关总署数据显示，2019年中国发制品出口金额约为79.1亿元人民币，到2020年出口金额约为87.9亿元人民币，增长率约为11%。

国际方面，"一带一路"建设沿非洲、亚洲、南美洲、东欧等地区，广泛开展了一系列贸易活动，这些地区因其文化特点以及人种特点，有使用发制品的传统，对发制品有着大而稳定的需求，故而当地的发制品市场有着较大的发展潜力和市场需求，因我国的发制品物美价廉、产量大，使得发制品成为我国最受欢迎的外贸产品之一。在2020年后，因新冠肺炎疫情的影响，各国生产力均受到一定程度的影响，中国因防疫措施到位，得以及时复工复产，生产力未受到较大影响，为国内的发制品产业出口带来了全新的发展机遇。

国内方面，随着目前社会生活工作节奏加快，对发制品的需求也在逐步提高，国内市场的消费群体也在进一步扩大，年轻人因追求时尚、工作及生活压力大脱发等原因开始接触假发。由此可见，国内发制品市场的潜力巨大，会有越来越多的人群选择购买假发。

（二） 调研目的及意义

1. 调查目的

通过调研鄄城发制品产业的现状，系统总结鄄城发制品产业的现状、优势劣势、机遇挑战等，并就鄄城未来的发制品产业发展提供相应的建议，推动鄄城发制品产业高质量发展。产业兴旺更有助于全面推进乡村振兴。

2. 调查意义

发制品产业不仅是鄄城"比较优势"的产业，也是恰逢山东新旧动能转换历史重大战略、高质量发展的实施背景之下，鄄城的发展"逆袭"的机会。相比较发达区县新与旧的转换，鄄城更多是对"新"的直接建立，少走了一些弯路，才能跟上时代发展的改革步伐。本次调研对鄄城发制品产业作出产业分析，结合各类案例研究和理论创新，将发制品企业的大战略方向系统地展现出来，涉及企业战略的多个方面，为鄄城县发制品产业的发展起到借鉴作用。

（三）调查地点

1. 地理位置

鄄城县位于山东省西南部、菏泽市北部，是全国鲁西黄牛和中国斗鸡保种基地，也是山东省县域旅游十强县。鄄城在春秋时期为卫国鄄邑，西汉初置县，是民政部命名的"千年古县"，也是战国时代军事家、思想家、一代兵师孙膑的故里。

2. 人口情况

根据第七次人口普查数据，截至2020年11月1日零时，鄄城县常住人口为747972人。与2010年第六次全国人口普查的721898人相比，10年共增加26074人，增长3.61%，年平均增长率为0.36%。全县共有家庭户257907户，集体户6224户，家庭户人口为727049人，集体户人口为20923人。平均每个家庭户的人口为2.82人，比2010年第六次全国人口普查的3.12人，减少0.30人。[①]

3. 鄄城发制品经济

山东省菏泽市鄄城县，作为国内大型发制品制造基地，年交易量2500多吨，交易额达到4.5亿元，发制品出口规模暴涨（见表1、图1）。人发产业是鄄城财政的一大来源。全县人发加工企业年可提供税金3000多万元，成为县里重要经济增长点。一些乡镇靠人发加工一跃而起，成为全县经济发展的先进乡镇，为使这一优势产业成长为富民强县的支柱产业，县委、县政府专门成立了由县主要领导任组长的人发产业发展领导小组，制定了优化环境、膨胀规模、繁荣市场、增加创汇能力等一系列具体措施，县、乡先后投资近亿元，对郑营、富春、引马三大人发交易市场，进行基础设施改建，建立了标准化的交易大厅，设立了市场管委会。[②]

---

① 《鄄城县第七次全国人口普查公报》，鄄城县政府网，2021年6月28日，http://www.juancheng.gov.cn/art/2021/6/28/art_108291_10293850.html? xxgkhide=1。
② 晓旺、秋松、同帅：《鄄城县人发"发动"出口引擎》，载于《菏泽日报》2009年12月29日。

（四）调查对象

鄄城县各发制品工厂工作人员、会计，鄄城县经济开发区当地居民。

（五）调查方法

本次调研采取线上加线下相结合的方式。

表1   2014 年我国各地区发制品出口规模

排名	地区	出口额（亿美元）	占比（%）
1	河南省许昌	15.34	39.85
2	山东省青岛	4.24	11.02
3	河南省漯河	3.25	8.45
4	安徽省阜阳	2.05	5.33
5	山东省菏泽	1.78	4.62
6	山东省胶州	1.56	4.06
7	湖南省邵阳	1.54	4.01
8	河南省周口	0.67	1.73
9	山东省即墨	0.54	1.40
10	浙江省义乌	0.51	1.33
11	广东省深圳	0.49	1.28
12	河南省驻马店	0.44	1.13
13	山东省德州	0.42	1.09
14	河南省开封	0.4	1.04
15	河北省石家庄	0.38	0.98
16	江西省赣州	0.29	0.76
17	重庆市合川	0.28	0.73
18	广东省广州	0.28	0.72
19	河南省南阳	0.18	0.46
20	湖北省荆门	0.15	0.40

资料来源：单默默：《我国发制品出口现状、问题及对策分析》，对外经济贸易大学硕士学位论文，2016 年。

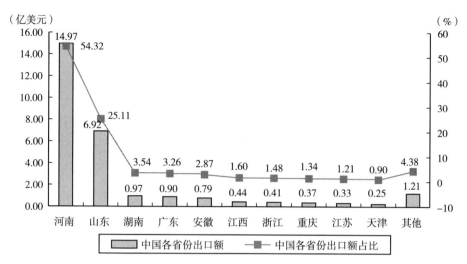

图1　2012年中国各省份出口额及其占比

资料来源:《全球及中国发制品行业发展现状分析与未来发展趋势预测》,中国轻工工艺品进出口商会网,2013年7月10日,http://www.cccla.org.cn/showhotnews.aspx? newsid=5368。

1. 访谈调查法

调研团队通过对鄄城发制品产业领导者、中小型企业老板、企业工人进行集体访谈或是电话访谈,了解当地发制品产业发展和生产过程中所存在的问题,对当地产业的情况有初步的了解,方便调研团队后期得出更真实且具体的关于鄄城发制品行业发展现状。

2. 实地观察法

调查团队深入鄄城当地发制品企业,直面观察当地发制品发展的情况,了解当地行业发展的优势和困难,结合当地发制品产业从业者的看法,获得最真实可靠的鄄城发制品产业发展的第一手资料。但因该方法所观察到的往往是当地发制品产业的表面现象或简单的外部联系,带有一定的偶然性,且受团队本身主观因素影响较大,因此,我们认识到不能进行大样本观察,需结合其他调查方法共同使用。

3. 问卷调查法

调研团队出于对疫情现状和对数据收集效率的考量,选择线上问卷调查的方式。调研团队通过对相关文献的研究,结合上述访谈以及观察得到的信息数据,站在应答者的角度，进行问卷编写工作。问卷经过测试修订完毕之后，在线上通过各类渠道分享给鄄城当地居民以及相关发制品从业者，来取得关于当地对于发制品产品以及该行业的相关看法和具体情况。

4. 文献研究法

调研团队通过在 CNKI 中国知网、百度文库等多平台进行文献检索调查，通过阅读研究大量学者和专家关于发制品产业文献，了解国内外关于发制品行业的前沿资料，从而对鄄城的发制品产业发展前景提供一定的帮助。

二、鄄城县发制品产业现状

（一）全国重要的人发原料供销集散地

鄄城素有"中国发都"之称，发制品产业具有 40 多年的发展历史，先后被评为国家级外贸转型升级专业型示范基地、省级跨境产业聚集区，是全国重要的发制品原料供销集散地和加工出口基地。每年有超过 4000 吨的发制品出口至欧美和非洲等 30 多个国家和地区。2019 年鄄城县发制品出口总额达到 12.39 亿元，发制品税收占全县税收总收入 20% 以上。根据团队实地走访调查得知，在所接受调查的鄄城四家发制品企业——兴贸、泰达、裕兴和兴达中，前三家发制品企业主营海外业务，只有一家主营国内。目前鄄城县年生产档发 2500 吨，各种假发制品 800 余万件，交易额达到 4.5 亿元，人发出口占全县总进出口量的一半以上。

（二）跨境电商成为企业出海的"冲锋艇"

"中国发都"培育发制品跨境电商企业 110 多家，据调查得知鄄城的发制品企业依托阿里巴巴"橙色基地"，先后组织跨境电子商务培训班 120 多场，培训跨境电商专业人才 3000 余人，给跨境电商发展提供强大的人才支撑，目前发制品跨境电商企业有 110 多家。据商务局工作人员介绍，鄄城县积极拓展跨境电商新渠道，在疫情防控期间全球社交平台活跃度和流量暴涨的情况下，帮助引导轩畅、尚凯、新达等多家发制品企业在 Facebook、Twitter、Instagram 等全球社交平台实现产品布局，抢占流量红利，培育了疫情期跨境电商新的增长点，鄄城县跨境电商队伍不断壮大。

为促进电子商务朝集群化、规范化方向发展，鄄城县委、县政府全力打造了总投资 2 亿元、占地 238 亩、建筑面积 6 万平方米的鄄城县伯灵云谷电商产业园①，为跨境电商提供集成性服务，构建了良性循环的跨境电商的生态圈，目前已有 40 多家跨境电商企业入驻。

再加上世界 500 强国际快递公司 DHL 和联邦快递的引进，国际物流成本不仅降低了 30%，而且还大大缩短了跨境交易周期。为进一步提升了客户体验，鄄城县已有 20 家企业在国外注册自己的品牌，12 家企业设立了海外仓。

（三） 持续用好新旧动能转换这把"金钥匙"

对照新旧动能转换的人才方面来讲，鄄城县人才总量和结构与新旧动能转换的迫切需要不相适应，特别是高端人才匮乏，科技创新人才缺乏，创业发展人才贫乏，人才对经济社会发展的支撑引领作用发挥不明显。目前，鄄城县从事发制品企业的员工文化水平基本上为小学、初中、高中，对现代技术与装备了解较少，缺乏专业的管理人才。鄄城发改局针对发制品的新旧动能转换提出要充分利用市场的优势，在技术创新的基础上，开展本地品牌培育，打造优势品牌和特色品牌，再通过商业模式创新，形成更强大的市场竞争力。特色有了优势，就是机遇。

（四） 产业兴旺全面带动乡村振兴

发制品产业也带动了当地居民的就业。据调查得知，泓聚源发制品集团在农村设立了 9 个外协加工点，辐射带动家庭作坊式加工点 765 个，带动就业 2000余人，其中贫困群众 952 人，人均月收入 1100 元左右。同时，泓聚源集团公司积极响应县委、县政府帮扶就业的号召，投资 10 万余元，为富春乡杨楼村建设了一处 380 平方米的帮扶就业点。泓聚源发制品范经理表示：下一步，泓聚源发制品集团将继续增加在农村外协加工点规模，为帮扶就业、产业发展作出积极贡献。鄄城发制品产业正以稳岗就业全面助力乡村振兴。除此之外，团队到达鄄城的第二发制品产业园（见图 2），实地调查了鄄城常顺发工艺品的加工点（见图 3），车间工作人员多为女性，年龄 30~60 岁不等。

---

① 《"中国发都"菏泽鄄城：每年 4000 多吨发制品通过电商销往全球》，菏泽大众网，http://heze. dzwww. com/news/202008/t20200825_6473269. htm？ivk_sa=1024320u。

图2　鄄城第二发制品产业园公交站点

图3　经济开发区一发制品加工点

三、鄄城县发制品产业发展中存在的问题

（一）企业大多为零售，缺少龙头企业，品牌影响力不大

首先，鄄城的发制品产业大部分都是对外接手产业加工，缺乏本地品牌的建设。若要缔造出具有竞争力的本地品牌，所依靠的主体应是当地的龙头企业，鄄

城大部分都是零售加工小企业，全县小规模加工户发展到 2300 户，拥有 10 万元以上资产的人发加工户仅 600 多户。小企业难以创造一个具有竞争力的大品牌，而鄄城缺乏龙头企业，难以建成有竞争力的本地企业，也就使得发制品产业发展受限。其次，小企业大多从事贴牌生产经营，对非本地品牌的依赖强，使企业无法参与到销售过程中的高额利润分配中，所获得的利润大大降低。最后，通过问卷数据得知，61.9%的居民了解发制品是鄄城优势产业，但这其中仍有 45.24%的居民对整个行业并不是很了解。其原因是鄄城大部分发制品企业缺乏自主产权的培育意识，使得鄄城的发制品缺乏相应的核心技术，进而产品的市场竞争力大大降低，没有形成企业良好的品牌效应。

（二）对新旧动能转换方面认知不充分

一是对新旧动能转换的认识不够。对新旧动能转换是什么、为什么要转、怎样转，如何结合新动能展开招商引资等情况，了解得不深不透不细，普遍反映没有抓手、没有形成体系。二是传统动能占比较大。鄄城的绝大多数纺织项目，主要还是以传统低支纱为主，精梳很少，且属于劳动密集型企业，占地多效益低。三是主导产业发展层次不高。对照新旧动能转换来讲，鄄城的发制品、农副产品加工和生物医药、精细化工等产业，同样存在发展层次不高、产业链条不完善、产业集群不突出、优势没有充分发挥等问题。

（三）线上化程度不高，大多为线下预定

随着经济全球化进程的加快，跨境电子商务已经成为当今世界经济新的发展点。鄄城发制品产业平台占有率低，缺少潜在目标市场开发。对于跨境电商行业不发达的国家，当地居民会选择有较强依赖感及信任的当地跨境电商平台，反而不会选择大型跨境电商平台。因此商家也没有过多地关注此类势头正旺、发展迅猛的小平台，对于庞大的潜在目标市场也没有进行系统的开拓，进而没有挖掘明面或潜在的目标用户，导致一定程度上销售额有所下降。[①]

（四）发制品生产存在高耗能、高污染问题

通过实地考察发制品厂的污水处理设备（见图 4），团队发现发制品生产存在高耗能、高污染情况。发制品从原材料加工到熟料再到成品，利用多种化学药品进行过酸、漂白、染色等多次化学处理，尤其是漂染和前后处理阶段，耗费大

---

① 张馨妍：《假发产品跨境电商发展现状及对策建议》，载于《商场现代化》2020 年第 20 期。

量水资源，产生的有毒废水难以处理。并且采用的生产工艺与技术都比较落后，即直接用水龙头冲洗，所用酸碱以及染发剂利用率较低，水的回用率较低，冲洗后的废水没有重复利用就直接经下水道排入污水处理站，这种用水方法简单原始，耗水量大，废水产生量大。既给污水处理站带来负担，增加污水处理费用，又对环境造成污染。发制品企业目前吨产品耗水量都在225立方米，吨产品废水量180立方米，耗水量大，废水排放问题突出，大都没有完善的污水处理方法和工业体系，给环境带来巨大污染。

图4　发制品厂污水处理设备

（五）高度依赖手工，发制品生产技术不高

发制品行业发展初期的生产加工在技术要求上并不高，入行门槛很低。在鄄城，仍有很多以手工劳作生产方式存在的企业。这类企业生产方式生产效率低下，产品质量参差不齐。鄄城发制品企业大多生产经营规模不大，生产设备简单（见图5、图6）。企业注册资金一般不超过500万元，经营场地面积较小，一般在500~3000平方米。大多数企业厂房以租赁为主，基本无固定资产投入，只是在车间有几台三联机，没有其他大型机器设备。鄄城大部分企业还停留在初级产品的加工，只有小部分企业具备了自主研发或引进国外先进生产技术的能力。在产业链上，这部分企业还停留在产品的加工环节，只能获取低额利润。

图5 工人正在手工包装假发片

图6 发制品厂工人作业

（六）疫情影响下，发制品产业出口困难

据鄞城人发协会工作人员描述，受新冠肺炎疫情的影响，鄞城发制品企业普遍面临在手订单取消或暂停，新订单签约困难等问题。企业也无法正常生产，另外工资水电费的支出也增加了企业的压力。在疫情初期企业不能正常开工，中期疫情有所缓解，企业开工后，却又面临物流运输不畅、运输成本和风险加大、材料成本下降、产品发货异常等问题。全球新冠肺炎疫情持续蔓延，截至2020年4月初至少50个国家和地区已进入紧急状态。诸多国家关闭海陆边境口岸，货运航班、靠港装卸货物须审批。外贸企业订单骤减，风险骤增。再加上国外封关，订单出口困难，外销不畅。

四、关于鄄城县发制品发展的对策建议

（一）拓宽产业链，培养品牌意识

鄄城多数发制品企业从事贴牌生产经营，缺乏自主品牌意识，忽视知识产权。因此鄄城发制品企业应落实品牌发展战略，延伸产业链，发展地方创新体系。在提高影响力方面，可以实施区域产业品牌化。为集群内各种中小企业的产品贴上品牌标签，同时规范企业生产经营，汇聚各方力量发展产业，开拓市场，推动本地工业化进程加速发展。

另外，部分发制品生产企业产品款式落后、结构单一，已经不能满足消费者对假发的需求，给企业的发展带来巨大障碍。对此可以借鉴国外，邀请专业发型师专门设计产品发型及发色，对产品进行全方位的包装，提升产品档次。加强企业的品牌建设和产品的属性包装，吸引各国消费者。

此外，为打破欧美国家对假发行业的垄断，可以鼓励大企业通过兼并、重组等方式整合部分中小企业，扩大生产规模。中小企业也可以联合创建区域品牌，密切合作，提高核心竞争力，形成强有力的品牌竞争优势。

（二）实施新旧动能转换，加强人才培养

鄄城合理规划整合了智慧发艺产业园，打造一体发艺产业园区，以综合性平台建设促进产业整体发展。鄄城全力以赴抓招商引资和大项目建设工作，不断培育壮大产业集群，为实现高质量发展不断蓄积新动能。投资规模化，产业集群化，园区集约化，通过龙头企业作用辐射带动产业集聚发展。

合理利用电商平台，为鄄城打造发制品产品专区，对接欧美等主要目标市场，宣传推广整体品牌。举办中国淘宝村高峰论坛，跨境电商鄄城分论坛，强势助推产业从数量规模型向质量效益型转型升级，为实现新旧动能转换提供广阔发展空间。当前，鄄城县改革存在一定局限性，在降低企业成本、优化营商环境方面还有不小差距。加快新旧动能转换，必须实施更加主动的开放战略，扩大产品出口。指导出口企业加快转型升级，重点培育高新技术产业，壮大服务贸易规模。确保外贸进出口稳定增长，提高利用外资水平。

人才是立身之本。鄄城发制品企业可以以发制品基地为单位，充分利用这个平台，同高校、研究所建立长期的合作关系，通过科研资源，提升产业研发创新

的效率。另外，与高校建立合作，充分发挥产业优势，加强人才培养。学校可以鼓励学生参加相关的社会实践，并激励学生自主通过跨境电商平台学习外贸知识。与发制品企业联系，安排学生进行专业知识实训。企业方面可开展定期培训学习，加强人才优育。同时，也应借鉴其他行业发展模式与经验，对人才进行领域分类，提高专业化技术水平，进而提高企业核心竞争力。

（三）借助跨境电商新兴态，开拓销售渠道

1. 保持传统优势，建设电商团队

利用跨境电子商务平台做 B2C 的销售，商家需要直接面对终端消费者。要求企业在线上对消费者提供全套服务，需要大量的专业人才来经营，这就迫使企业加快专业人才的培养和引进，完善服务团队。郏城传统型的发制品生产企业生产经验丰富，生产设施齐备，产品质量具有一定保障，但是最根本的问题是缺少线上运营团队。通过电商渠道刚刚发展起来的新型贸易公司有专业团队但是没有生产力量，对国外市场了解并不深入。如果二者能够相结合，取长补短，则可促进发制品跨境电子商务发展，产生积极效用。

2. 选好平台，开拓市场

在平台的选择上，商家应秉承开拓创新的精神，积极应对潜在的目标市场进行开拓。针对不同的国家选择不同的跨境电商平台，做到有的放矢。现在较多使用的第三方跨境电商平台有阿里巴巴国际站、全球速卖通、敦煌网、中国制造网等平台，以中小企业为主的假发行业发展跨境电商缺乏企业自主平台。因此，假发行业在开展跨境电商活动时，应该积极开发使用自主的平台。政府可以与投资人加大资金投入力度，促进与完善企业独立自主的电商平台的建立。鼓励发制品企业开通阿里巴巴全球速卖通、亚马逊跨境零售平台，解决产品滞销难题。引导企业利用海外社交平台，引导跨境电商企业成立海外社交平台业务部。

3. 加大跨境电商的资金投入，推动其出口市场多元发展

现阶段以贴牌生产为主的假发企业，发展跨境电商的过程中很难实现利益最大化。因此，政府需要建立专项的基金满足假发类产品相关企业发展跨境电商过程中对资金的需求，亦需要对发制品企业实行一定的优惠政策，吸引投资人投资。相关政府部门需要加大对跨境电商的投资，企业自身也需要提高自身竞争力，积极寻求投资人。鼓励企业发展 B2C 模式跨境电商，推动跨境电商出口市

场多元化发展。

（四）加强政府监管，扩大清洁化生产

政府应给予支持，加强监管力度。对不符合标准、污染过度的产业给予处罚措施。在项目审批方面，应该提高门槛，限制规模小、污染重的小企业进入发制品生产领域。通过实地走访团队得知，鄄城龙欣宝典发制品公司通过规范监测设备建设，完善管理制度，补充处罚记录等措施来减少无组织排放。

针对发制品、生产的高耗能、高污染问题，可以通过节水减排，废水原位回用，连续逆流冲洗废水和梯次回用等方法来实现绿色环保的工艺过程，扩大清洁化生产。

（五）加强生产机械自动化，提高专业化水平

鄄城许多企业还处于价值链的加工环节，其竞争力仅依靠当地劳动力优势在支撑。落后的生产经营方式影响企业的生产效率和产品的质量，不利于企业的长期可持续发展，且大多企业生产经营规模不大，生产设备简单。

加强机械自动化生产建设，有利于降低企业劳动力成本，保证生产效率。与原始的手工劳作相比，可以统一产品质量，提高生产效率，减少产品质量良莠不齐的问题。同时，发制品生产过程中，利用化学产品的加工步骤有很多，例如漂染和漂洗（见图7、图8）。机械化生产有助于使员工远离生产过程中产生的化学污染。

图7　发制品厂漂染车间

图8 发制品漂洗过程

(六) 助推农村电商发展,积极推动乡村振兴

鄄城以鄄城发制品产业园为依托,通过政府引导、平台建设、跨境电商人才培养等方式,以尚凯、新达等跨境电商示范企业为龙头,鼓励带动园区内发制品企业开展跨境电子商务,形成了电商集聚、抱团发展的跨境电子商务绿色生态圈,逐步打造成为具有鄄城特色的发制品跨境电商园区。①

(七) 打造政策"洼地",构筑产业"高地"

鄄城县强化规范运营,推广运用"9610""9710"跨境电商海关监管方式。可以按照政府监管、市场调节、企业主体、行业自律、社会参与的总体要求,先行先试,形成一批扶持产业发展的政策体系,打造优惠政策的"洼地"。充分发挥职业技术学校等高校作用,加强校企联合,积极开展技能培训,不断提高职工素质。充分发挥发改、质检、工商等部门和发制品行业协会的监督作用,对个别不自律的企业进行查处,对三无企业开展打假工作,净化市场环境,为发制品产业健康发展营造良好的环境"高地"。

参考文献

[1] 孔繁荣、陈良臣、陈莉娜:《基于市场需求及消费行为调查的发制品市

---

① 《"人发之乡"鄄城:发制品企业遍地开花 蓬勃发展》,水母网,http://u.shm.com.cn/2016 - 06/07/content_4485893.html。

场分析》，载于《轻工科技》2021 年第 7 期。

［2］朱丽琴：《"一带一路"倡议下我国发制品出口面临的机遇与挑战》，载于《商场现代化》2020 年第 20 期。

［3］张馨妍：《假发产品跨境电商发展现状及对策建议》，载于《商场现代化》2020 年第 20 期。

［4］韩洁、王帅：《许昌市跨境电商之假发行业的发展研究》，载于《才智》2018 年第 8 期。

［5］刘让同、李淑静、弋梦梦、朱雪莹、廖喜林：《发制品产业发展概述及前景展望》，载于《天津纺织科技》2017 年第 3 期。

［6］郑迪、魏猛猛、秦喆、游盛楠、赵凤英、潘峰、周建国：《发制品行业污染现状调查及节水减排探讨》，载于《河南省化学会 2016 年学术年会论文摘要集》，2016 年。

［7］单默默：《我国发制品出口现状、问题及对策分析》，对外经济贸易大学硕士学位论文，2016 年。

［8］田由芸、佘宗莲、单宝田、马根芝、黄立英、王恕昌：《发制品废水处理优化方法探索》，载于《海洋通报》1995 年第 2 期。

附录

一、所受访的四家企业假发销售情况统计

企业名称	年度	产品类型	销量（吨）	销售额（万元）	其中海外销量（吨）	海外销售额（万元）	国家和地区
鄄城县兴贸工艺品有限公司	2020 年	人发制假发	22	4478	18.5	3378	美国、澳大利亚等
	2021 年前 6 个月	人发制假发	13	2479	11.8	2014	美国、澳大利亚等
鄄城县泰达工艺品有限公司	2020 年	人发制假发	19	3679	16.6	3012	美国、欧盟等
	2021 年前 6 个月	人发制假发	10	2477	8.8	2026	美国、欧盟等

企业名称	年度	产品类型	销量(吨)	销售额(万元)	其中海外销量(吨)	海外销售额(万元)	国家和地区
菏泽裕兴发制品有限公司	2020年	人发制假发	88	15168	81.2	14155	美国、欧盟等
	2021年前6个月	人发制假发	76	11231	69.8	9845	美国、欧盟等
鄄城县兴达发制品有限公司	2020年	人发制假发	28	4985	无	无	国内销售
	2021年前6个月	人发制假发	16	2479	无	无	国内销售

二、调查问卷及结果分析

假发市场需求调查问卷

尊敬的女士/先生:

您好,我们正在针对假发市场开展一场调研活动,希望能取得您的帮助与支持,您的问卷反馈对我们具有十分重要的意义,再次感谢您的参与!

1. 您的性别(   )〔单选题〕

A. 男   B. 女

2. 您的年龄(   )〔单选题〕

A. 20岁以下   B. 20~40岁

C. 41~60岁   D. 60岁以上

3. 您的身份(   )〔单选题〕

A. 白领   B. 教师   C. 程序员

D. 公务员   E. 家庭主妇   F. 学生

G. 其他

4. 您是否使用或购买过假发(   )〔单选题〕

A. 是   B. 否

5. 您对假发的消费态度(   )〔单选题〕

A. 十分期待   B. 愿意尝试   C. 不感兴趣

6. 如果您要购买假发,您主要会考虑哪些要素(   )〔多选题〕

A. 材质   B. 逼真度   C. 价格

D. 舒适度   E. 品牌知名度   F. 不伤皮肤

G. 佩戴方便   H. 造型和款式   I. 其他

7. 如果您要购买假发，您会选择哪个价位（   ）［多选题］

A. 100 元以下   B. 100 ~ 300 元   C. 301 ~ 500 元

D. 501 ~ 1000 元   E. 1001 ~ 2000 元   F. 2001 ~ 3000 元

8. 您是怎样了解到假发的（   ）［多选题］

A. 广告宣传   B. 上网看剧

C. 逛假发店   D. 身边人带过

9. 您更倾向于哪种材质的假发（   ）［多选题］

A. 真人发   B. 化纤发

C. 动物发   D. 不了解/不在意

10. 若需购买假发，会是以下哪种情况呢（   ）［多选题］

A. 装扮形象   B. 工作需要   C. 弥补发量不足

D. 尝试新发型   E. 用于 cosplay 造型

11. 以下发制品品牌，您听说过哪些（   ）［多选题］

A. Rebeccaf 瑞贝卡（河南）

B. LUKUL 六库尔（日本）

C. IREMY 艾瑞美（法国）

D. Aderans 艾德兰丝（日本）

E. Seaforest 海森林（青岛）

F. 即发（山东）

G. 其他基本不了解

12. 您认为假发的使用寿命为（   ）［单选题］

A. 1 ~ 2 年   B. 2 ~ 3 年   C. 3 ~ 4 年

D. 4 ~ 5 年   E. 5 年以上

鄄城县发制品产业振兴推动乡村振兴调查问卷

亲爱的鄄城市民：

您好，我们诚挚邀请您填写一份关于鄄城发制品产业的调查问卷，收集到的信息仅做研究参考使用，请您放心填写，再次感谢您的帮助！

1. 您的性别（   ）［单选题］

A. 男   B. 女

2. 您的年龄（   ）［单选题］

A. 18 岁及以下   B. 19 ~ 39 岁

C. 40～60 岁   D. 60 岁以上

3. 您每月的平均收入为（   ）[单选题]

A. 2000 元以下   B. 2000～3000 元   C. 3001～4000 元

D. 4001～5000 元   E. 5000 元以上

4. 您对鄄城发制品产业的了解程度为（   ）[单选题]

A. 非常了解   B. 一般了解   C. 不是很了解

5. 您知道发制品产业是鄄城的优势产业吗（   ）[单选题]

A. 知道   B. 不知道

6. 您身边是否有亲戚在发制品厂工作（   ）[单选题]

A. 有   B. 没有

7. 您对鄄城发制品产业发展的看法是（   ）[单选题]

A. 有很大发展潜力   B. 存在一定困难适应市场

C. 一般水平   D. 没想过这个

8. 您认为发制品产业是否能带动家乡经济的发展（   ）[单选题]

A. 可以带动   B. 作用不大   C. 不能带动

9. 总体而言，您家里的生活水平与前几年相比是提高还是降低了（   ）
[单选题]

A. 提高   B. 降低   C. 没太大变化

10. 您对鄄城发制品发展有什么建议？

问卷调查结果分析

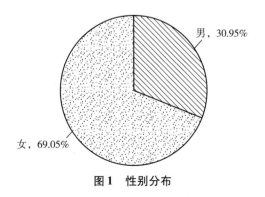

图 1　性别分布

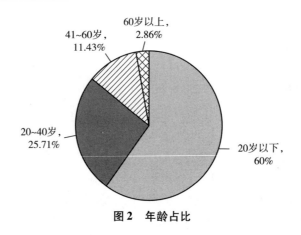

图 2　年龄占比

本次受访人群覆盖青少年、中老年等人群，样品泛化能力较强，能较好地反映各个年龄段人群对发制品的看法和观点。体现了本次调查的可靠性。调查结果显示，40~60 岁的受访人群占调研总体的 45%（最大比重，占 45.24%），其次是 19~30 岁人群（第二比重，占 42.86%）。这些数据比较能充分代表当前发制品市场的年龄段，第一比重人群的头发变白、脱发、掉发等问题是日益严重，中老年人需要利用假发制品来掩盖自己的"不足"，这与当前的市场销售情况是大致相符的。第二比重人群是青壮年人群，青少年具有猎奇心理，对新潮、特立独行的风格具有偏爱性，所以他们对发制品是较为喜爱的；而 30 岁左右的人群多半是因为工作压力、生活压力，以及一些工作性质导致的脱发等头发问题，致使他们对发制品产生了依赖心理。

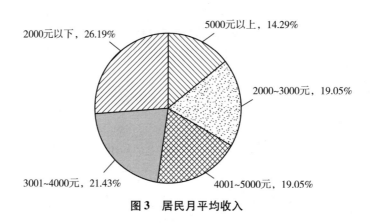

图 3　居民月平均收入

发制品被人们所接受，不仅要考虑人们的心理，还要考虑它们的价格，因为这直接影响到他们的购买意愿。本次调查结果显示,大多数的居民收入在2000元及以下,这部分的人群可能主要集中在中老年人和还未独立的青少年中,因为这部分人群处于未就业或以及退休的状态,这与他们的收入情况是完全相符合的。

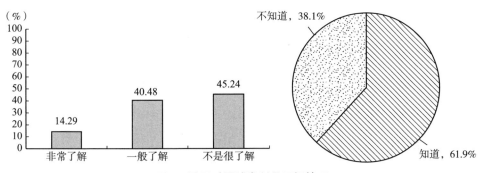

图4　居民对鄄城发制品了解情况

在对鄄城居民的调查访谈过程中,我们了解到,大部分的居民对本土的特色产业还不是很了解。这说明当地的发制品行业的普及度、知名度不高,没有形成企业良好的品牌效应,当地政府也没有落实发扬本土优势产业的政策,没有形成良好的集群效应。这需要我们尽力去普及当地的优势产业,带动企业更好发展、促进当地居民更好就业。

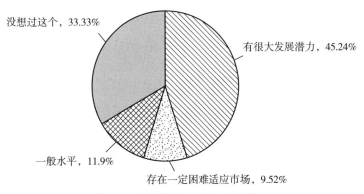

图5　居民对发制品行业看法情况

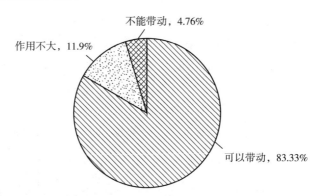

图6　郓城居民关于发制品是否可以带动经济看法

　　最后，我们调查了关于居民对郓城发制品行业未来的看法，绝大部分的郓城居民对发制品行业的发展还是作出了肯定的评价。约45%的人认为发制品行业有很大的发展潜力，约83%的人认为发制品行业的发展可以带动郓城的发展，为郓城人民提供更好的经济环境。

　　随着郓城发制品行业的迅速发展，郓城的经济水平也随之得到了显著的提升。本次受访人群中，绝大部分的居民认为家里的生活水平较前几年提高了，这样充分说明了企业带动就业，良好就业促进了经济的快速发展和生活水平的提高。

　　在未来，随着互联网行业和跨境电商的逐渐成熟，一定能更好地带动郓城的经济发展，促进郓城人民的生活水平进一步提高。